LES 7 COMPORTEMENTS GAGNANTS DES COUPLES HEUREUX

...et bien plus

John C. Friel, Ph.D. et Linda D. Friel, M.A.

LES 7 COMPORTEMENTS GAGNANTS DES COUPLES HEUREUX

...et bien plus

www.quebecloisirs.com

UNE ÉDITION DU CLUB QUÉBEC LOISIRS INC.
© Avec l'autorisation des Éditions du Trécarré
© 2002, Les Éditions du Trécarré
© John C. Friel PH.D et Linda D. Friel M.A.
Dépôt légal — Bibliothèque nationale du Québec, 2002
ISBN 2-89430-563-X
(publié précédemment sous ISBN 2-89568-073-6)

Imprimé au Canada

À l'amour

Table des matières

Troisième partie

Le mot «et» est un mot lourd de sens

Quatrième partie

Le chiffre 7 (plus un en prime) est un beau chiffre rond

Cinquième partie

Quelle est votre histoire?

Préface

C e livre traite autant de l'aspect magique que de l'étude scientifique des relations amoureuses. Au fil des ans, nous avons pu constater que l'un et l'autre contribuent au développement de relations de couple saines. Ceux qui ne misent que sur la magie de l'amour sont souvent déçus, tout comme ceux qui ne misent que sur notre connaissance scientifique des relations amoureuses. Dans ce livre, nous tenons compte des deux aspects, comme nous le faisons lorsque nous aidons des gens à résoudre leurs problèmes de couple. La science, sans la magie, peut être froide et impersonnelle; et la magie, sans la science, peut donner des résultats chaotiques et déroutants.

Avec le temps, nous avons découvert que les histoires vécues et les fables peuvent grandement aider les gens à surmonter les défenses qu'ils ont élevées des décennies auparavant, pour se protéger des carences qu'ils ont vécues pendant les premières années de leur vie. Nous l'avons appris de nos mentors, et les écrits de maîtres à penser tels Milton H. Erickson et Jay Haley nous l'ont confirmé. Nous avons parsemé ce livre de suffisamment de cas réels et de fables pour lui donner une certaine dose de magie mais aussi pour vous aider à comprendre et à intégrer ce que nous souhaitons vous communiquer.

Il y a dix ans, nous avons donné un atelier sur les relations amoureuses à un groupe de professionnels, à Londres. Par la suite, ils nous ont suggéré d'écrire un livre sur le sujet.

Nous possédions assez de matériel pour le faire, mais nous avions à l'époque d'autres projets en cours. Nous avons entamé la rédaction de ce livre en 1997, mais nous avons encore une fois dû le mettre de côté. Lorsque nous nous sommes finalement mis à l'écriture, nous nous sommes rendu compte que ces délais nous avaient été profitables; nous avons également compris à quel point les dix dernières années nous ont aidés à l'étoffer et à le structurer. Peut-être est-ce vrai que les choses arrivent comme elles doivent arriver. De toute façon, ce fut un véritable bonheur que de nous remettre au livre et de le terminer.

En mai 2000, à Anaheim, en Californie, nous avons assisté à la Conférence sur l'évolution de la psychothérapie organisée par l'Institut Milton Erickson. Nous avons eu le privilège d'y entendre certains des plus grands spécialistes de la thérapie individuelle et familiale, dont Salvador Minuchin, James Masterson, John Gottman, Jay Haley, Chloe Madanes et Thomas Szasz. Comme plusieurs lecteurs le savent, c'est à John Gottman, psychologue de l'Université de Washington, que nous devons les recherches les plus approfondies et les plus révolutionnaires effectuées sur le mariage au cours du dernier quart de siècle. Salvador Minuchin est l'un des pères (ou des grands-pères) fondateurs de l'approche systémique en thérapie familiale. James Masterson est l'un des plus grands experts internationaux en matière de traitement des troubles de la personnalité narcissique ou limite. Jay Haley et Chloe Madanes sont aussi d'importants pionniers des thérapies systémique et ericksonienne. Et certains d'entre vous ont peut-être entendu parler de Thomas Szasz, le brillant psychiatre qui a publié en 1961 un article ouvrant de tout nouveaux horizons, intitulé «The Myth of Mental Illness». Tous ceux qui travaillent à aider les personnes et les familles ont une immense dette de reconnaissance envers ces géants du domaine de la psychothérapie.

Comme tous les thérapeutes le savent, chacun des couples qui se présente en thérapie est unique. Peu importe le nombre de couples qu'on a pu recevoir en consultation, aider deux personnes à consolider leur relation reste toujours un défi. Nous avons tous deux été confortés et ravis lorsque, à la conférence d'Anaheim, le réputé clinicien Salvador Minuchin a dit, avec toute la sagesse, la chaleur et le charme infini qui le caractérisent, et avec l'accent argentin qu'il a conservé après toutes ces années :

> Donc, comme vous le voyez, tous les mariages sont des erreurs, que nous tentons ensuite de réparer ; et certains d'entre nous y réussissent mieux que d'autres.

Cette phrase nous a semblé extrêmement chaleureuse, forte et pleine de compassion, surtout venant d'un homme d'une telle stature. Nous sommes si nombreux à chercher la relation de couple parfaite, alors qu'elle se trouve juste sous nos yeux. Si seulement nous pouvions communiquer cette vérité par l'intermédiaire d'un livre, pour que les gens puissent s'en servir avant et pendant leur relation, plutôt qu'après.

Voilà pourquoi nous avons écrit ce livre. Pour offrir un peu de la magie et des connaissances scientifiques qui, nous le savons maintenant, sont nécessaires pour construire des relations de couple vraiment heureuses. De nos jours, le taux de divorce se situe autour de 50 % et de nombreux couples n'ont pas quitté la maison, sans enfants ni travail, pour une escapade d'une nuit, depuis des années. Nous pensons donc que bien des couples auront intérêt à découvrir les sept comportements (en fait, il y en a huit, car nous en avons ajouté un en prime) vraiment gagnants des couples heureux. Nous espérons que vous prendrez plaisir à lire ce livre, et qu'il vous aidera à améliorer votre relation de couple.

Sept comportements, plus un en prime

Le cerveau humain peut retenir environ sept données à la fois. Comme nous l'expliquons dans l'annexe B, ceci ne s'applique qu'aux données unidimensionnelles, par exemple sept cercles de tailles différentes ou sept nuances de gris. Ce nombre est approximatif, car une personne normale peut retenir entre cinq et neuf données, selon la puissance de sa mémoire à court terme. Le chiffre 7 a donc une importance cruciale, pour plusieurs raisons, notamment parce qu'il correspond bien aux capacités de notre cerveau.

En ce qui a trait aux listes publiées dans les livres de croissance personnelle, le chiffre 7 est «un beau chiffre rond». En effet, dès qu'on essaie de se concentrer sur dix, douze ou quinze élément différents, on perd sa concentration! Lorsque nous nous sommes remis à la rédaction de ce livre, après l'avoir mis de côté pendant quelques années, nous avons décidé de reprendre le thème du chiffre 7, comme dans nos deux livres précédents. Lorsque nous nous sommes rendu compte que nous voulions en fait mettre l'accent sur huit sujets, nous avons décidé de garder le huitième, plutôt que de le couper, sachant que le chiffre 8 se situe dans la fourchette du «chiffre 7 magique, plus ou moins deux». Pour des raisons purement esthétiques, notre éditeur a décidé de présenter «7 comportements gagnants – Plus un en prime».

Les sujets que nous avons finalement décidé d'explorer en profondeur sont ceux dont, selon nos observations, les couples doivent absolument tenir compte et qu'ils doivent sérieusement prendre à cœur pour trouver le bonheur véritable. Il en existe d'autres, et il est certain que d'autres auteurs et cliniciens mettront davantage l'accent sur ces autres thèmes. Mais lorsque des gens viennent nous demander de les aider, ce sont ces sujets que nous les invitons à examiner au moment où ils sont décidés à améliorer leurs relations.

Les voici donc, les comportements gagnants des couples vraiment heureux:

1.   Être assez adulte pour avoir des fréquentations amoureuses

2.   Être sexy

3.   Être prêt à divorcer

4. Savoir pourquoi on a choisi son conjoint

5. Laisser la vie nous étonner

6. Savoir gérer ses peurs, sa douleur, sa honte et sa solitude

7. Assumer sa part de responsabilité

8. Sortir gagnants de nos déceptions

Ce livre comporte cinq parties. Dans la première, nous dressons le portrait d'une relation vraiment heureuse, et celui d'une relation malheureuse, sous forme de listes de comportements et de sentiments typiques de l'une et l'autre. Nous avons eu recours à ce genre de listes dans certains de nos ouvrages précédents; et nous avons constaté qu'elles sont très utiles aux gens qui souhaitent cerner et régler les difficultés qu'ils rencontrent dans leurs relations; elles les aident aussi à percevoir intuitivement les buts qu'ils tentent d'atteindre. Dans la deuxième partie, nous analysons les différentes étapes qui marquent les relations amoureuses, depuis les premières rencontres jusqu'au sentiment de mutualité, en passant par les principales règles du jeu régissant les relations d'amour. Ces deux parties contiennent certains des conseils les plus importants que nous offrons aux couples qui viennent nous consulter en thérapie conjugale.

Dans la troisième partie, nous vous racontons une fable thérapeutique qui, nous l'espérons, aidera de nombreux lecteurs à résoudre le dilemme fondamental qui surgit en thérapie, et qui s'exprime par la recherche d'une réponse à la question suivante: «Comment puis-je vivre une vie adulte et heureuse alors que mon enfance a été si malheureuse?» Voilà un aspect essentiel de la thérapie de couple, car les gens qui n'arrivent pas à surmonter les peines et les blessures de leur enfance ont souvent de la difficulté à vivre une relation amoureuse adulte.

Dans la quatrième partie, nous présentons et analysons en détail les huit comportements qui, selon nous, sont essentiels à une relation de couple vraiment heureuse; et dans la cinquième partie, nous prenons quelques moments pour redire au lecteur à quel point il est important de bien connaître sa propre histoire de vie, d'apprendre à l'accepter, de faire de même avec celle de son partenaire, et de découvrir où et comment leurs vies convergent.

* * *

Avant d'aller plus loin, nous voulons vous faire part de certaines des conventions utilisées dans ce livre. Nous avons fait de notre mieux pour faire alterner le «il» et le «elle» dans les histoires de cas, mais nous ne les avons pas comptés. Si le genre masculin ou le genre féminin domine dans les exemples et les cas présentés, ce n'est pas intentionnel. Par contre, dans les passages théoriques, le masculin renvoie aux deux sexes.

Le mot «mariage», pour nous, recouvre tous les types de relations amoureuses à long terme. Les concepts et exemples donnés dans ce livre s'appliquent aussi bien aux couples homosexuels qu'aux couples hétérosexuels ou à toute autre variation sur le thème du couple. Ceci même si les gens qui se marient après avoir vécu ensemble pendant plusieurs années découvrent souvent que leurs relations changent énormément dès le lendemain du mariage. Il y a quelque chose de profondément signifiant dans le fait d'intégrer une relation amoureuse à une structure sociale établie.

Nous avons tous deux grandi dans la religion chrétienne. Ce qui explique que nous connaissions bien les idées et les pratiques chrétiennes, ainsi que les dysfonctionnements les plus répandus parmi les chrétiens. Mais presque tout ce que nous écrivons s'applique à tous les couples, peu importe à quelle confession religieuse ils appartiennent.

Quelques brefs passages de ce livre sont tirés de certains de nos ouvrages précédents, et adaptés à celui-ci, car nous les jugeons essentiels à l'élaboration des thèmes dont nous voulons vous parler, et nous estimons satisfaisante l'explication qui en a été faite plus tôt. Le contenu de l'annexe A est une adaptation de l'explication détaillée des étapes du développement selon Erik Erikson qui est parue dans notre premier ouvrage, *Adult Children: The Secrets of Dysfunctional Families*. Il est essentiel de saisir ces étapes – leur rôle et ce qui peut nous aider à les traverser – pour comprendre les principaux thèmes de ce livre; nous vous invitons donc à lire l'annexe A même si vous avez lu sur ce sujet dans un livre précédent. Certains passages sur la sexualité et la spiritualité proviennent de *Rescuing Your Spirit: When Third-Grade Morality Isn't Enough for Christians*, et certains autres, sur la responsabilisation, la déception et la résistance, sont tirés de *The Soul of Adulthood: Opening the Doors;* la section sur les «extrêmes» a d'abord été publiée dans notre livre sur les adolescents, et celle sur les «petits changements», dans notre ouvrage sur l'art d'être parent.

Remerciements

$\mathcal{N}$ous offrons nos remerciements les plus sincères et les plus respectueux à toutes les personnes avec lesquelles nous avons travaillé au fil des ans, et qui nous ont confié leurs difficultés. C'est un honneur pour nous que d'avoir été invités à partager les détails intimes de vos relations et par le fait même d'avoir touché votre cœur et votre esprit.

À ceux qui nous ont éduqués, qui ont vécu avec nous pendant que nous grandissions, qui nous ont donné leur amitié, et nous ont enseigné les choses de la vie, merci de nous avoir offert connaissances et relations de toutes sortes. Nous ne serions jamais devenus ceux que nous sommes aujourd'hui sans vous. Comme toujours, nous tenons à exprimer notre profonde reconnaissance envers James Maddock, Ph. D., professeur à l'Université du Minnesota et psychologue clinicien en pratique privée. Au cours des vingt dernières années, il nous a fait profiter de sa sagesse et nous a offert l'encadrement nécessaire pour que nous puissions continuer à croître en tant que psychologues, mais aussi et surtout, en tant qu'êtres humains. Il nous est toujours difficile de trouver les mots pour exprimer à quel point nous sommes honorés de vous connaître.

À nos enfants, merci d'être entrés dans notre vie et de nous avoir enrichis par votre simple existence. Vous êtes tous les trois, ainsi que vos conjoints et vos proches, vraiment remarquables. Rien n'est aussi enthousiasmant, et rien ne donne de telles leçons d'humilité, que de se voir confier la garde d'un autre être humain, puis de le voir s'épanouir pour devenir un adulte complet et autonome. Et maintenant que nous sommes un peu plus vieux, et que le temps passe, nous disons à nos petits-enfants: «Bienvenue dans cette vie!»

Nous voulons remercier Mary Pietrini, notre collègue et amie depuis tant d'années, de nous avoir offert son soutien, d'avoir su apprécier nos différents manuscrits et, à l'occasion, de les avoir examinés avec l'œil critique de l'éditrice. Merci aussi à Peter Charad, pour son amitié et la confiance qu'il a témoignée envers notre travail depuis tant d'années. Nous sommes aussi reconnaissants à notre chère amie Dearbhla Molloy. Sa performance dans le rôle de Hannah, dans la pièce *Arcadia* de Tom Stoppard, à Londres, nous a amenés à nous délecter des mystères de la vie, et son interprétation bouleversante du rôle d'Alice, lors de la première d'*Aristocrats*, de Brian Friel, au théâtre Abbey, à Dublin, en Irlande, le 8 mars 1979, nous a permis d'approfondir notre compréhension du pardon et de la grâce.

Enfin, nous souhaitons remercier Peter Vegso, président de la société Health Communications, Inc., qui a été à nos côtés pendant les dix-sept dernières années, sans oublier Gary Seidler, copropriétaire de HCI jusqu'à tout récemment, quand il a pris sa retraite. Merci à Lisa Drucker, pour l'orientation éditoriale brillante et compétente qu'elle a su donner à ce projet; à Susan Tobias, pour nous avoir amenés dans la bonne humeur à une entente au sujet de la page couverture de ce livre; à Erica Orloff, pour la remarquable révision qu'elle a faite du manuscrit; à Kim Weiss, pour nous avoir conseillés quant à la promotion de notre travail; à Maria Dinoia, pour son amitié et pour avoir inlassablement soutenu notre travail sur le marché de l'édition; et aux services du graphisme, des ventes et du marketing chez HCI, pour leurs efforts incessants. Sans votre collaboration, à tous, il n'y aurait pas de livres.

Il n'y a jamais que deux trains qui roulent.
Il y a la vie et il y a la mort.
Chacun de nous prend l'un et l'autre.
Vivre notre vie avec dignité, célébrer et accepter la responsa-
bilité de notre présence dans ce monde, voilà tout ce que l'on
peut attendre de nous.

August Wilson
Two Trains Running

Première partie

Portrait de l'amour

Quel est l'amour que j'ai pour toi? Laisse-moi y réfléchir.
Je t'aime avec toute la profondeur, et toute l'ampleur et toute la hauteur que peut atteindre mon âme.

Elizabeth Barrett Browning
Sonnets from the Portuguese

Chapitre 1

Quelques mots d'explication

... J'ai maintenant une impression que je n'avais pas avant, et elle ne se situe pas simplement à la surface des choses, elle m'envahit jusqu'au plus profond:
Nous avons réussi. Ça ira mieux maintenant.
Ce sont des choses qu'on peut en quelque sorte sentir.

Robert Pirsig
Traité du zen et de l'entretien des motocyclettes

*A*près vingt et un ans de mariage, après avoir accumulé théories et données scientifiques sur les relations amoureuses pendant des décennies, et y avoir intégré tout ce que nous avons appris durant nos années de travail comme thérapeutes conjugaux, les relations amoureuses nous déroutent encore à l'occasion. Et ce, malgré le fait que nous y réfléchissions beaucoup et que nous écrivions sur le sujet. L'approche scientifique est-elle erronée? Nous sommes-nous illusionnés pendant toutes ces années? Ou est-ce simplement que l'être humain dispose d'un nombre infini de moyens d'atteindre le bonheur, eux-mêmes définis par un nombre illimité de combinaisons génétiques possibles? La planète compte plus de six milliards d'habitants en ce moment; il faudrait multiplier ce nombre par un autre milliard pour obtenir le nombre de modèles de relations humaines heureuses pouvant exister à chaque instant.

Aussi, loin de nous l'idée de proposer une définition exhaustive ou définitive des relations humaines ; ce livre se compose plutôt de nos réflexions et d'un certain nombre de résultats de recherche sur le sujet. Quand nous remettrons ce manuscrit à notre éditeur, une foule d'autres manuscrits auront été remis à d'autres éditeurs et seront eux aussi publiés l'an prochain. Ce livre ne constitue qu'une façon de présenter notre vision des choses. Lorsque deux personnes viennent nous consulter, elles viennent découvrir ce qu'elles peuvent voir, en se servant de nous comme de catalyseurs. Lorsqu'elles vont consulter quelqu'un d'autre, elles sont à la recherche de catalyseurs différents. De la même façon, nos enfants sont le produit de nos vies, et non des vôtres. Vos enfants sont le produit de vos vies, non de la nôtre. Aussi évident que semble ce principe, nous en parlons parce qu'il souligne l'aspect le plus essentiel de la thérapie relationnelle : vous seuls pouvez améliorer vos relations intimes. Personne d'autre ne peut le faire à votre place.

Les modèles de comportement

Une bonne partie de la science des relations humaines repose sur le principe de la reproduction de certains comportements.

L'un de nos amis est un fervent adepte de reconstitutions de batailles historiques ; lui et ses camarades endossent des uniformes anciens authentiques, brandissent des armes anciennes authentiques, mangent comme les soldats d'autrefois, et recréent certaines des batailles les plus célèbres, sous les yeux de milliers de spectateurs ravis. Dans le domaine de l'étude des relations humaines, le mot « reproduction » désigne le fait que les adultes ont souvent des comportements identiques ou semblables à ceux qu'ils ont adoptés pendant leur enfance. Ce qui explique que ces comportements se transmettent de génération en génération, non seulement génétiquement, mais aussi par l'apprentissage.

C'est, en théorie du moins, assez facile à comprendre. Disons que, lorsque vous étiez enfant, vous adoriez lire. À 35 ans, vous adorez lire. Enfant, vous étiez actif et dominateur, ce que vous êtes toujours à 40 ans. Pendant votre enfance, lorsque vous étiez en colère, personne ne vous écoutait, ou alors on vous disait de vous tenir tranquille et d'aller dans votre chambre, parce que les bons enfants ne se mettent pas en colère. Aujourd'hui, à 35 ans, votre mari vous emmène en thérapie de couple parce qu'il ne peut plus supporter vos bouderies et vos silences. Cela explique aussi pour-quoi la femme qui a eu un père dominateur risque fort soit d'être elle-même très dominatrice, soit d'épouser un homme dominateur. Et ceci même si, plus jeune, elle s'était juré de ne pas le faire.

Avec le temps, au fur et à mesure que les adultes prennent de la maturité et de la profondeur, et que leurs capacités physiques diminuent, ces dernières sont remplacées par quelque chose de beaucoup plus précieux: la sagesse. Dans le domaine des relations humaines, une bonne part de cette sagesse provient de la capacité de comprendre et d'accepter notre bagage psychologique, et de faire la paix avec notre passé. Il arrive souvent qu'au début de la vingtaine, nous ayons une perception idéalisée ou démonisée de notre enfance; nous nous disons alors que le passé est le passé, et qu'il faut aller de l'avant et vivre. Mais il est normal que les fantômes du passé viennent nous hanter entre le milieu de la ving-taine et le milieu de la quarantaine. Et si nous acceptons le défi de mûrir et de croître, nous en venons tôt ou tard à percevoir très clai-rement que la vie est à la fois simple et complexe.

Contrairement à ce que certains croient, croître ne signifie pas réécrire notre histoire psychologique, que notre enfance ait été douloureuse ou non. Tout d'abord parce que c'est impossible; mais même si nous le pouvions, ce ne serait pas sage, ni sur le plan affectif ni sur le plan spirituel. Un intervieweur nous a un jour demandé: «Nous cessons tôt ou tard de choisir des partenaires qui correspondent d'une façon ou d'une autre aux modèles douloureux de notre enfance, n'est-ce pas?» Nous lui avons répondu, avec conviction, que non. L'objectif n'est pas d'effacer notre enfance, mais plutôt de la maîtriser. Si vous avez été élevé par un père rageur et physiquement violent, vous pourrez avoir tendance à vous lier à des hommes qui exprimeront physiquement leur colère. Si vous maîtrisez votre enfance et atteignez l'âge adulte sur le plan affectif, vous aurez le pouvoir de choisir entre rester et partir faire votre vie ailleurs. L'homme avec lequel vous finirez par trouver le bonheur sera peut-être plutôt dominateur, mais à l'intérieur de limites plus saines. Et comme vous serez «adulte sur le plan affectif», vous aurez un moi suffisamment fort pour conserver votre pouvoir dans cette relation.

Le processus qui consiste à «croître et à devenir adultes sur le plan affectif», et à maîtriser notre bagage psychologique, est illustré dans le chapitre 8, intitulé «Les pierres». Vous y trouverez un aperçu du long et enrichissant processus qui nous amène à croître et à maîtriser et intégrer notre passé plutôt que de tenter de l'effacer. Cela fait partie de la magie de la nature humaine. C'est l'homme et la femme dans ce qu'ils ont de meilleur. Les deux prochains chapitres se composent de listes décrivant les sentiments qu'on éprouve, ou qu'on n'éprouve pas, quand on vit une relation amoureuse vraiment heureuse. Ces deux listes font bien davantage appel à l'aspect magique qu'à l'aspect scientifique de la relation amoureuse. Il s'agit de tableaux, d'impressions, dépeints au moyen de mots.

Au sujet des listes I et II

Nous vous suggérons fortement de lire et relire les listes des deux prochains chapitres. Savourez-les. Laissez votre inconscient s'en imprégner. Si vous le faites, vous n'aurez peut-être même pas besoin de lire le reste de ce livre. En effet, ces deux listes illustrent bien de quoi se compose une relation amoureuse vraiment heureuse, et ce qui n'en fait pas partie. Après les avoir lues, vous vous apercevrez qu'un seul des énoncés revient dans les deux listes. Les lettres et les mots qui les composent sont identiques, et ils sont assemblés dans le même ordre. Pourtant, les différences que recouvrent ces deux phrases constituent l'essentiel de ce qui distingue une relation douloureuse d'une relation heureuse. C'est la subtile différence entre le degré six et le degré sept.

Lorsque vous en aurez terminé avec les listes, nous vous conseillons de vous arrêter et de réfléchir aux émotions qui se réveilleront dans votre cœur et votre âme, et de prendre le temps de feuilleter les pages du livre de votre vie, pour essayer de comprendre d'où viennent ces émotions. Par la suite, parlez de cette partie de vous à votre partenaire. Confiez-lui vos émotions. C'est ainsi que l'intimité prend naissance.

C'est en communiquant du fond du cœur, au sujet de choses qui peuvent sembler peu importantes, que l'on fait croître l'amour.

Chapitre 2

Liste I
L'amour véritable, c'est...

«... Tu me rends malade. Je te déteste de tout cœur.»
J'ai lui ai lancé toutes les insultes auxquelles je pouvais
penser sur lui et son copain. Puis j'ai raccroché.
Je ne me souviens pas qu'il ait répondu quoi que ce soit.
Je ne lui en voulais pas à elle. À quelques détails près, elle
a dit ce que j'aurais dit moi-même si nous avions perdu.

Mary Matalin et James Carville
All's Fair: Love, War, and Running for President

Je sais que je t'aime parce que...

1. Il y a eu une époque où tu m'exaspérais parce que tu ne remettais jamais les couvercles sur les pots. Aujourd'hui, quand je prends la bouteille de jus et que le couvercle tombe, je souris et je me dis: «Elle est passée par ici il n'y a pas longtemps. Elle fait partie de ma vie. J'en suis tellement heureux.»

2. Je te regarde, après vingt ans de vie commune, et je m'émerveille de voir que c'est aussi excitant que le jour où nous nous sommes rencontrés.

3. Quand je m'absente pour affaires, et que je vois un jeune couple d'amoureux, ravis et extasiés, je ne peux que penser à toi.

4. On se dispute parfois, tu me détestes parfois, puis tu t'arrêtes et tu souris, en te rappelant que j'ai réussi à te faire rire avant cette entrevue d'emploi qui te faisait tellement peur.

5. Tu m'excites autant que le jour où nous nous sommes connus, même quand nous sommes trop fatigués pour faire l'amour.

6. Quand je suis ridicule, tu me le dis.

7. Tu aimes Kevin Spacey.

8. Ça te réconforte de savoir que Jacques Parizeau et Lucien Bouchard sont toujours en vie.

9. Tu ne suivrais jamais un cours de danse tout(e) seul(e), mais tu as adoré ceux que nous avons suivis ensemble.

10. Tu dis que les ordinateurs, les fils et les boutons sont ridicules, mais tu m'aimes, sans l'avouer, parce que je sais les faire fonctionner.

11. Quand toi et tes copains vous moquez du maquillage et des hormones, tu ris avec eux, mais tu leur laisses quand même l'impression subtile que, pour toi, ces choses sont aussi importantes que les vidanges d'huile et le hockey.

12. Tu es sexy parce que tu n'essaies pas de l'être.

13. Tu ne te plains pas quand tu as mal quelque part.

14. Il arrive que tu me voies pleurer à la fin d'un film, et tu fais comme si tu ne t'en étais pas aperçue, mais je sais que tu le sais.

15. Quand tu pars travailler, en plein hiver, par 20 degrés sous zéro, je m'inquiète parce que tu es frileuse; mais mon inquiétude s'évanouit lorsque j'entre dans la salle de bains, où règne un soupçon du parfum enivrant qui émane de la femme adulte que tu es.

16. Quand tu entres dans une pièce pleine de monde, tu te mets à parler avec les gens, tu les amènes à nous accepter, puis tu m'inclus dans la conversation juste au moment où je crains de disparaître.

17. Tu as tout fait pour me convaincre d'accepter le poste que je me croyais incapable d'occuper; aujourd'hui, ce job est ce que j'aime le mieux faire au monde.

18. Tu t'es battue bec et ongles pour me persuader qu'il était important de faire de notre maison un vrai foyer, et tu n'as pas cédé d'un pouce tant que je ne me suis pas rangé à ton avis, pour m'apercevoir que c'est l'une des meilleures choses qui me soient arrivées.

19. Tu es tellement femme.

20. Je déteste tes souliers de course malodorants, mais je les aime parce qu'ils font tellement homme.

21. Tu as cet éclair dans les yeux quand tu souris.

22. J'aime ton odeur.

23. J'aime le bruit de ta respiration au milieu de la nuit.

24. J'ai aimé ton euphorie quand tu as participé à cette course que tu ne pensais jamais réussir à terminer.

25. Ton esprit s'élève lorsque nous entrons dans la forêt.

26. Tu as tellement peur de choses qui ne me font pas peur du tout.

27. Tu prends tellement bien soin de nous.

28. Tu aimes mon petit chien, alors que tu pensais ne jamais y arriver.

29. Tu as pensé à mon fils.

30. Mes filles ont pleuré dans tes bras.

31. Tu es tombé amoureuse de mon rêve avant même de le connaître.

32. Tu ne m'as jamais dit que je devrais aller me faire soigner, mais tu étais à mes côtés quand j'ai décidé de le faire.

33. Tu étais prêt à divorcer de moi.

34. Tu m'as soutenu pendant les funérailles de mon père.

35. Tu aimes l'océan, que je trouve terrifiant.

36. Je sais que le pire souci que tu te fais, c'est à mon sujet.

37. J'aime ton rire.

38. J'aime la façon dont tu me touches.

39. Tu paies les factures et les comptes de taxes, et tu t'organises pour que l'hypothèque soit remboursée.

40. La profondeur de ta personnalité s'exprime dans le soin que tu mets à embellir notre foyer.

41. Tu as le sens de l'élégance.

42. Les textes que tu écris sont empreints de magie.

43. Tu es capable de compassion dévouée à l'égard de tes amis.

44. J'aime ton silence.

45. J'ai appris à tolérer ton désordre et ton chaos.

46. Ton rythme trépidant et ma tranquillité sérieuse s'accordent à merveille.

47. Tu aimes skier, alors que je gèle tout l'hiver.

48. Tu te fâches contre moi lorsque je suis préoccupé, parce que tu me veux pour toi.

49. Tu as su garder ta dignité, en public, dans des circonstances où peu de gens y seraient arrivés.

50. Tu me désires encore.

51. Tu tombes en extase lorsque le soleil se couche sur le lac, derrière les montagnes.

52. Tu pleures chaque fois qu'un film, une histoire ou une émission de radio te rappellent la douleur que tu éprouves au sujet de ton père.

53. Peu importe les difficultés que nous avons connues depuis tant d'années, tu m'inspires toujours une folle passion.

54. Tu me montres ton côté le plus vulnérable.

55. Tu es tellement fort.

56. Je n'allais jamais au cinéma lorsque j'étais enfant, et toi tu m'y emmènes tout le temps.

57. Je n'ai jamais eu de foyer jusqu'à ce que tu en crées un pour nous.

58. Tu es le meilleur ami que j'aie jamais eu.

59. Tu ne me dis presque jamais pour qui tu as voté.

60. Tu me trouves mignonne.

61. La première fois que nous sommes sortis ensemble, tu portais un pantalon plutôt ridicule ; et tu te demandes encore pourquoi cela me fait sourire.

62. Tu adores chaque pouce carré de ma personne.

63. Nous aimons ce que nous sommes ensemble.

64. Après toutes ces années, je ne comprends toujours pas pourquoi.

Chapitre 3

Liste II
L'amour véritable, ce n'est pas...

Tout ce qui restait de leur passion originale était ce faible crépitement électrique qui animait leurs insultes, et les coups ternes qu'ils s'envoyaient l'un à l'autre.
C'était tout ce qu'on pouvait voir, en tout cas.

Jonathan Lethem
Motherless Brooklyn

Notre relation m'inquiète parce que...

1. Il y a dix ans que tu ne remets jamais les couvercles sur les pots et ça m'exaspère plus que jamais. Quand je prends la bouteille de jus et que le couvercle tombe, je me sens bouillir intérieurement et je me demande comment tu peux continuer à me trahir ainsi, après que je t'ai DIT ET RÉPÉTÉ de visser les couvercles, et que tu ne le fais toujours pas.

2. Je te regarde, après vingt ans de vie commune, et je me demande si je pourrai endurer cinq autres années.

3. Quand je m'absente pour affaires, et que je vois un jeune couple d'amoureux, ravis et extasiés, je les envie et je me dis qu'il serait fantastique d'avoir une aventure torride, juste pour le plaisir.

4. On se dispute parfois, tu me détestes parfois, puis tu me dis que tu ne vois pas une seule bonne raison pour que nous restions ensemble.

5. Nous n'avons presque plus de relations sexuelles et, quand ça arrive, ce n'est rien d'autre que du sexe. Sans l'avouer, je suis soulagé que nous soyons généralement trop fatigués pour le faire.

6. Chaque fois que je suis ridicule, tu me le dis. C'est à peu près tout ce que j'entends de ta part.

7. Tu aimes Kevin Spacey; je trouve que sa réputation est très surfaite.

8. Ça te réconforte de savoir que Jacques Parizeau et Lucien Bouchard sont toujours en vie, alors que je m'en fiche complètement.

9. Tu ne suivrais jamais un cours de danse tout seul et quand, à force de te houspiller, j'ai réussi à t'y emmener, tu as tout saboté et tu n'as fait aucun effort pour que ça marche. Je me suis sentie trahie et gênée.

10. Tu dis que les ordinateurs, les fils et les boutons sont ridicules et tu me traites de «petit garçon» devant tes amis.

11. Quand toi et tes copains vous moquez du maquillage et des hormones, tu dis que c'est «juste pour rire», mais tu envoies des messages non verbaux qui signifient clairement «mépris».

12. Tu n'es pas sexy parce que tu essaies trop de l'être.

13. Tu es tellement plaignard quand tu as mal quelque part.

14. Tu scrutes mes yeux comme une mère indiscrète pour voir si j'ai pleuré pendant le film. Mais je n'oserais jamais le faire devant quelqu'un qui a entrepris de me faire «évoluer sur le plan affectif».

15. Quand tu pars travailler, en plein hiver, par 20 degrés sous zéro, pendant que je m'habille et me prépare pour le travail, la seule chose à laquelle je peux penser, c'est: «Si elle pouvait

changer de parfum... Je ne le lui ai jamais dit, mais je le déteste depuis quinze ans. »

16. Quand tu entres dans une pièce pleine de monde, tu te mets à parler avec les gens et tu t'organises pour que l'on remarque ta présence, comme d'habitude. Pourquoi est-ce que je me donne encore la peine de t'accompagner ? Tu es tellement odieux !

17. Tu as tout fait pour me convaincre d'accepter le poste que je me savais incapable d'occuper. Je me suis ensuite aperçu que j'en suis tout à fait capable. Mais ne t'imagine pas que tu aies quoi que ce soit à voir dans ma réussite.

18. Tu t'es battu bec et ongles pour me persuader qu'il était important de faire de notre maison un vrai foyer, et tu n'as jamais cédé d'un pouce. C'est sûr que tout cela est joli. Mais en avions-nous vraiment besoin ?

19. Tu es tellement femme que je ne peux pas le supporter. Ne comprends-tu pas ?

20. Je déteste tes souliers de course malodorants et tu n'as JAMAIS rien fait à ce sujet.

21. Cet éclair dans tes yeux quand tu souris te donne une allure un peu puérile.

22. Ton odeur m'a toujours déplu.

23. Je ne supporte pas le bruit de ta respiration au milieu de la nuit. Quand vas-tu te décider à faire quelque chose ?

24. Tu étais tellement euphorique quand tu as participé à cette course que tu ne pensais jamais réussir à terminer. Alors, quand vas-tu arrêter de te conduire de façon aussi puérile ?

25. Chaque fois que nous traversons une forêt, en voiture, tu dis que ça élève ton esprit. Silencieusement, je te réponds : « Ok, ok. Pourquoi on ne roulerait pas tranquillement sans que tu transformes la moindre chose en expérience spirituelle ? »

26. Tu as peur de tout. Reviens-en !

27. Tu dis que tu essaies de prendre soin de nous. J'aimerais mieux que tu te contentes de prendre soin de toi, pour un bout de temps.

28. Le problème, ce n'est pas tant que tu sois incapable de la moindre affection envers mon petit chien, c'est que tu sembles incapable de la moindre affection envers moi.

29. Tu ne penses jamais à mon fils.

30. Mes filles ne t'aiment pas.

31. Tu m'as dit que mon rêve est irréalisable.

32. Tu me harcèles sans arrêt parce que je bois. Pourquoi ne vas-tu pas consulter pour ta «manie du harcèlement»?

33. Tu es trop dépendant pour pouvoir divorcer de moi.

34. Tu es venu aux funérailles de mon père, mais tu as passé tout ton temps à faire des appels sur ton cellulaire.

35. Tu es obsédé par l'océan.

36. Arrête de te faire du souci à mon sujet. C'est de la névrose.

37. Tu aurais intérêt à changer ta façon de rire.

38. La façon dont tu me touches me met en colère.

39. Eh oui, tu paies les factures et les comptes de taxes, et tu t'organises pour que l'hypothèque soit remboursée. Mais c'est ce que tu es censé faire.

40. Il n'y a rien à faire, je ne comprends pas pourquoi tu passes ton temps à dire qu'il est important de «créer un foyer». Créer un foyer? Et la politique, et les autres sujets importants, qu'est-ce que tu en fais?

41. Ton sens de l'élégance n'a rien à voir avec le mien.

42. Les textes que tu écris exigent d'être sérieusement retravaillés.

43. Tu dépenses trop d'énergie à aider tes amis. Et moi, dans tout ça?

44. Tes silences sont symptomatiques d'un problème affectif.

45. Ton désordre et ton chaos t'empêchent d'être le gagnant que je croyais avoir épousé.

46. Nous sommes tout simplement trop différents.

47. Tu aimes skier, alors que je gèle tout l'hiver. Ça en dit long à notre sujet, tu ne trouves pas?

48. Tu te fâches contre moi lorsque je suis préoccupé. Écoute, il faut bien que quelqu'un répare ta dernière gaffe!

49. Lorsque cette femme s'est montrée si odieuse, pendant la soirée, tu aurais dû la remettre à sa place! Quand est-ce que tu vas enfin apprendre?

50. Ta façon de me désirer me fait l'effet d'une douche froide.

51. Tous les jours, il faut regarder le coucher du soleil. Est-ce que je devrai toujours tout arrêter pour cela?

52. Je le sais, que toi et ton père n'avez jamais réussi à communiquer. J'ai compris, j'ai compris!

53. Nous avons connu tellement de difficultés, depuis tant d'années, que je ne ressens plus rien pour toi.

54. Tu me montres ton côté le plus vulnérable. Pourquoi fais-tu cela? Je veux quelqu'un de solide.

55. Tu te penses tellement fort.

56. Tu m'emmènes tout le temps au cinéma. Je n'y allais jamais quand j'étais enfant, même si tous les autres y allaient. Mes parents trouvaient que c'était une perte de temps. J'ai appris à ne pas être frivole et je ne veux pas aller voir de film.

57. Je n'ai jamais eu de foyer et j'ai toujours l'impression de ne pas en avoir.

58. Quand j'entends des gens dire que leur conjoint est leur meilleur ami, je me dis qu'ils se racontent des histoires.

59. Tu n'es pas assez stupide pour voter pour ce candidat, n'est-ce pas?

60. Tu ne sembles pas attiré par moi.

61. La première fois que nous sommes sortis ensemble, tu portais un pantalon ridicule, et tu ne le comprends toujours pas.

62. Je veux que quelqu'un m'adore.

63. Nous paraissons bien en public.

64. Après toutes ces années, je ne comprends toujours pas pourquoi.

Deuxième partie

Derrière chaque chose, il y a une histoire intéressante

Quand nous aurons percé tous les mystères, et perdu la signification de toutes choses, nous serons seuls, ou sur une plage vide.

Tom Stoppard
Arcadia

Chapitre 4

L'homme, la femme et la mer

Mais ce ne sont pas vraiment nos gènes qui faiblissent.
C'est notre cœur qui faiblit.
La valeur essentielle de la chevalerie romantique occiden-
tale était la courtoisie – un raffinement des sentiments
capable de conduire l'amour romantique au seuil de
l'amour divin et de l'union mystique.

Charles Upton
Hammering Hot Iron:
A Spiritual Critique of Bly's Iron John

*D*ans un ouvrage intitulé *The Soul of Adulthood*, nous avons raconté l'histoire vraie d'un couple que nous connaissons. Cette histoire exprime la magie à la fois simple et extraordinaire qui jaillit de l'inconscient des couples dont chaque membre est à l'écoute de soi et de l'autre. Cet homme et cette femme étaient ensemble depuis plusieurs années et leur amour était profond et constant. Ils avaient partagé bien des difficultés et bien des joies. Quand ils ont commencé à se révéler l'un à l'autre, l'homme raconta à la femme à quel point lui, son frère et sa sœur s'étaient amusés à nager dans l'océan, tous les étés, et l'importance que l'eau avait prise pour lui pendant son enfance. La femme lui confia alors sa peur de l'eau, et lui dit que son père n'avait pas été un très bon professeur de natation, à cause de son impatience et de sa brusquerie. L'homme fut secrètement déçu que la femme ne partage pas sa profonde passion pour l'eau et les baignades dans des lacs froids et limpides, ou dans les vagues rugissantes de l'océan.

Ils en reparlèrent souvent au fil des ans, mais ils en arrivèrent toujours à la même conclusion frustrante. La femme n'aimait pas l'eau, et elle se sentait incomprise et en colère. L'homme, de son côté, se sentait trahi, au plus profond de lui, par la réticence de la femme. Mais il continuait à essayer de la faire changer parce qu'il était convaincu que leur relation échouerait si la femme n'arrivait pas un jour à l'accompagner dans l'océan, comme son frère et sa sœur l'avaient fait.

Par une journée plutôt calme, alors qu'ils étaient à la plage, l'homme essaya par tous les moyens possibles de convaincre la femme d'entrer dans l'eau avec lui. Elle accepta finalement, uniquement pour lui faire plaisir, mais comme ils s'avançaient ensemble dans l'océan, une énorme vague surgit de nulle part et les submergea. De l'eau s'infiltra dans les voies respiratoires de la femme et, lorsque l'homme vit dans ses yeux la terreur qu'elle éprouvait, il se sentit terriblement malheureux et se jura, ainsi qu'à elle, qu'il ne ferait plus jamais pression sur elle de cette façon. Au même moment, la femme vit dans les yeux de l'homme le remords qu'il ressentait et entendit la sincérité qu'exprimait sa voix. Cet instant de vulnérabilité simultanée et partagée les envahit délicatement, telle une vague de lumière bienfaisante.

Le lendemain matin, pendant qu'il nageait dans les vagues, juste sous le balcon de leur chambre d'hôtel, où elle lisait le journal en sirotant son café et en se laissant caresser par une douce brise, il lui fit un signe de la main et elle lui rendit son salut en souriant. À ce moment-là, des centaines de fragments épars, venus de partout et de nulle part en lui, se réunirent soudain pour former une image complète. Il comprit alors que tout ce temps passé dans les vagues bouillonnantes, ou dans les eaux fraîches, sombres et mystiques, sous la surface de l'eau, pendant son enfance, lui avait servi à soulager la peur et la peine qu'il ressentait souvent dans sa famille, et que les secrets partagés avec son frère et sa sœur ne concernaient pas seulement l'océan et ses magiques propriétés thérapeutiques. Reprenant graduellement contact avec l'ici et le maintenant, il sentit tous ces fragments de douleur et de confusion se transformer en un sentiment de paix unique, profond, très clair; il avait compris que les souffrances subies pendant son enfance étaient désormais derrière lui, et que le mystère magnifique de sa relation avec cette femme n'exigeait pas qu'il se réfugie dans un sanctuaire aquatique. Il n'avait plus besoin que quelqu'un l'accompagne dans l'océan pour soulager sa douleur. Il lui était plus que suffisant de nager seul et de simplement l'aimer, elle.

Au même moment, pendant qu'elle lisait tranquillement son journal et sirotait son café sur leur balcon, la femme comprit que, même si cet homme ressemblait à son père par certains côtés, il s'en distinguait de multiples façons, en particulier parce qu'il voulait et pouvait voir la peur dans ses yeux, la reconnaître, de même que ses erreurs à lui, et faire passer son besoin de sécurité et de confort à elle avant son propre désir de nager avec elle. À ce moment-là, elle sentit une blessure ancienne guérir en elle, et elle éprouva une sensation de légèreté. Tous les deux eurent l'impression de vivre un événement magique. Et c'en était un.

Chapitre 5

La magie et la science
des relations de couple

Les personnes destinées à se rencontrer le feront, apparemment par hasard, précisément au bon moment.

Ralph Waldo Emerson

Les poètes affirment que, en essayant de percer le mystère de l'arc-en-ciel, nous détruisons son essence même. Les scientifiques, eux, affirment que si nous n'essayons pas de percer son mystère, nous restons prisonniers des forces que nous admirons tant. Comment pouvons-nous, en tant qu'êtres humains, concilier notre aptitude innée à voir la création à travers les lentilles de la métaphore et de la poésie, et notre habileté tout aussi innée à analyser, synthétiser, expliquer, prévoir et contrôler? Comment peut-on imaginer écrire un livre qui porte à la fois sur l'aspect magique et l'analyse scientifique des relations amoureuses?

Qu'arrive-t-il de la magie inhérente aux relations de couple lorsqu'on les analyse si méticuleusement qu'on en arrive à déterminer avec une précision étonnante si un couple survivra ou non à ses dix premières années de mariage? Où est la magie, lorsqu'on identifie, nomme et recense minutieusement des centaines d'expressions faciales, de postures corporelles, d'intonations et d'inflexions de la voix ? Si nous démontons l'arc-en-ciel des rapports humains, qu'en restera-t-il ? Des chiffres sur un écran d'ordinateur ? Des poids bêta dans une analyse à plusieurs variables de milliers de comportements minuscules ? Des courbes sur un graphique ? Est-ce à cela que se réduisent nos relations avec les autres, au bout du compte ?

La science et l'art, la magie et les nombres, en fait, se rejoignent à un certain niveau, car ce sont tout simplement des façons différentes de décrire les mêmes phénomènes. Et c'est là que se cache la magie. Comme Molière et Abraham Lincoln, Albert Einstein était un magicien, puisqu'il pouvait traduire la magie en nombres, et en faire de la science. L'univers est magique et il nous revient, malgré notre fragilité, de tenter d'en éclaircir les mystères. Mieux nous le comprenons et mieux nous en percevons la magie, à notre grand étonnement et pour notre plus grande joie ; et il en est de même dans le cadre d'une relation amoureuse épanouie. Le psychologue John Gottman peut prévoir, avec exactitude dans 94 % des cas, si une relation durera ou non, en se fondant, entre autres, sur le ratio d'interactions positives et négatives qui surviennent entre les deux partenaires sur une période relativement longue[1]. Ce qui n'enlève pas une once de magie aux relations amoureuses car, pour chacun d'entre nous, le fait de trouver et de conserver l'amour est perçu comme quelque chose de magique, qu'on traduise cet amour en nombres ou pas – exactement comme dans le cas de l'univers expliqué par Einstein.

Comme plusieurs d'entre nous le savent, le talent, sans la discipline, débouche généralement sur rien du tout ou sur le chaos. On peut naître avec un extraordinaire talent pour la musique, mais si on n'apprend pas la technique nécessaire ou qu'on ne se donne pas la discipline qu'exige la composition ou la maîtrise d'un instrument, on risque de ne jamais produire la musique extraordinaire

---

1. Gottman, John M. *Why Marriages Succeed or Fail*, New York, Simon and Schuster, 1994.

qui se trouve enfermée dans ses chromosomes. Si vous avez, comme tous les êtres humains, le désir inné de vivre une relation amoureuse saine, profonde, aimante, mais qu'on ne vous a jamais enseigné par l'exemple comment vivre une telle relation, la science nous indique que vous aurez de la difficulté à y arriver. Nous sommes donc vraiment consternés d'entendre tant de gens dire: « Je ne veux pas acquérir des notions sur les relations amoureuses. Il nous suffit d'être ensemble, et ça va fonctionner. » Dans l'univers de l'amour, ces paroles sont souvent, malheureusement, celles qui sonnent le glas de la relation.

La science de la psychologie a vraiment quelque chose à nous offrir

Certains se moquent de ce que les psychologues ont découvert sur le comportement humain au cours du dernier siècle. Et il y a de quoi se moquer, jusqu'à un certain point, de ce que les livres de «psychofoutaises» prêchent depuis une quarantaine d'années. Mais il n'en reste pas moins qu'à l'intérieur des frontières floues du domaine de la psychologie, se cachent quelques grains de sagesse très importants. Par exemple, au cours des dernières décennies, de multiples études ont démontré que les enfants élevés par des gens qui mettent en pratique ces grains de sagesse réussissent mieux à l'école, maîtrisent mieux leurs impulsions, sont plus souples lorsqu'ils résolvent des problèmes et sont davantage capables d'établir des relations avec les autres. Ces enfants, en grandissant, seront plus heureux et auront plus de succès que les autres.

Depuis une dizaine d'années, le nombre d'enfants qui ont de la difficulté à maîtriser leurs impulsions va en augmentant. Cette tendance résulte en partie du fait qu'ils sont élevés par des parents si peu présents qu'ils ont à peine le temps de les éduquer. Des parents victimes de la croyance selon laquelle il suffit d'inscrire les enfants à toutes les activités imaginables, à l'extérieur de la maison, pour qu'ils soient sains et bien adaptés. Mais cela donne plutôt des enfants abandonnés, négligés, surchargés et trop souvent laissés seuls. Ce qui conduit tout droit au désastre. Nous avons appris, il y a quelques mois, que certains parents ont commencé à renverser cette dangereuse tendance, ce qui est très encourageant.

Ce ne sont pas tous les enfants, ni tous les parents, qui sont victimes de cette mentalité destructrice. Certains parents décident de limiter le nombre d'activités auxquelles participent leurs enfants, tout simplement parce qu'ils estiment nocif de les pousser à la limite de leurs capacités. Pourquoi pensent-ils ainsi ? Soit parce qu'ils ont grandi dans une famille très saine qui valorisait le fait de prendre soin de soi, soit parce qu'ils ont lu une étude ou l'opinion d'un expert suggérant qu'il faut tenter de donner aux enfants une vie équilibrée, qu'ils ont pris ces conseils au sérieux et qu'ils les ont mis en pratique malgré les difficultés que cela comporte.

La satisfaction différée, selon Walter Mischel

Pendant les années 1960, Walter Mischel, de l'Université Stanford, a mené des recherches sur la satisfaction différée chez les enfants; il a obtenu des résultats étonnants qui ont fasciné les psychologues du monde entier. Il est tout aussi fascinant de voir que l'on sort aujourd'hui ces recherches du placard et qu'on les cite abondamment, parce que nous comprenons enfin à quel point nous sommes déficients en ce domaine. Brièvement résumés, les résultats obtenus par Mischel suggèrent que les enfants de quatre ans qui ne peuvent attendre quelques minutes pour obtenir une récompense importante, préférant une récompense plus petite mais immédiate, sont considérablement différents de leurs pairs, à l'âge de 18 ans[1].

À l'adolescence, ils étaient toujours incapables de différer l'obtention d'une satisfaction, ils avaient de moins bons résultats scolaires, davantage de problèmes de déficit de l'attention, plus de difficulté à s'entendre avec les autres adolescents, une moins bonne

---

1. Shoda, Y., Mischel, W. et P. K. Peake. «Predicting Adolescent Cognitive And Self-Regulatory Competencies from Preschool Delay of Gratification», *Developmental Psychology*, 1990, 26, 6, p. 978-986.

---

tolérance à la frustration, extériorisaient davantage leurs pulsions refoulées, et ainsi de suite. Autrement dit, les parents qui n'enseignent pas à leurs petits à attendre (ce qui s'apprend surtout en observant le comportement des parents), et qui ne leur imposent ni autorité ni limites, produisent des adolescents et des jeunes adultes moins compétents que les autres sur les plans social, affectif et, souvent, académique.

Les résultats scientifiques obtenus dans le laboratoire de Mischel, il y a de nombreuses années, sont pertinents et tout à fait d'actualité pour tous ceux qui sont en contact avec des enfants. Et comme nous le démontrerons un peu plus loin, ils sont également pertinents pour les couples. La capacité de renoncer à une satisfaction désirée et de soulager son propre inconfort est une habileté essentielle à tous ceux qui veulent atteindre une intimité profonde et mature.

Le «trop-plein émotif», selon John Gottman

Les études menées par John Gottman[1] démontrent que, lorsque deux personnes vivent un trop-plein d'émotions, et qu'elles poursuivent leurs interactions, ces dernières sont presque toujours destructrices. Le trop-plein émotif survient lorsqu'on perd la maîtrise de ses émotions; le rythme cardiaque et la tension artérielle augmentent alors, le cœur bat plus fort, la respiration s'accélère et les muscles se tendent, entre autres. On ressent diverses impressions: envie de se sauver, impression d'être dépassé, d'être susceptible de dire ou de faire des choses qu'on regrettera plus tard, de voir rouge, etc. Cette découverte est l'une des plus utiles que nous connaissions, surtout pour aider les couples à gérer leurs conflits. Imaginez à quel point elle peut modifier la stratégie de résolution des problèmes. En effet, si les interactions entre deux personnes en état de trop-plein émotif sont presque toujours destructrices, les couples ont tout intérêt à remettre leur discussion

---

1.   Gottman, John M. *op. cit.*, p. 1.

au lendemain, littéralement, plutôt que de passer des nuits blanches à accumuler les tentatives de régler le problème ou d'y mettre fin, tentatives qui deviennent de plus en plus dommageables avec le temps. Il est intéressant de noter qu'il faut, jusqu'à un certain point, pouvoir différer l'obtention d'une satisfaction, selon la définition de Mischel, pour y arriver. Les gens ressentent parfois tellement d'anxiété (peur) qu'ils se sentent incapables de se rendre jusqu'au lendemain s'ils ne résolvent pas d'abord leur dispute. Lorsqu'ils savent et croient vraiment que le trop-plein émotif est dangereux, il leur devient plus facile de différer la satisfaction qu'ils souhaitent obtenir, d'échapper au piège du trop-plein émotif, et par le fait même d'éviter d'endommager leur relation.

Il faut se méfier du sens commun

Dans le feu de la dispute, tous les humains ont tendance à ne pas trop se rendre compte de ce qu'ils font ni des conséquences de leurs actes. Et l'une des choses que nous perdons assurément de vue, c'est le rôle joué par notre propre enfance, en ce qui a trait à la réussite ou à l'échec de nos relations amoureuses présentes.

Il est parfaitement normal, quoique tout à fait injustifié, de dire des choses comme: «Je ne comprends pas pourquoi je m'engage sans arrêt dans des relations de couple désastreuses. Mes parents ont eu une vie de couple merveilleuse et j'ai vécu une enfance idyllique.» Il est aussi tout à fait compréhensible que les présentateurs de nouvelles, à la télé, soient souvent complètement sidérés devant les drames et les explosions de violence qui surviennent dans les familles ou les écoles. Car, en général, les gens issus de familles saines et fonctionnelles ne rentrent pas à la maison, après une dure journée au travail, pour s'entretuer à la hache; et leurs enfants n'abattent pas leurs camarades de classe à l'arme automatique. Il n'y a que deux raisons, à notre connaissance, pouvant expliquer que certaines personnes en viennent à faire de telles choses. Ou bien elles souffrent d'un problème physique, organique, qui affecte leur système nerveux – ce problème peut être d'origine génétique ou avoir été causé par un traumatisme environnemental –, ou bien il existe de graves carences dans la structure, ou le fonctionnement, de leur système familial.

Au début des années 1980, peu après notre mariage, les médias ont rapporté l'histoire tragique d'un homme qui vivait dans une banlieue huppée d'une grande ville. Un jour, il est rentré à la maison et il a assassiné tous les membres de sa famille avant de s'enlever la vie. Atteint du cancer, en phase terminale, il était affolé à l'idée de ne plus pouvoir subvenir aux besoins des siens et, envahi et aveuglé par un profond désespoir, il ne voyait plus qu'une solution: tuer tous les membres de sa famille puis se suicider.

En fin de compte, il n'y a rien d'étonnant à ce qu'un homme ou une femme soient complètement affolés face à la perspective de mourir prématurément. C'est normal. Mais si tout le monde réagit de la même façon jusque-là, la suite des événements permet de distinguer entre au moins deux groupes de personnes:

1. Celles qui rentrent à la maison et tuent leur famille avant de se suicider;

2. Celles qui rentrent à la maison et confient à leur épouse ou à leur mari la peur et le désespoir qu'elles ressentent, au point d'avoir même songé à commettre une atrocité; elles savent que cette pensée ne fait qu'indiquer la profondeur de leur désespoir, et admettent qu'elles ont besoin d'en parler et de pleurer avec ceux qu'elles aiment et en qui elles ont confiance.

Face à un adulte qui violente un enfant, notre sens commun nous dit qu'il s'agit d'un monstre ou, pire encore, d'un possédé. La science nous dit quelque chose de très différent:

1. Seule une fraction de seconde sépare les batteurs d'enfants de ceux qui ne le sont pas;

2. Ces derniers sont capables d'admettre qu'il leur arrive d'avoir envie de battre leurs enfants;

3. Ils sont capables de faire la différence entre avoir envie de battre un enfant et, ce qui est beaucoup plus grave, le fait de passer à l'acte de battre un enfant;

4. Ils se sentent assez forts pour admettre et gérer leur honte plutôt que de la camoufler.

Tous ceux qui ont la capacité d'entrer en contact avec leurs véritables émotions ont conscience qu'il leur est arrivé d'avoir l'impression qu'ils pouvaient faire du mal à leur enfant. Les adultes parlent de ces émotions, sachant que cela les désamorce, leur enlève le pouvoir de les pousser à l'acte. Ils sont suffisamment matures et ont un ego assez fort pour pouvoir demander de l'aide: «Je suis au bout du rouleau. Pourrais-tu t'occuper du bébé pendant quelques heures, pour que je puisse me reposer? Sinon, j'ai peur de faire quelque chose que je regretterai jusqu'à la fin de mes jours.»

Les systèmes et les œillères

Les systèmes humains fonctionnent selon certains modèles précis, aussi scientifiques et prévisibles que les comportements des bactéries et des virus qui envahissent le corps humain. Ainsi, il est parfaitement normal d'avoir des œillères qui nous empêchent de voir certains éléments du système. Il n'est donc pas très étonnant d'entendre un homme dire: «Il est impossible que la colère soit à l'origine de mes difficultés. Mes parents étaient les gens les plus doux et les plus dociles au monde.»

Les œillères apparaissent à la suite d'une série d'interactions complexes, étalées sur une longue période. Une enfant que son père traite comme une princesse est en fait séduite et subtilement exploitée par ses deux parents, mais personne ne s'en rend compte sur le coup. Et personne ne peut deviner que cette situation sera à l'origine, des années plus tard, de sa difficulté à établir des relations saines et durables avec un homme. Une fois adulte, comment pourrait-elle faire le lien entre ses difficultés et ce qui était tellement agréable lorsqu'elle était petite? Après tout, tout le monde veut se sentir unique. Qu'y a-t-il de si mal à être «la plus unique de toutes»?

Salvador Minuchin[1] rapporte une histoire racontée par Jose Ortega y Gasset au sujet de l'amiral Robert Peary. Il se dirigeait vers le pôle Nord, en traîneau à chiens. Un jour, après avoir vérifié la position des étoiles, il voyagea toute la journée en direction nord, se fiant à sa boussole. Le soir venu, il monta son campement et vérifia à nouveau la position des étoiles. Il se rendit compte qu'il s'était déplacé vers le sud toute la journée! Il n'en croyait pas ses yeux. Plus tard, Peary se rendit compte qu'il avait passé la journée sur une immense banquise qui dérivait vers le sud. Cette métaphore exprime parfaitement combien il peut être difficile, parfois, de comprendre pourquoi nous posons certains gestes.

Si nous portons des œillères, ce n'est pas par stupidité. C'est un phénomène normal chez les humains. L'expression «refus d'admettre la réalité» est devenue l'une des plus péjoratives qu'on puisse utiliser en parlant de quelqu'un. Elle sous-entend que nous avons été irréparablement abîmés, sur le plan affectif. En fait, le refus d'admettre la réalité est un mécanisme positif qui sert un but bien précis.

Lorsque nous comprenons bien ce que sont les œillères – un élément normal et positif de notre psychologie complexe –, il nous devient plus facile d'examiner ce que nous sommes sans ressentir de honte excessive. Paradoxalement, cela nous aide énormément à retirer nos œillères, lorsque vient le temps de le faire. Nous avons toujours profondément respecté les symptômes, défenses, œillères et dépendances de chaque personne, car ils ont été «installés par l'usager» pour d'excellentes raisons.

Après tout, il serait passablement difficile, et même affolant, pour une petite fille de dire:

«Quand mon papa me traite comme une princesse, je me sens à la fois bien et mal, à l'intérieur. Cela met mon frère et ma sœur en

1. Minuchin, Salvador. *Families and Family Therapy*, Cambridge, Harvard University Press, 1974.

colère contre moi et je pense que maman me voit comme une rivale et qu'elle essaie de détourner l'attention de papa vers elle. Mais c'est tellement agréable d'être spéciale et il y a tellement d'avantages; je peux aller au club de papa et être avec tous ses amis, qui pensent que je suis la meilleure. Et lorsque mon école organise des activités où les parents sont invités, papa vient toujours, et les cadeaux que je reçois sont toujours un peu plus beaux que ceux des autres. Je me sens coupable de tout cela, mais après tout, je suis spéciale. En même temps, je sais que ce n'est pas juste, et je vois que ça blesse mon frère et ma sœur et, au fond, ça me rend triste.»

Les étapes du deuil selon Elisabeth Kübler-Ross[1] sont désormais tellement connues que peu de gens savent qu'on les lui doit. Ces étapes sont:

1. Refus d'admettre le décès

2. Colère

3. Adaptation

4. Dépression

5. Acceptation

Le refus d'admettre la réalité est un élément essentiel de la vie, parce que la vie est parfois insupportable. On peut le comparer aux disjoncteurs de surcharge, ou fusibles, de nos systèmes électriques. Lorsque le courant atteint un niveau dangereux, il est coupé par les fusibles. Voilà exactement à quoi sert le refus de voir la réalité. Se faire dire que sa vie se terminera dans six mois, c'est une véritable surcharge. Découvrir que notre mère a une aventure, ou que notre père abuse sexuellement de notre sœur, ou que notre frère aîné est cocaïnomane et qu'il risque de mourir d'une surdose ou d'une dispute avec son fournisseur, voilà de très bonnes raisons de se donner une ou deux œillères.

---

1. Kübler-Ross, Elisabeth. *Vivre avec la mort et les mourants*, Paris, Éditions Du Rocher, 1997.

Devenir un adulte fort et lucide exige entre autres que nous démythifiions notre enfance, notamment en démantelant délicatement les mythes que nous entretenons au sujet de nos parents. Les enfants voient le monde avec les yeux de l'enfance. Par exemple, dans ma naïveté enfantine, je peux faire confiance à toutes les personnes en autorité, et croire que jamais elles ne me feraient de mal. Mais je peux aussi me bâtir un mythe tout à fait contraire, et croire que toutes les personnes en autorité sont «méchantes», et qu'il ne faut jamais faire confiance à aucune d'elles. Lorsqu'on devient adulte, on doit remplacer ces opinions extrêmes par des croyances plus nuancées, plus réalistes et plus justes, et se rendre compte par exemple que «on peut faire confiance à certaines personnes en autorité la plupart du temps, et qu'on ne peut presque jamais faire confiance à certaines autres».

On n'échappe pas à la magie

Nous aurons toujours besoin d'œillères et nous refuserons toujours de voir certains aspects de la réalité. Parfois, il n'est tout simplement pas avantageux d'être trop pratiques ou prosaïques. Parfois, «faire comme si on n'avait rien vu» n'est pas nocif. En fait, il arrive que ce soit la meilleure chose à faire. Pensez aux milliers de projets inspirants qui ne se seraient jamais concrétisés si les gens qui les ont réalisés n'avaient pas obstinément refusé de voir la réalité de leurs limites personnelles. «Tu ne pourras jamais voler.» «Tu ne réussiras jamais à publier un livre.» «Tu ne réussiras jamais cet examen.» «Tu n'auras jamais une relation amoureuse vraiment épanouie avec un homme.» «Tu ne seras jamais capable d'arrêter de boire.» Nous serions millionnaires depuis longtemps si nous avions reçu un dollar chaque fois que nous avons entendu ce genre de phrase.

Ce qui fait la magie de la vie, c'est qu'elle est imprévisible et incompréhensible, et que chaque nouvelle découverte scientifique suscite plus de questions qu'elle n'en résout. Il y a certains points communs entre les relations amoureuses réussies, mais on ne peut les décrire que dans leurs grandes lignes. Et juste au moment où l'on pensait avoir tout compris, on apprend quelque chose qui vient tout remettre en question.

Chapitre 6

Blesser et être blessé...
et autres étapes cruciales
de la relation amoureuse

En plus, entre le moment où ils se sont vus pour la première fois et celui où il a réitéré sa détermination, un demi-siècle plus tard, ils n'ont jamais eu l'occasion d'être seuls ni de parler de leur amour.

Gabriel García Márquez
L'amour au temps du choléra

*I*l faut embrasser bien des crapauds avant de trouver son prince ou sa princesse. Non pas qu'on ne rencontre que des crapauds avant de trouver l'amour de sa vie! Mais chacun d'entre nous a mis au point et possède, inconsciemment, un profil du conjoint idéal; nous en sommes vraiment inconscients, car il se trouve hors d'atteinte de notre intelligence consciente. Dans ce chapitre, nous parcourrons les quatre étapes qui séparent la première rencontre de la relation amoureuse épanouie qui dure toute la vie.

Première étape
Chercher l'âme sœur, ou blesser et être blessé

Un jour, un homme est venu nous voir en nous disant: «J'ai divorcé il y a un an et je pense que je suis prêt à me remettre à rencontrer des femmes, dans le but de trouver une nouvelle compagne. Ce que j'attends de vous, c'est que vous me disiez comment faire pour éviter d'être blessé en cours de route. Si je deviens plus sain, plus fort, peut-être que ce sera moins difficile?»

Nous avons dû lui dire qu'il est impossible de se lancer à la recherche de l'âme sœur sans souffrir, parce que ce processus, par définition, consiste à blesser les autres et à se faire blesser. Voilà pourquoi c'est une démarche plutôt angoissante pour la plupart d'entre nous. Comme nous le verrons plus loin, il n'est pas possible de trouver la personne avec laquelle nous aurons une bonne relation, à long terme, sans avoir, du moins en bonne partie, défini notre propre identité. C'est d'ailleurs ce qui explique le haut taux d'échec parmi les couples qui se marient très jeunes. Et définir notre identité, ce n'est pas une mince tâche. Mais l'espoir est tellement fort, chez les humains, que même s'il est difficile de chercher et de trouver un conjoint, et malgré toutes les souffrances vécues au cours de relations précédentes, la plupart d'entre nous continuons d'«aller vaillamment de l'avant», selon l'expression de John F. Kennedy.

Lorsque les gens viennent en thérapie conjugale, ils nous demandent souvent si ce qu'ils vivent est normal. Ils veulent que nous les aidions à comprendre ce qui leur arrive. Ils veulent que leur confusion et leur anxiété s'atténuent. Ils veulent savoir pourquoi il est tellement difficile d'avoir une relation de couple. C'est difficile parce que, même si l'on a beaucoup d'expérience ou que l'on est très mature, le fait de partir à la recherche de l'âme sœur est un processus de sélection extrêmement complexe qui comporte d'importants risques sur le plan affectif. Bien sûr, le processus sera moins difficile pour ceux qui ne sont pas trop fragiles sur ce plan, mais il n'est vraiment facile pour personne.

La rupture

C'est la première fois que vous sortez ensemble. Vous vous plaisez l'un à l'autre. Vous vous revoyez. Vous découvrez que vous avez des choses en commun. Tôt ou tard, vous vous embrassez en vous quittant, à la fin de la soirée. Mais il manque quelque chose. Le cœur n'y est pas, du moins de votre côté. C'est un homme très gentil, mais ce n'est pas celui qu'il vous faut. Vous voilà à l'étape que tout le monde redoute. C'est la quatrième fois que vous sortez ensemble et, à la fin de la soirée, alors que vous rentrez en voiture, vous vous tournez vers lui et vous lui dites: «J'ai vraiment pris plaisir à te voir, pendant les dernières semaines. Tu es un homme intéressant, bon, attirant. Mais, pour moi, le cœur n'y est pas. Je pense qu'il serait mieux de cesser de se voir, autrement nous ne ferons qu'embrouiller les choses.» Si on veut être intègre, voilà en gros ce qu'on doit dire. Même si c'est loin d'être facile. Après tout, qui a envie de blesser une autre personne si ce n'est pas absolument inévitable?

Si vous avez de la difficulté à faire respecter vos limites personnelles, si vous avez beaucoup souffert d'abandon affectif, pendant votre enfance, ou que vous n'avez pas appris à avoir ce genre de communication intime grâce à de bons modèles, lorsque vous étiez plus jeune, il vous sera particulièrement difficile de mettre fin à ce type de relation naissante. Mais pensez aux autres possibilités. Quand quelqu'un dit: «Nous devrions nous voir en amis», c'est parfois exactement ce que souhaite cette personne. Mais trop souvent, ce qu'elle veut dire, c'est: «Je ne me sens pas amoureux de toi, mais je trouve trop difficile de rompre et de suggérer que nous continuions notre chemin chacun de notre côté, alors je vais juste m'éloigner petit à petit, en espérant que tu feras la même chose. Comme ça, je n'aurai pas à jouer le rôle du méchant dans cette histoire.» Cette manœuvre est sans doute l'une des plus cruelles qu'on puisse utiliser pour mettre fin à une relation.

Autre scénario possible: la personne vous trouve tellement de défauts qu'elle ne peut pas vous endurer, mais elle continue de vous donner de faux espoirs parce qu'elle n'a rien de mieux à faire pour le moment, et qu'elle ne peut pas supporter d'être seule. Au lieu de vous quitter, elle vous critique sans arrêt, et vous sentez son mépris et son dégoût chaque fois que vous êtes ensemble. Ce qu'elle devrait dire, c'est ce que la femme de notre premier exemple a dit, mais elle n'en a pas le courage, et elle vous laisse souffrir. De votre côté, vous restez avec elle et vous endurez la situation, peut-être pour les mêmes raisons qu'elle. Il se peut qu'il y ait cinquante façons de rompre, comme l'a écrit Paul Simon dans la chanson *Fifty ways to leave your lover*, mais il n'y en a pas plus de deux ou trois que nous jugeons acceptables.

Un processus de sélection

Comme le dit une autre chanson, en amour, il y a des perdants et des gagnants. Nous devons sortir, nous mêler aux autres et prendre des risques; autrement, nous ne découvrirons jamais quel genre de personne nous convient. Le processus de recherche active de l'âme sœur est un processus de sélection. Chaque sortie est en fait une entrevue au cours de laquelle chacun évalue l'autre en vue d'une association qui pourrait durer toute la vie. Au début, ce sont essentiellement l'apparence et les manières de l'autre qui nous attirent, ou pas. S'il y a attirance, elle est physique. Nous en reparlerons un peu plus loin. Ensuite, nous nous mettons à comparer nos intérêts et à chercher nos points communs. Simultanément, nous essayons de bâtir un «nous» tout en préservant l'intégrité de notre «je», et nous commençons à faire valoir nos besoins individuels. Au fur et à mesure que la relation s'approfondit, nous abordons la question de nos valeurs personnelles, et tentons de les concilier.

En nous rendant au restaurant, en bavardant pendant le repas, en écoutant un film, en discutant de politique après le cinéma, quand nous retournons à la voiture en nous tenant par la main et quand nous échangeons un baiser, à la fin de la soirée, un baiser parfait ou, pour une raison ou une autre, un baiser qui nous laisse de glace, nous émettons et recevons des milliers d'informations. «Il m'a ouvert la porte et ça me plaît.» Voilà une réaction possible. Une autre femme pourra se dire: «Il m'a ouvert la porte. Est-ce qu'il me prend pour une petite fille incapable de se débrouiller?» Un homme pourra se dire, en regardant une femme: «Je suis complètement envoûté par son sourire», alors qu'un autre pensera:

«C'est incroyable. Nous avons voté pour le même candidat. Il n'y avait qu'une chance sur deux que ça se produise.» Face à un homme peu entreprenant, une femme se dira: «S'il pouvait mettre son bras autour de mes épaules et m'attirer contre lui. Je suis trop nerveuse pour faire les premiers pas mais mon Dieu que j'en ai envie!» alors qu'une autre pensera: «Dieu merci, il n'a pas l'air du genre "colleux". Je me trouve très bien comme je suis, pour l'instant.»

Au fur et à mesure que ces milliers d'interactions et d'échanges surviendront, au fil des semaines et des mois, nous nous tracerons un portrait de cette relation, et le comparerons au portrait inconscient que nous portons au fond de nous. À cette étape, chacun essaie d'évaluer si la relation répond suffisamment à ses besoins, et aux besoins de l'autre. Chacun essaie de voir à quel point les valeurs de l'autre correspondent aux siennes. À partir de ce moment, la relation ira en s'approfondissant ou bien elle restera superficielle, stagnera et, tôt ou tard, se terminera.

Deuxième étape
Nous sommes pareils!

Pensant la phase «lune de miel» d'une relation, nous avons tendance à porter les œillères des amoureux, ce qui est normal et même bénéfique. John Gottman a découvert que les couples qui n'arrivent plus à se rappeler ce qui les attirait tant chez l'autre au début de la relation, ni le sentiment d'euphorie enivrant qui les habitait pendant les premières semaines, sont en mauvaise posture[1]. Il est donc essentiel que nous voyions l'autre avec des lunettes roses, du moins jusqu'à un certain point, au début du processus d'attachement. Par exemple, vous vous précipitez dans votre appartement et racontez à votre coloc, tout excitée, que vous êtes sortie avec le gars le plus extraordinaire qui soit, et que ce qui est totalement incroyable, c'est que: «Nous avons les mêmes goûts

---

1. Gottman, John M. et Nan Silver. *The Seven Principles for Making Marriage Work*, New York, Crown Publishers, 1999.

sur à peu près tout! Il aime les films de David Mamet; moi aussi. Il déteste les choux de Bruxelles; moi aussi. Il adore faire du ski; moi aussi! Je pourrais continuer pendant des heures et des heures. C'est presque trop merveilleux pour être vrai. Je suis la femme la plus chanceuse au monde!»

Comme nous l'avons dit, il est très important que les deux personnes qui s'engagent dans une relation amoureuse se voient comme identiques. Mais en fait, si elles l'étaient vraiment, il n'y aurait pas de relation possible. Comme l'écrit le philosophe Peter Koestenbaum dans son ouvrage intitulé *Existential Sexuality*[1] :

> ... les faibles et les immatures, ceux qui ne sont pas mûrs pour l'amour, s'écrouleront sous le poids de l'indépendance de la personne aimée. L'indépendance d'une autre conscience m'assure en permanence que je ne suis pas seul au monde.

Autrement dit, si nous étions exactement identiques, s'il n'y avait ni difficultés ni conflits entre nous, si nous prenions toujours les mêmes décisions, sans même nous être consultés, il n'y aurait aucune tension dynamique dans la relation. Et il ne peut y avoir de relation réelle sans tension dynamique. Il n'y aurait que deux personnes en complète symbiose, qui auraient perdu leur identité propre.

Les êtres humains éprouvent deux désirs contradictoires: celui d'être distincts et uniques, et celui de vivre en symbiose avec d'autres et de ne jamais être seuls. La tension dynamique entre ces deux pôles apparemment opposés produit la réserve d'énergie sans fin qui nous est nécessaire tout au long de la vie, de la naissance jusqu'à la mort. Par définition, les relations humaines sont un rapport entre deux entités distinctes, et non une symbiose entre deux amibes qui ont décidé qu'il valait mieux former une seule entité. Paradoxalement, la capacité d'«être extrêmement proche tout en

---

1. Koestenbaum, Peter. *Existential Sexuality: Choosing to Love*, Englewood Cliffs, N.J., Prentice-Hall, 1974.

étant distinct» permet l'émergence d'un profond sentiment de rapprochement dans les moments d'intimité les plus intenses. Ce sentiment donne simultanément lieu à une conscience accrue de soi et à une conscience accrue de l'autre.

Le fait de percevoir l'être aimé comme presque identique à soi, au cours de cette deuxième étape des relations amoureuses, sert à bâtir des liens et à fabriquer le ciment dont nous aurons besoin plus tard pour pouvoir rester ensemble même au cœur de la tempête. Les couples qui prennent plaisir à se répéter leur histoire commune, avec tendresse et chaleur, ont beaucoup plus de chances de durer que ceux qui ne veulent ou, pire encore, qui ne peuvent le faire. Encore une fois, à cette étape, nous avons l'impression d'être presque identiques. Nous aimons les mêmes plats, les mêmes sports, les mêmes œuvres d'art et la même musique, nous avons les mêmes opinions politiques et des goûts semblables en décoration. C'est du moins ce que nous croyons. Cela constitue un excellent début, mais c'est loin d'être la dernière étape menant à la constitution d'un couple.

Troisième étape
Les luttes de pouvoir, ou «Un instant!
Nous sommes différents!»

La lune de miel prend fin lorsque nous commençons à remarquer nos différences. Elle dit, par exemple: «Il disait qu'il aimait faire du ski, mais il ne veut jamais en faire. Je nous voyais skier tous les week-ends de l'hiver. Mais nous n'y sommes pas allés une seule fois, cette année.» Et lui, de son côté: «Elle m'a dit que, lorsque nous emménagerions ensemble, nous serions des partenaires égaux, qui imprimeraient tous deux leur marque et exprimeraient chacun leur identité dans la décoration de la maison. Mais en rentrant, ce soir, je me suis aperçu que mes deux tableaux préférés ont été déplacés, et installés dans la chambre d'invités, au sous-sol, là où personne ne les verra. Je n'ai vraiment pas l'impression que nous avons le même poids dans tout ceci.»

Voici un petit échantillon des sujets qui entraînent le plus de luttes de pouvoir au sein des couples, à des degrés divers. Peut-être que l'un d'entre eux vous semblera familier.

- Le temps que nous passons ensemble / Le temps que nous ne passons pas ensemble
- Être à temps / Être en retard
- Tes affaires (et tout ce qui va avec) / Tes affaires (idem) (incluant l'endroit où elles sont rangées, le nombre de choses que tu laisses traîner, etc.)
- Se tenir par la main en public / Éviter toute démonstration d'affection en public
- Être propre et ordonné / Être négligent et désordonné
- Vouloir une vie sociale intense, tout le temps / Vouloir une vie sociale plus ciblée, plus sélective
- Exprimer ses émotions avec aisance / Être réservé et intellectualiser ses émotions
- Je veux choisir le film / Je veux choisir le film
- Tu ne baisses pas le siège des toilettes / Tu ne relèves pas le siège des toilettes
- Comment as-tu pu voter pour ce candidat? / Comment as-tu pu voter pour ce candidat?

Combien de fois entend-on dire: «On se dispute pour les pires niaiseries! Je serais gêné de montrer cet aspect de notre relation aux autres.» On pourrait répondre: «Vous n'êtes peut-être pas encore adultes. Parce que les adultes se disputent précisément sur ce genre de chose. La vie est faite de ces petits détails quotidiens qui s'accumulent au fil des ans. Alors, pourquoi voudriez-vous ne pas vous disputer sur ces détails? C'est ce sur quoi tout le monde se dispute.» Rappelez-vous ce que Salvador Minuchin[1] disait:

---

1. Minuchin, Salvador. *Couple / Family Therapy*, The Milton H. Erickson Foundation Evolution of Psychotherapy Conference, Anaheim, mai 2000, p. 25-29.

«Donc, comme vous le voyez, tous les mariages sont des erreurs, que nous tentons de réparer ; et certains d'entre nous y réussissent mieux que d'autres.»

Bien sûr, le mariage n'est pas vraiment une erreur ; mais les conflits sont un élément nécessaire et inhérent à toute relation, et les couples qui arrivent à résoudre leurs luttes de pouvoir sans se détruire et sans perdre leur identité sont ces «réparateurs» doués dont parle Minuchin.

L'étape des luttes de pouvoir dure des années, mais avec une intensité qui varie d'un couple à l'autre. À mesure que le temps passe et que la relation mûrit, bien des couples heureux réussissent à digérer et à résoudre plusieurs des conflits qui les opposent depuis des années. Un homme dira, par exemple: «Elle arrive encore en retard deux fois sur trois. Mais rarement de plus de quinze minutes, maintenant. Je me suis aperçu que, si j'attends tranquillement dans l'auto et que je l'accueille avec bonne humeur, cela réduit son anxiété comme la mienne, et le reste de la journée se déroule bien. Nous n'avons jamais manqué un avion, ni le début d'une pièce de théâtre ou d'un film. Je pense qu'elle a fait un effort réel au fil des ans et je lui en suis infiniment reconnaissant.»

Le premier danger qui nous guette pendant l'étape des luttes de pouvoir

Tôt ou tard, des conflits surgissent dans toutes les relations, puisqu'elles mettent en présence deux personnes uniques. L'un veut régler le thermostat à 30 degrés; l'autre voudrait le baisser à 28. L'un lance: «Mets un chandail, si tu as froid», et l'autre répond: «Enlève ta chemise si tu as trop chaud.» La notion d'extrêmes est importante, ici. Si je cède toujours aux désirs de l'autre, je perdrai graduellement mon identité et je finirai par disparaître. Si ni l'un ni l'autre ne cède jamais, cela engendrera des conflits incessants et probablement assez sérieux. Dans ce cas, il se peut que les conjoints vivent de fréquents trop-pleins affectifs, et le risque qu'ils recourent à des armes violentes, sur le plan affectif, sera très élevé.

Gottman a montré que les couples harmonieux trouvent des façons de se calmer et de calmer leur conjoint, de manière à éviter les trop fréquents débordements affectifs. «Il nous arrive de temps en temps de nous disputer, mon mari et moi, raconte une femme. Mais peu importe à quel point nous sommes fâchés, et à quel point nous crions et devenons durs l'un avec l'autre, il y a toujours une partie de nous qui garde le contrôle, de sorte que nous ne franchissons jamais la limite entre la colère bruyante et le mépris rageur.» Lorsque nous lui avons demandé s'il lui arrivait d'avoir des pensées blessantes au sujet de son mari, elle a répondu: «Bien sûr que ça m'arrive. Comme à tout le monde. Est-ce qu'il ne vous est jamais arrivé d'être tellement en colère contre votre mari que vous avez eu envie de divorcer sur-le-champ et de vous enfuir ou, pire encore, de vous servir des confidences qu'il vous a faites, pendant toutes ces années d'intimité, et de ce que vous savez de ses points faibles, pour le blesser profondément? Mais je sais que, si je faisais cela, je détruirais notre relation. Et de toute façon, il en sait autant sur moi que j'en sais sur lui. Notre pouvoir s'équilibre. Aussi, nous ne nous laissons pas emporter au-delà de la colère.»

Gottman a identifié les quatre choses les plus destructrices pour une relation de couple, qu'il appelle les «quatre cavaliers de l'Apocalypse». Il s'agit de la critique, du mépris, du repli sur soi-même et du fait de se mettre sur la défensive. Remarquez que deux de ces stratégies sont actives, ou «offensives», et que les deux autres sont des stratégies passives, ou «de repli». Il a récemment ajouté un cinquième élément: la belligérance[1]. Gottman distingue soigneusement le fait d'exprimer une insatisfaction, ce qui est nécessaire dans toute relation, et le fait de massacrer son conjoint à coups de critiques et de mépris. Dire à quelqu'un: «Je suis vraiment en colère que tu sois arrivé aussi en retard et que nous ayons manqué le premier acte de la pièce», c'est une chose. Lui dire: «Tu

---

1. Lebow, Jay. «What "Really" Makes Couples Happy? A Controversy Divides The World of Marital Researchers», *Family Therapy Networker*, janvier / février 2001, p. 59-62.

es toujours en retard! Qu'est-ce qui ne va pas, chez toi? Je pense que tu as un problème psychologique. Pourquoi ne vas-tu pas voir un psy pour lui demander s'il peut te mettre du plomb dans la tête?», c'est très différent, et très dommageable.

Le deuxième danger qui nous guette pendant l'étape des luttes de pouvoir

Le deuxième danger, à cette étape, est de ne pas se livrer à des luttes de pouvoir, du moins pas ouvertement. Vous vous demandez peut-être pourquoi ce serait un problème. Eh bien, cela signifierait que vous êtes restés dans l'univers parfait des débuts, un univers aussi faux que Disneyland, et que votre relation est demeurée superficielle et insatisfaisante. Il peut être amusant de visiter Disneyland une fois de temps en temps, mais à la longue, la propreté impeccable et la joie préfabriquée qui y règnent en permanence peuvent devenir monotones. Les cicatrices que le temps a laissées sur une vieille table, ou les dépliants abandonnés que le vent pousse dans les rues en un ballet hypnotisant peuvent parfois donner du piquant à la vie.

Dans une relation de couple à long terme, nos tiraillements et nos tentatives de prendre le dessus sur l'autre nous prouvent que nous ne sommes pas seuls dans l'univers. Sans compter que ces difficultés nous mettent à l'abri de l'ennui, l'un des pires ennemis des relations de couple. La routine quotidienne, prévisible, est extrêmement importante, comme l'a observé Catherine Johnson dans ses études sur les couples sains[1]; cependant, sous la routine, se cachent la conscience et la résonance permanentes de la nature imprévisible et fragile de la vie. La routine peut être brisée n'importe quand. La capacité de suivre le mouvement de la vie, ainsi que celui des besoins et désirs changeants qui font partie de la relation de couple, nous permet de préserver la fraîcheur et la vitalité

---

1. Johnson, Catherine. *Lucky In Love: The Secrets of Hapy Couples and How Their Marriages Thrive*, New York, Viking, 1992.

de notre relation, jusqu'à un âge avancé, et même jusqu'à la fin de nos jours.

La prochaine fois que vous vous surprendrez à vous lamenter du fait que vous et votre partenaire êtes aux prises avec les mêmes petites difficultés, mois après mois, année après année, rappelez-vous que ça pourrait être pire. Votre relation pourrait étouffer sous le poids de l'ennui et de la gentillesse, vous réduisant tous deux à néant.

Quatrième étape
Main dans la main

Dans une de leurs chansons, Simon et Garfunkel parlent de deux vieux amis qui, assis sur un banc de parc, ont l'air de deux appuis-livres. Il y a quelque chose d'ineffable dans le fait que deux personnes soient ensemble depuis très longtemps et qu'elles aient atteint cette étape. Ce ne sont pas tous les couples qui y arrivent. La mutualité qui règne entre les conjoints, à cette étape, est difficile à décrire parce qu'elle est pleine de paradoxes et de mystères. Quand deux personnes en arrivent à ce point, elles ont découvert tellement de strates en elles-mêmes et dans leur relation qu'en faire la description équivaudrait à tenter de décrire une partie d'échecs en trois dimensions au moyen d'une photo. C'est tout simplement impossible.

Après tout, comment expliquer que, au fur et à mesure que je vieillis et que je deviens plus sage, les choix qui s'offrent à moi sont de moins en moins nombreux mais que je deviens plus libre? Comment expliquer que, même si tu es l'homme de ma vie, et que je suis la femme de ta vie, nous voudrions tous les deux, si l'un de nous mourait, que l'autre fréquente d'autres hommes ou d'autres femmes? Des études suggèrent que les gens qui ont eu des mariages très heureux sont plus susceptibles de s'engager à nouveau dans une relation épanouie que les veufs et veuves qui se précipitent dans des mariages plus ou moins sains parce qu'ils sont dépendants affectivement. Comment expliquer que, plus nous vieillissons et plus nous nous approchons de la mort, plus je me sens vivant et complet, plus les désirs infimes dont je sais qu'ils ne se réaliseront jamais deviennent palpables et plus les minuscules regrets qui se sont accumulés avec les années deviennent précieux?

La mutualité, c'est être capable de marcher vers la mort, main dans la main, sans se sentir paralysé de terreur. C'est s'ennuyer de l'autre lorsqu'on est loin, mais sans en ressentir une douleur aiguë. C'est savourer intensément chaque moment parce que l'on sait qu'ils ne dureront pas toujours. C'est la terreur absolue que j'ai ressentie quand les médecins ont cru que tu avais le cancer, doublée de la profonde conviction que nous passerions au travers et que nous continuerions à exister, même si l'un de nous mourait. C'est remarquer que tu ne peux t'empêcher de laisser un quart de pouce de jus au fond du pichet, puis de le remettre au frigo, tout à fait inconsciemment. C'est t'accompagner dans les magasins quand tu veux acheter une robe, pour le simple plaisir d'être avec toi, et de me faire dire plus tard, sans la moindre hésitation, que je te rends folle quand je te suis pas à pas dans l'espoir que tu te décideras plus vite.

La mutualité, c'est de suggérer que nous payions un billet d'avion à ton fils, quand il traverse une période difficile, pour qu'il puisse nous faire une visite imprévue. C'est que tu te donnes un mal fou pour trouver un cadeau d'anniversaire spécial pour ma fille. C'est le fait que je n'aie pas besoin que tu viennes nager dans l'océan avec moi. Ou que tu n'aies pas besoin que je rentre à la maison tous les soirs à 18 heures si mon travail exige que je reste plus tard au bureau. C'est que tu viennes voir un film d'action avec moi, même si tu t'endors dès que les explosions et les tirs commencent à résonner; c'est moi lisant un article sur les croisières dans les îles grecques, dans la rubrique «Voyages» du journal. C'est notre profonde révolte face au même événement politique, ou le fait que nous votions parfois pour des candidats différents tout en ayant des convictions fondamentalement semblables sur la politique nationale et internationale.

Le paradoxe de la mutualité, c'est que nous nous sommes livré de bonnes batailles au cours des années, parfois avec élégance et un certain sens de l'honneur, parfois de façon plus maladroite. Aujourd'hui, nous sommes face à face, et il n'y a ni gagnant ni perdant. Plutôt que de sombrer dans le néant à force de faire des compromis au nom de l'harmonie – et c'est le pire danger qui guette les couples à cette étape –, nous avons créé une harmonie beaucoup plus riche, profonde et complexe, comparable à un jeu d'échecs en cinq dimensions. Ce qui, en apparence, pourrait avoir l'air d'une bête capitulation aux yeux d'un observateur naïf, est en fait un acte infiniment plus subtil et charmant, celui de se soucier l'un de l'autre, simultanément.

Parce que je connais bien ta vulnérabilité et ton côté puéril, que ta force et ta puissance d'adulte cachent et soutiennent, et tout simplement parce que je sais que c'est important pour toi, je veux aller voir cette maison témoin avec toi. Il ne s'agit pas d'un acte de volonté rigide, conscient et discipliné de ma part. Non, je le fais parce que j'éprouve le désir joyeux de t'accompagner pour une courte balade en voiture, à deux quartiers d'ici, au beau milieu d'une tempête de neige et par un froid glacial, pour voir ce qui s'avérera une délicieuse surprise pour moi.

Les couples qui sont tout le temps d'accord et qui font des compromis sur tout sans expérimenter de tiraillements et sans approfondir leur relation fonctionnent dans un monde en deux dimensions. Ça n'a rien de mal, mais leur relation est peu complexe. Résultat: le monde extérieur leur semble beaucoup plus compliqué qu'aux vieux amis qui se promènent dans le parc, main dans la main, s'arrêtant pour s'asseoir quelques instants sur un banc, tels deux appuis-livres.

Chapitre 7

Nous choisissons toujours des partenaires qui nous sont éga sur le plan affectif, et autres règles du jeu...

Finalement, l'une des sensualités sentimentales se transforme en passion — qu'il s'agisse de désir ou de dégoût importe peu — et alors, on peut dire adieu à tout espoir de tranquillité.

Aldous Huxley
Two or Three Graces

*D*ans une chanson américaine populaire, la chanteuse se demande: «Mais qui a écrit le manuel de l'amour?» C'est bien simple: s'il existait un manuel qui, à lui seul, pouvait expliquer de façon indiscutable ce qui fait une bonne relation de couple, la section sur les relations hommes-femmes, dans les librairies, ne serait pas aussi volumineuse. Ce livre n'existe pas, mais la science a tout de même découvert un certain nombre de principes d'où l'on peut tirer quelques conseils utiles. Il se peut que certains vous soient très familiers, et d'autres non. Alors choisissez ce qui vous convient, et laissez tomber le reste.

Nous choisissons des partenaires
dont le réservoir affectif est égal au nôtre

Nous vous présentons cette règle du jeu en premier, parce que bien des gens s'embourbent dans la conviction que leur compagnon de vie est beaucoup plus sain, ou beaucoup plus dysfonctionnel, qu'eux-mêmes. Mais elle ne s'applique qu'aux conjoints à long terme, et non pas aux personnes qu'on rencontre lorsqu'on part à la recherche de l'âme sœur. Dans ce cas, on s'attend à tomber sur des gens dont l'état de santé affectif variera énormément. Cela fait partie du processus. Mais lorsqu'on passe à l'étape de sélection d'un compagnon ou d'une compagne de vie, cette variable s'équilibre entre les deux partenaires. Nous donnons cette information depuis des années, et elle est toujours reçue avec beaucoup d'étonnement par de nombreuses personnes. Les réactions vont des ricanements nerveux indiquant que les gens se reconnaissent dans cette affirmation, au silence lourd de colère.

Voyons la chose sous un angle différent. Ne rencontre-t-on pas régulièrement des gens qui ont été maltraités pendant leur enfance et qui ont épousé quelqu'un qui, apparemment, a eu une enfance « parfaite » ? Plusieurs s'étonnent que des personnes ayant vécu des enfances aussi différentes puissent se lier pour la vie. En fait, cela se produit pour des raisons assez simples, mais en grande partie inconscientes. Elles ont trait, entre autres, aux dysfonctions manifestes, qu'on constate facilement, et aux dysfonctions cachées, qu'on peut difficilement déceler. Dans les familles « parfaites », il peut y avoir de nombreuses carences qui ne sont pas évidentes au premier coup d'œil. Papa et maman étaient peut-être surprotecteurs, ou trop permissifs, ou trop sévères. Peut-être que tout allait très bien mais que la famille ne savait pas faire face aux événements douloureux ou aux aspects les plus troublants de la vie, essayant de les nier dans l'espoir qu'ils disparaissent d'eux-mêmes. Chaque famille a ses forces et ses limites.

Un peu plus loin, dans ce chapitre, nous examinerons la règle selon laquelle les dysfonctions se situent généralement dans les extrêmes. Sur le plan psychologique, une personne qui est trop dépendante est donc tout aussi dysfonctionnelle qu'une personne trop indépendante. Ce n'est pas toujours clair parce qu'il arrive que les deux personnes ne soient pas égales sur d'autres plans, celui du revenu, par exemple. Ainsi, une personne trop indépendante peut très bien gagner plus d'argent, ou mieux le gérer, qu'une personne trop dépendante. Poursuivons avec l'exemple ci-dessus et imaginons deux conjoints qui se sont unis parce que l'un est trop dépendant et l'autre trop indépendant. Si nous reprenons l'analogie du niveau de «carburant» contenu dans nos réservoirs affectifs, nous constatons que, chez ces deux personnes, le niveau est plutôt bas, du moins dans ce domaine, comme le montre la figure 7.1.

Figure 7.1

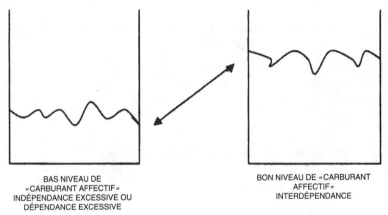

BAS NIVEAU DE
«CARBURANT AFFECTIF»
INDÉPENDANCE EXCESSIVE OU
DÉPENDANCE EXCESSIVE

BON NIVEAU DE «CARBURANT
AFFECTIF»
INTERDÉPENDANCE

Les gens «inégaux» sur le plan affectif ne se lient pas pour la vie.
Ils sortent ensemble deux ou trois fois, puis cessent de se voir.

On peut se demander ce qui arrive quand une personne ayant peu de carburant affectif sort avec quelqu'un dont le réservoir affectif est aux trois quarts plein, autrement dit quelqu'un qui est capable d'une saine interdépendance, tel que l'illustre la figure 7.1. Examinez le tableau ci-dessous et vous aurez la réponse. Nous y avons inclus certaines des carences affectives qui découlent des extrêmes sur le continuum de la dépendance, ainsi que certaines des caractéristiques des gens qui se situent au milieu de ce continuum.

Personne trop dépendante	Personne interdépendante	Personne trop indépendante
Se cramponne à l'autre sur le plan émotif	Est autonome mais sait être vulnérable lorsque c'est approprié	Est distante ou insensible sur le plan affectif, ou intellectualise ses émotions
Demande sans arrêt de l'aide	Demande de l'aide lorsque c'est vraiment nécessaire	Ne demande presque jamais d'aide
Est désespérée lorsque seule	Aime les moments de solitude	A l'impression de traverser la vie seule
Exprime ses émotions sans aucune retenue	Sait exprimer et contenir ses émotions	Réprime ou intellectualise ses émotions
Peut être toxicomane	Soulage ses émotions désagréables de façon saine	Peut être toxicomane
Exerce un contrôle passif sur les autres ou les manipule	Est compétente	Contrôle les autres ou en dépend

Une personne trop dépendante en relation avec une personne interdépendante

Imaginons une femme dont le réservoir affectif, sur le plan de la dépendance, est aux trois quarts plein. Elle sort pour la première fois avec un homme qui est excessivement dépendant. Tous deux sont très attirés l'un par l'autre. Ils ont certaines choses en commun et possèdent les habiletés sociales nécessaires pour que cette première rencontre se déroule bien. À la fin de la soirée, qui a été très agréable, l'homme demande à la femme s'il peut la revoir. Pendant un instant, elle a des palpitations, puis elle répond: «Oui, ça me ferait plaisir. Mais je pars en voyage d'affaires et je ne reviens que lundi prochain. Est-ce qu'on pourrait se voir dans deux semaines?» Le visage de l'homme se crispe imperceptiblement, il relève le menton et, sans se laisser démonter, il répond, d'un ton très légèrement sarcastique: «Ah! Tu pars à l'extérieur de la ville? Serais-tu une accro du travail?» La femme se dit alors: «Oups! Il n'aurait pas dû me dire cela. Mon estomac s'est noué et j'ai cessé de respirer pendant une seconde. Hum. Il faut que je réfléchisse avant d'aller plus loin.»

Évidemment, le reste appartient à l'histoire. Il a senti la réticence de la femme et s'est rendu compte qu'il s'était mis les pieds dans les plats. S'il avait été plus sain, il aurait alors dit: «Je n'aurais pas dû dire cela, ce n'était pas juste. Je pense que je me suis senti un peu menacé parce que j'aimerais te revoir et, pendant un instant, j'ai craint le pire: que tu disparaisses dans la nature et que je ne te revoie jamais. Excuse-moi.»

Ce à quoi la femme aurait pu répondre, soulagée: «C'est un voyage que je dois faire deux fois par année. J'aimerais vraiment te revoir, moi aussi.»

Il aurait alors pu dire: «Parfait. Bon voyage.»

Mais il ne l'a pas fait.

Une personne trop indépendante en relation avec une personne interdépendante

Imaginons maintenant un homme dont le réservoir, sur le plan de la dépendance, est aux trois quarts plein. C'est sa première sortie avec une femme qui est trop indépendante. Ils sont très attirés l'un par l'autre, et ils ont plusieurs choses en commun. Mais à mesure que la soirée avance, le courant qui passait au début faiblit de plus en plus. Il s'étonne. «Est-ce ma faute?» se demande-t-il. «Peut-être que je suis fatigué, la journée a été dure.» Il concentre son attention sur la façon dont la conversation se déroule, et il prend note de ses réactions. «Nous sommes sur la même longueur d'onde au sujet de la politique, c'est clair», se dit-il. «Nous avons tous les deux aimé le dernier film de Spielberg, et pour les mêmes raisons. Mais où est le problème? Je n'arrive pas à mettre le doigt dessus.»

Elle lui parle du gros projet sur lequel elle travaille, pour le plus important client de son employeur, avec animation et intensité. «C'est bien. Sa vie la passionne», se dit-il. Elle lui confie quelques-unes des blessures de son enfance, mais, comme c'est leur première rencontre, elle lui épargne certains détails, et elle conclut en disant qu'elle a réussi à surmonter ces traumatismes et qu'elle en est heureuse. Cela indique qu'elle est équilibrée, sûre d'elle et... tout cela semble tellement... tellement complet. «C'est ça. Tout a l'air complet. Hum. Il n'y a rien de mal là-dedans», se dit-il. La soirée est agréable, intéressante, charmante, amusante. Finalement, la rencontre s'est bien passée et ils s'entendent pour se revoir le samedi suivant. Il la dépose chez elle, lui donne un baiser sur la joue et lui souhaite une bonne nuit.

Quand l'homme se met au lit, la femme occupe toutes ses pensées, mais pas parce qu'il est follement amoureux. Plutôt parce qu'il sent que quelque chose cloche, mais qu'il ne sait pas quoi. Il s'endort en se disant: «J'y repenserai après une bonne nuit de sommeil.» En se réveillant, le lendemain matin, il sait qu'il a rêvé, mais il n'arrive pas à se rappeler les détails de son rêve. Pourtant il lui laisse une impression de bien-être. Cette femme est très gentille, très accomplie, très aimable, très intelligente et très passionnée par la vie qu'elle mène. Mais ça ne clique pas encore. «C'est tout ce que je peux dire», pense-t-il.

Lorsqu'ils se revoient, elle saute dans la voiture, lui tapote rapidement le bras et lui dit qu'elle a passé une très bonne soirée avec lui. Elle est pleine d'entrain et d'enthousiasme et lui demande comment s'est déroulée sa semaine. Comme il commence à lui répondre, elle l'interrompt pour lui parler d'une nouvelle technique de méditation sur laquelle elle vient de lire un article. Il lui répond que ça semble intéressant et qu'il fait de la méditation presque tous les jours. «Presque tous les jours?» lui demande-t-elle. «Oui, quatre ou cinq jours par semaine, ça dépend.» Elle veut alors savoir pourquoi il n'en fait pas tous les jours et, sans lui laisser le temps de répondre, elle lui explique pourquoi il serait préférable qu'il en fasse chaque jour. Il sent son estomac se nouer et sa respiration s'arrêter pendant une seconde. Il ne veut pas se mettre sur la défensive, parce qu'il sait que ça empêche l'intimité. Il se contente de répondre aimablement: «Je vais y penser. Merci.» En route vers le restaurant, dans la voiture, elle se rapproche de lui et il s'aperçoit qu'il se raidit un peu.

Cet homme n'a peut-être jamais lu de livre de psychologie, et il ne peut peut-être pas mettre de mots sur ce qu'il vit, mais si nous pouvions lui souffler quelque chose à l'oreille, nous lui dirions qu'il est sans doute en compagnie d'une personne dominatrice-dépendante. Ce genre de personne n'est pas facile à cerner, parce qu'en un sens, elle a l'air sûre d'elle et compétente. D'un autre côté, elle tente de pousser l'autre à être et à agir comme elle pour ne rien avoir à craindre du caractère distinct de l'autre. Si l'autre non seulement aime méditer, mais aime la même technique de méditation qu'elle, et la pratique à la même fréquence, elle a alors l'impression qu'il est pareil à elle, ce qui la sécurise. Et le fait de consacrer ses énergies à améliorer l'autre (même s'il n'a pas besoin d'être amélioré) lui donne aussi une illusion de sécurité; elle s'imagine que si elle peut le dominer, il ne lui fera jamais de mal. Autre avantage: se concentrer sur l'autre lui permet d'éviter de s'examiner elle-même. Et si quiconque ose lui dire qu'elle essaie de dominer les autres, elle pourra citer une foule d'arguments prouvant que c'est faux; en soi, chacun semblera tout à fait raisonnable et juste. Un vrai panier de crabes!

Cette règle du jeu est souvent difficile à accepter. Mais nous la considérons comme la plus importante. En effet, lorsqu'on la comprend vraiment, dans toutes ses nuances, nous sommes au seuil d'une nouvelle étape de croissance et sur le point de véritablement assumer nos responsabilités, dans notre relation amoureuse, mais aussi et surtout, dans le monde qui nous entoure. Si vous vous surprenez à vous dire: «Je serai heureux dans cette relation lorsqu'elle décidera de changer», faites un pas de plus et dites-vous: «Oups! C'est mauvais signe! Qu'est-ce que je peux faire pour devenir une personne plus épanouie à l'intérieur de cette relation?»

Paradoxalement, nos problèmes de couple
ne nous affectent pas également

Quand nous parlons d'égalité affective, nous faisons référence à une mesure globale de la maturité et de la santé affectives. Si vos réserves, à vous et à votre partenaire, sont aux trois quarts pleines, alors tout va bien pour vous. Mais peu importe à quel point nous croyons être équilibrés et à quel point nous le sommes vraiment, nous demeurons toujours des êtres humains, avec nos limites. Lorsque survient un problème dans notre relation de couple – tout ce qui entraîne de la détresse, des conflits et des difficultés –, est-ce que les deux conjoints sont également touchés? La réponse est non.

Si j'ai mal au dos, c'est mon problème. Un problème qui affectera sans aucun doute mon partenaire de temps en temps, mais on peut dire que je le subis à 80 % et mon partenaire à 20 %. Pour l'essentiel, c'est moi qui ai mal au dos et c'est donc mon problème. La part de l'autre pourrait consister à trop me couver au lieu de me laisser m'occuper de la situation moi-même. Ou à se montrer un peu trop indifférent à ma douleur. Peut-être qu'il m'embête et me dit d'aller consulter le médecin alors que j'en arrive, et qu'il n'y a rien d'autre à faire pour le moment. Mon conjoint peut faire certaines choses pour réduire la détresse ou les conflits que nous vivons à cause de mon mal de dos, mais c'est à moi que revient l'essentiel de la responsabilité et des efforts à faire pour régler le problème.

Si mon conjoint me maltraite physiquement, la plus grande part de responsabilité lui revient, parce que la violence physique est tout simplement inexcusable. De mon côté, je suis responsable de rester dans cette relation, en me disant naïvement : «Cette fois, c'est la dernière fois qu'il me frappe.» Si je manque de soutien affectif réel, à l'extérieur de cette relation, et que la simple idée de partir pour assurer ma propre sécurité me paralyse de terreur, j'en suis également responsable. Au bout du compte, pendant que mon conjoint participe à un programme de prévention de la violence conjugale, j'aurais intérêt à me joindre à un groupe de soutien pour femmes, de façon à commencer à constituer mes propres réserves affectives. Mais la responsabilité de mon conjoint, face à ce problème de violence, est beaucoup plus grande que la mienne.

Il n'y a pas de limites à l'approfondissement d'une relation de couple, sauf celle qu'impose le plus limité des deux conjoints

Les niveaux du «moi»

En regardant la figure 7.2, pensez à l'évolution que vous avez connue au fil des ans. Nous utilisons ce dessin pour illustrer les couches successives du psychisme, ou du «moi», de l'être humain. Au fur et à mesure que nous atteignons une plus grande profondeur affective (maturité), notre expérience de la vie devient de plus en plus riche et complexe. Simultanément, notre vie devient plus simple. Ce paradoxe explique bien des faits apparemment contradictoires. Par exemple, si vous ne pouvez fonctionner qu'à un niveau superficiel, parce qu'il vous est trop pénible d'aller remuer les choses qui reposent au fond de vous, votre vie sera simple, parce que vous verrez tout en noir ou blanc. Les bons porteront des chapeaux blancs, et les méchants, des chapeaux noirs. Il vous sera facile de distinguer les saints des pécheurs. Et vous aurez probablement une forte tendance à juger les autres.

Les psychologues savent depuis des décennies que les gens dotés d'une personnalité autoritaire – ceux qui sont rigides, ne tolèrent pas les différences, doivent toujours avoir raison, et sont méchants envers leurs subordonnés tout en léchant les bottes de leurs supérieurs –, mènent des vies qui ne sont ni très heureuses ni très sereines[1]. Si vous devez toujours avoir le dernier mot, que vous ressentez de la peur et de l'intolérance face aux gens qui sont différents de vous, il se peut que vous pataugiez dans la partie peu profonde de la piscine. Voilà à quoi ressemble la vie lorsque notre moi reste superficiel.

---

1.   Maslow, Abraham H. «The Authoritarian Character Structure», *Journal of Social Psychology*, 1943, p. 401-411.

Figure 7.2

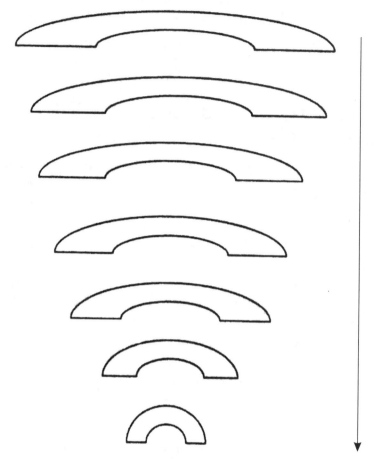

Plus nous nous approchons de notre «moi profond», plus notre vie devient riche et complexe, et plus il devient facile de comprendre la vie et d'y trouver un sens.

Les gens qui réussissent à descendre en eux de quelques niveaux savent que la vie est beaucoup plus complexe et subtile, et que les êtres ne sont ni entièrement bons ni entièrement méchants. Ces gens ont tout de même de solides convictions morales et établissent des limites très précises dans certains domaines de leur vie. Ils ne se situent pas dans un brouillard de gris et il ne s'agit pas de simple relativisme moral. Mais comme ils acceptent le fait qu'on ne peut pas tout contrôler, dans la vie, ainsi que leur propre humanité, ils sont capables d'accepter et de comprendre les nombreuses imperfections qu'on rencontre dans ce monde. Comment des hommes aussi remarquables que Dwight D. Eisenhower ou Franklin D. Roosevelt ont-ils pu avoir des aventures extraconjugales? Comment concilier cette réalité avec notre conception de ce qu'est un homme remarquable? Comment Churchill a-t-il pu être un ivrogne? Je n'ai pas besoin d'approuver les aventures extraconjugales pour pouvoir dire de ces hommes qu'ils étaient des personnes hors du commun. Il me suffit de dire que ces hommes étaient remarquables tout en ayant, comme nous tous, certains défauts, et que je suis content de ne pas en être affligé.

Les niveaux d'intimité

Voici un résumé d'une conversation que nous avons souvent eue. On nous dit: «J'aimerais avoir une relation plus profonde que celle que ma conjointe est capable d'avoir. Que puis-je faire?»

Évidemment, la seule réponse possible est: «Il n'y a rien à faire.»

«Mais si je la guide... vous savez... Comme je suis pas mal plus équilibré qu'elle, je pourrais rester avec elle et devenir son mentor, et peut-être qu'un jour j'arriverai à faire d'elle une personne qui sera mon égale sur le plan affectif?»

«Elle est déjà votre égale si vous croyez pouvoir faire ce que vous venez de dire.»

«Quoi?»

Les adultes sains et équilibrés savent qu'il est impossible d'amener une personne à avoir avec eux une relation plus profonde que ce dont cette personne est capable. D'où découle une conclusion utile mais qui fait peur, de prime abord: «Ce que deux adultes sont capables de s'offrir mutuellement, à un moment donné, est suffisant.» Cette petite phrase est lourde de sens. D'un côté, elle signifie que les deux partenaires sont aussi sains et équilibrés l'un que l'autre, mais que seul l'un des deux est amoureux, et que ce que l'autre peut lui offrir – amitié, relation sociale, ou rien du tout –

devra lui suffire. Il devra poursuivre sa route et tenter de s'épanouir en composant avec cette réalité.

D'un autre côté, cela signifie peut-être que celui qui n'est pas amoureux est beaucoup plus sain et équilibré que l'autre, et qu'il se rend compte que les limites de cet autre seraient un handicap important s'ils avaient une relation de couple. Il se contente donc d'avoir avec l'autre le type de relations qu'il peut avoir, au lieu de se lamenter sur celle qu'il ne peut avoir parce que l'autre en est incapable. Cette notion prend toute son importance dans le cadre des relations entre parents et enfants, ou entre frères et sœurs, lorsque leur état de santé affective est très différent. Nos clients se sentent tellement soulagés quand ils cessent d'essayer d'avoir des relations profondes et significatives avec leurs parents de quatre-vingt-trois ans, des gens qui ont vécu la

Crise et la Deuxième Guerre mondiale et qui n'ont jamais pu se permettre le luxe d'explorer les profondeurs de leur psyché parce qu'ils ont passé toute leur vie à essayer de survivre matériellement.

Les extrêmes égalent presque toujours dysfonction

Imaginez une jauge graduée, semblable à celle qui indique le niveau d'essence dans votre voiture, sauf qu'elle est droite, plutôt que courbe. À l'une des extrémités, vous pouvez lire le mot «Jamais» et à l'autre, le mot «Toujours». La section du milieu, qui occupe à peu près le tiers de l'espace, porte l'inscription «Parfois». La jauge comporte une aiguille qui oscille librement entre les deux extrémités. Notre tâche, en tant qu'êtres humains en constante évolution, consiste à faire en sorte que l'aiguille reste le plus possible dans la section du milieu, qui est tout de même assez large, en n'oubliant jamais que la perfection n'existe pas. Notre objectif est de faire les choses le mieux possible, compte tenu de notre point de départ et sans perdre de vue le fait que, si nous pouvions accomplir notre tâche à la perfection, nous ne serions pas humains.

Figure 7.3

À peu près tous ceux qui nous ont consultés, peu importe le motif, savent que, pour nous, la capacité de localiser les extrêmes a une importance capitale. Que nous ayons affaire à des parents désireux d'être de meilleurs parents, à des personnes aux prises avec la dépression, à des clients qui nous consultent sur ordre du tribunal parce qu'ils ont de la difficulté à maîtriser leur colère, à des alcooliques ou autres toxicomanes en cours de désintoxication, à des cadres qui veulent apprendre à mieux gérer leurs employés, ou à des professeurs ou psychothérapeutes souhaitant accomplir leur travail plus efficacement, nous finissons toujours par leur expliquer à quel point il est important de localiser les extrêmes. Et nous nous sommes aperçus que, plus les problèmes de nos clients sont graves, plus cette habileté leur est précieuse.

Nous l'avons surnommée l'habileté universelle, parce qu'elle est utile, indiscutablement, partout, à tout âge et dans toutes les cultures, et peu importe le système de valeurs des personnes qui s'en servent. Il y a très peu de situations où la capacité de situer les extrémités d'un continuum, ainsi que la portion médiane qui se trouve entre les deux, n'est pas de la plus grande utilité. Et très souvent, elle peut même sauver des vies.

Marquer les extrêmes avec des piquets

Lorsque nous essayons de voir clair dans une situation donnée, ou que nos clients ont de la difficulté à distinguer ce qui est «bien» ou «sain» de ce qui ne l'est pas, nous recourons à un exercice très utile. Il consiste à tracer une ligne horizontale sur une feuille de papier, à indiquer certains comportements extrêmes à chaque extrémité, puis à graduer cette ligne:

Puis, nous demandons à nos clients de nous donner des exemples de ces comportements extrêmes, pour nous assurer qu'ils n'en

Figure 7.4

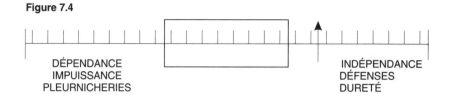

DÉPENDANCE
IMPUISSANCE
PLEURNICHERIES

INDÉPENDANCE
DÉFENSES
DURETÉ

ont pas simplement une compréhension abstraite mais qu'ils sont capables de les traduire en termes concrets, dans la vraie vie. Nous leur demandons, par exemple, à quoi on reconnaît une personne dépendante, impuissante et pleurnicheuse. Voici la réponse d'un de nos clients : « J'ai connu quelqu'un, l'an dernier, qui n'arrivait jamais à prendre de décisions et qui, chaque fois que les choses ne se passaient pas comme il l'aurait voulu, se plaignait et se lamentait à qui voulait l'entendre. Et il demandait constamment aux autres de l'aider à faire des choses qu'il aurait dû être capable de faire lui-même, comme de repasser ses chemises ou de préparer ses repas. »

Lorsque nous avons demandé à un de nos clients s'il connaissait quelqu'un de très indépendant, voici ce qu'il a répondu : « Mon cousin est comme cela. Il ne demande jamais son chemin à personne, il ne demande pas d'aide quand vient le temps de faire sa déclaration de revenus, de réparer sa voiture ou de se servir de son ordinateur. Dernièrement, il a passé deux week-ends complets à essayer de régler un problème d'informatique, tout seul. Le lundi suivant, pendant qu'il était au travail, son fils de seize ans a téléphoné au service de soutien technique et, trente-cinq minutes plus tard, le problème était réglé ! Quelle perte de temps et d'énergie ! » Il nous a donné un autre exemple, en décrivant sa mère comme une femme qui « laisse n'importe qui profiter de son soutien affectif et de ses conseils – on l'appelle à toute heure du jour ou de la nuit –, mais qui jure qu'il n'y a jamais personne pour l'épauler lorsqu'elle vit des moments difficiles. C'est faux. En fait, elle refuse de montrer sa vulnérabilité à quiconque. »

Le juste milieu

Ensuite, nous demandons à nos clients de remplir le milieu de l'échelle de comportement. « Hum. Eh bien, cela correspondrait sans doute à quelqu'un d'ouvert et de disponible aux autres, capable de laisser tomber ses défenses à l'occasion tout en étant autonome et indépendant. Cette personne saurait demander de l'aide lorsque nécessaire, mais sans avoir l'air impuissante ni incompétente. Elle serait capable d'aider les autres, et elle serait prête à le faire, mais pas tout le temps. Pas jour et nuit. Elle saurait fixer des limites raisonnables, autant dans ce qu'elle accepte des autres que dans ce qu'elle leur donne. Voyons voir... Quoi d'autre? Ah oui: elle serait capable d'être proche des autres, sur le plan affectif, et pourrait tolérer et même apprécier que les autres se rapprochent d'elle. Elle serait probablement perçue comme une personne forte, chaleureuse et ouverte.»

À cette étape, nous pouvons inscrire le mot «interdépendant» sur l'échelle de comportement, et dire à notre client qu'il a très bien su définir les extrémités ainsi que le centre du continuum de comportements. Lorsque les gens font et refont cet exercice, ils remarquent des changements subtils en eux. Par exemple, si un ami leur dit quelque chose de blessant, ils ressentent un pincement au cœur mais n'en font pas une montagne. «Quand Robert m'a dit que j'avais fait une grave erreur en acceptant cet emploi, ça m'a vraiment blessé et déplu. Mais je suppose que nous pouvons continuer à être amis pour le moment, et je suis très heureux d'avoir accepté ce travail. Il me plaît énormément et en plus je gagne une petite fortune.» Quand les gens se sont bien familiarisés avec les notions d'extrêmes et de milieu, ils s'aperçoivent qu'ils réagissent de façon plus mesurée aux événements, qu'ils sont moins nerveux face aux défis qui se présentent, et qu'il leur arrive moins souvent de se faire du mal ou d'en faire aux autres.

Quand on perçoit les choses en noir et blanc, ou en termes de tout ou rien, on peut certainement raconter de bonnes histoires,

Figure 7.5

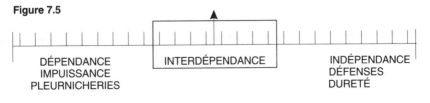

DÉPENDANCE
IMPUISSANCE
PLEURNICHERIES

INTERDÉPENDANCE

INDÉPENDANCE
DÉFENSES
DURETÉ

pleines de piquant, dramatiques et excitantes. C'est pourquoi les gens ont souvent l'impression que de fonctionner de façon extrémiste leur donne de l'énergie. Évidemment, si l'on suppose que les gens ordinaires ne sont pas assez intelligents pour saisir toute la subtilité et la richesse de la vie, on peut en conclure qu'il est excellent de tout voir de façon extrémiste. Et, bien que certains jugent ennuyantes les réactions équilibrées et modérées, c'est loin d'être le cas. En fait, lorsqu'on songe à des réactions extrémistes, les mots qui nous viennent à l'esprit comprennent, entre autres: «grossièreté», «manque de raffinement», «manque de subtilité», «manque de finesse» et «sans tact».

Imaginez quels efforts on doit faire pour acquérir les connaissances nécessaires en arts visuels, en musique ou en astrophysique pour pouvoir apprécier avec toute la finesse possible un tableau, une symphonie ou un événement qui survient à un million d'années-lumière. On répondra, avec raison, qu'il n'est pas obligatoire de faire des études pour pouvoir goûter ces choses; c'est pourquoi nous avons écrit «avec toute la finesse possible». Mais il ne faut pas oublier que l'éducation comprend également l'«éducation des sens» qui permet par exemple de distinguer et d'apprécier à leur juste valeur les différences de goût entre les cafés fins ou les différents parfums des fleurs tropicales.

Il est tellement utile de savoir définir les limites des extrêmes et de les distinguer du juste milieu que nous vous offrons ci-dessous une nouvelle série d'exemples de comportements extrémistes. Ils s'ajoutent à ceux de la section sur la tendance à choisir des partenaires qui nous sont égaux sur le plan de l'équilibre affectif. On pourrait en citer bien d'autres, mais ceux-ci vous donneront une bonne idée de ce que sont les comportements extrémistes.

- Éduquer les enfants de façon permissive et relâchée / Éduquer les enfants de façon sévère et rigide

- Donner une éducation religieuse ou spirituelle relâchée, ou n'en donner aucune / Donner une éducation religieuse ou spirituelle sévère et rigide
- Trop aider les autres / Ne se soucier que de soi-même
- Prendre peu de risques / Prendre des risques excessifs
- Propreté ou nettoyage compulsif / Négligence totale
- Travailler sans arrêt / Ne mettre aucune énergie dans son travail
- Pleurer tout le temps / Ne jamais pleurer
- Toujours respecter les règles / Ne respecter aucune règle
- Ne jamais rêvasser / Constamment rêvasser
- Économiser de façon compulsive / Dépenser de façon compulsive
- Victime / Agresseur

Nous concluons cette section sur une citation tirée du roman *Rue de la sardine*[1], de John Steinbeck. Elle exprime bien la simplicité et la complexité simultanées de l'être humain, et l'importance de transcender les pôles opposés de la vie :

> Comme l'homme l'avait dit un jour, tous ses habitants étaient « des putains, des souteneurs, des joueurs et des salauds ». S'il avait regardé les choses par l'autre bout de la lorgnette, il aurait peut-être dit qu'ils étaient « des saints, des anges, des martyrs et de saints hommes ». Ce qui revient au même.

Les petits changements peuvent produire de grands résultats

On peut modifier tout un système en ne changeant qu'un seul élément de ce système, à la condition que ce changement soit répété de façon régulière et constante. Imaginez une sonde spatiale

---

1. Steinbeck, John. *Rue de la Sardine*, Paris, Folio, 1974.

qui vient tout juste de quitter l'orbite terrestre en direction de Jupiter. Elle dévie de sa trajectoire d'à peine une fraction de degré. Les propulseurs de la sonde étant défectueux, les techniciens du centre de contrôle sont incapables de corriger sa trajectoire. Où pensez-vous que la sonde se retrouvera, dans plusieurs années, au moment où elle devrait entrer dans l'atmosphère de Jupiter? Eh oui, elle se trouvera à des millions de milles de sa destination. Comme quoi de petits changements peuvent produire de grands résultats.

Les gens entreprennent parfois une thérapie en s'attendant à vivre des expériences intenses et à trouver des solutions rapides. Ou à recevoir le coup de baguette magique qui transformera toute leur vie du jour au lendemain. Ce qui les empêche de se rendre compte qu'un seul petit changement, effectué avec constance et honnêteté, peut en fait modifier un système tout entier. Bien sûr, les changements systémiques ne se produisent pas en un éclair, peu importe les gestes qu'on pose; la croissance personnelle passe nécessairement par le quotidien et la persévérance.

L'une des images qui se sont avérées utiles à nos clients est celle d'un cadran gradué de 0 à 360 degrés, semblable à celui qui règle la température d'un four. Le cadran est muni d'un ressort solide qui le maintient à 0 degré. Nous demandons à nos clients d'imaginer ce qui se produirait s'ils tournaient le cadran de façon qu'il indique 270 degrés. Nous savons tous quelles seraient les conséquences de ce «changement». Il n'y en aurait pas, le mécanisme continuerait de fonctionner normalement.

Imaginons maintenant qu'on tourne le cadran de façon qu'il indique 7 degrés et qu'on le maintienne dans cette position pendant 12 mois, en dépit du ressort qui se tend pour le ramener à la position 0 degré. Au bout de 12 mois, vous relâchez le cadran et vous vous rendez compte qu'il reste dans cette position. Le ressort interne s'est adapté au nouveau réglage. De la même façon, lorsque nous avons patiemment travaillé à atteindre un objectif, au lieu de chercher une solution rapide à nos problèmes, nous nous apercevons que plusieurs autres aspects de notre vie ont connu d'importants changements parce qu'entre-temps, nous avons évolué et mûri.

Nous choisissons des partenaires qui ont les pires traits de caractère de nos parents, et il y a une très bonne raison à cela

Cette vérité fascinante est l'un des piliers de la thérapie Imago® mise au point par Harville Hendrix[1]. Bien sûr, choisir un partenaire de vie est un processus très complexe. Mais nous le choisissons au moins en partie en fonction des caractéristiques des gens avec lesquels nous avons grandi et qui ont donc été au cœur de nos premières relations d'amour. Lorsque quelqu'un s'exclame: «Tu es exactement comme mon père (ou ma mère)!», il y a une part de vérité dans ces paroles. Mais pourquoi choisir le type même de personne que nous nous sommes juré de ne pas choisir? Hendrix suggère que cela nous donne une occasion exceptionnelle de soigner nos vieilles blessures, sans tenter l'impossible exploit qui consisterait à retourner dans le passé et à revivre notre enfance.

Relisez le chapitre 4, intitulé «L'homme, la femme et la mer», et vous comprendrez parfaitement ce qu'il veut dire. En épousant quelqu'un qui ressemble à leur père ou à leur mère, sans être identique à eux, les conjoints se donnent la possibilité, en faisant un effort de croissance personnelle et à la suite des tiraillements qui surviennent entre eux, de modifier suffisamment ces traits de caractère pour que la situation change du tout au tout. Dans l'exemple du chapitre 4, l'homme est peut-être bourru et grognon, mais s'il est prêt à se montrer juste, à prendre sa part de responsabilité, à s'excuser de temps en temps, et à accepter la femme même si elle le déçoit parfois, alors chacun pourra guérir, au plus profond de soi, les vieilles, vieilles blessures héritées de l'enfance.

---

1. Hendrix, Harville. *Le défi du couple*, Laval, Modus Vivendi, 1994.

Nous reproduisons inévitablement le passé

Même si nous sommes convaincus du contraire, il est certain que, pendant la vingtaine et souvent bien au-delà, nous revivrons les principaux aspects fonctionnels et douleurs de notre enfance. En général, nous le faisons sans nous en rendre compte, et en étant persuadés d'avoir laissé derrière nous les comportements douloureux de nos premières années. Nous croyons vraiment faire les choses comme nous les faisons parce que c'est dans notre nature. Nous reviendrons sur ce point à plusieurs reprises tout au long de ce livre, mais nous le jugeons assez important pour le mentionner dans ce chapitre.

Nous devons parfois exprimer nos émotions, et parfois les maîtriser

Certains croient qu'il faut systématiquement exprimer toutes ses émotions, en paroles et en actes. Ces personnes courent un risque élevé de faire un tort irréparable à leur partenaire et de ruiner leurs relations amoureuses. Il est vrai qu'il est nécessaire d'exprimer ses émotions pour établir des relations affectives avec les autres. Mais il est parfois tout aussi nécessaire de savoir les maîtriser. Il est dangereux de croire que nos émotions doivent nécessairement guider nos actes, du moins si nous ne sommes pas également convaincus qu'il est nécessaire de distinguer quelles émotions nous devons exprimer et lesquelles nous devons maîtriser. Autrement, nous ne serions rien de plus que des animaux sauvages dont les actes seraient constamment déterminés par leurs impulsions primitives.

Il est dans la nature de l'être humain de blesser les personnes qui lui sont les plus proches, comme le dit la chanson « We only hurt the ones we love » (Nous ne blessons que ceux que nous aimons). Nos proches sont ceux qui peuvent nous apporter le plus, et nous faire perdre le plus. Mais les gens qui sont incapables de se hisser au-dessus de cet aspect de la nature humaine auront des relations tourmentées et vivront rupture sur rupture, tant qu'ils ne modifieront pas leur comportement. Autrement dit, nous sommes responsables de nos émotions et des gestes que nous choisissons de poser en réaction à ces émotions. Le fait de croire que nos paroles ou nos gestes ne font de mal à personne n'excuse rien. Il arrive souvent qu'on blesse les gens en se disant que c'était juste pour rire.

Troisième partie

Le mot «et» est un mot lourd de sens

J'ai pris son visage... et je l'ai tenu entre mes mains. Et j'ai ressenti une impression tellement étrange – je n'avais probablement jamais touché son visage auparavant – est-il possible que je n'aie jamais touché le visage de mon père?
Et il semblait tellement petit entre mes mains; il était tellement frais et sa barbe était tellement rugueuse et je me suis senti tellement, tellement égal à lui (se met à pleurer).

Brian Friel
Aristocrats

Chapitre 8

Les pierres

Et pourtant nous étions tous là. Encore une fois, on réparait et préparait la ville, et le temps clément semblait affirmer que Dieu ne l'avait pas voulu, après tout.

Peter Theroux
Translating LA

*I*l était une fois un petit garçon qui vivait au bord d'un lac, près d'une petite ville, au cœur des Forêts du Nord, au Minnesota. Le petit garçon aimait le lac plus que tout au monde. La famille en tirait sa subsistance, et il rafraîchissait le front brûlant du petit garçon par les torrides journées d'été, et apaisait son âme lorsqu'il se sentait seul et triste par les après-midi d'automne, quand il se demandait si le soleil brillerait à nouveau un jour.

Les choses n'allaient pas très bien dans la famille du petit garçon, et il faisait de gros efforts pour essayer d'y comprendre quelque chose. Une nuit, quand il était tout petit, vers l'âge de cinq ans peut-être, des cris et des bruits de verre cassé l'avaient réveillé. Frottant ses yeux lourds de sommeil, il avait essayé de voir ce qui se passait dans la salle de séjour, depuis son poste d'observation derrière l'escalier étroit que son père et sa mère gravissaient chaque soir pour aller se coucher. Son cœur battait la chamade, et ses mains étaient moites. Il avait la gorge tellement serrée qu'il avait l'impression qu'un homme essayait de l'étouffer de ses mains. Il avait terriblement peur, peur que ses parents se fassent du mal l'un à l'autre, peur qu'ils lui fassent du mal à lui, accidentellement, peur que l'un des deux parte et ne revienne jamais, que les voisins appellent la police ou que quelqu'un meure dans sa maison.

À l'âge de sept ans, il s'assit un jour au bord du lac, par un bel après-midi du début de l'été. Le soleil lui réchauffait la nuque et les épaules tandis qu'un vent léger et frais, soufflant du nord-ouest vers le sud, lui caressait le front. Il se sentait triste et vide, aussi creux qu'une profonde caverne. Il se sentait seul. Il avait peur. Au point d'avoir mal au ventre et de ressentir un vide dans la poitrine. C'était presque insupportable, mais pas tout à fait. Ces sensations faisaient partie du rythme quotidien de sa vie, et elles lui étaient tellement familières qu'il les supportait sans broncher.

Un jour, à l'âge de dix ans, le petit garçon rentra de l'école avec son bulletin dans une main, un petit sac de papier rempli de cailloux dans l'autre, et un sourire tellement radieux qu'il aurait pu réchauffer le cœur des plus endurcis. «Je n'ai que des A! cria-t-il. C'est la première fois!» Son père, l'air maussade et malheureux, le regarda comme il aurait regardé un chien errant, vit le sac de cailloux, et marmonna: «Qu'est-ce que tu as là?»

«De beaux cailloux que j'ai trouvés de l'autre côté du lac, près du gros bouleau qui est en train de mourir.»

Son père lui arracha le sac des mains et, après avoir regardé à l'intérieur, lui dit en ricanant: «Qu'est-ce qu'ils ont de si intéressant, ces cailloux? Ils n'ont absolument rien de particulier. Tu t'intéresses aux pierres? Viens avec moi, je vais t'en montrer de vraies.» L'homme poussa son fils vers l'arrière de la maison et le conduisit dans la forêt, une centaine de mètres plus loin, là où quelqu'un avait déterré de grosses pierres et les avait empilées près d'un grand pin. «Je déterre ces pierres, continua-t-il, et je les entasse ici pour qu'on puisse un jour construire un mur autour de notre propriété.»

«Pourquoi?» demanda le garçon.

«Pourquoi? répéta l'homme sur un ton sarcastique. Tu poses trop de questions. Penses-tu que je ne sais pas ce que je fais?»

«Non, papa, je pense que tu sais ce que tu fais. Je me demandais juste pourquoi tu veux construire un mur de pierres.»

«C'est bon, d'entourer sa propriété d'un mur. Comme ça, personne ne peut se tromper, on sait exactement où elle se termine.»

«Je vois», répondit le garçon.

«Tu es assez vieux pour m'aider. Jette ton petit sac de cailloux et commence à déterrer ces pierres. Allez. Il reste deux heures avant que le jour ne tombe. Mets-toi au travail.»

Le père s'enfonça dans la forêt, en direction de la maison, et laissa le petit garçon derrière lui, avec un pic et une pelle. Il travaillait fort, mais les pierres étaient grosses. Il pouvait à peine les faire rouler jusqu'au grand pin; il ne pouvait certes pas les transporter. Il travailla sans relâche, jusqu'à ce que le soleil descende sous l'horizon et que le froid des Forêts du Nord commence à pénétrer ses os. Puis il s'arrêta. «Je me demande pourquoi papa ne m'a pas demandé de lui montrer mon bulletin», se dit-il en rentrant à la maison, avec le pic et la pelle, pour aller souper.

Quelques jours plus tard, alors qu'il déterrait de gros blocs de pierre, son père se rendit jusqu'au grand pin et lui dit: «Tu veux te promener avec un sac de cailloux? Parfait, j'ai eu une idée qui va faire de toi un homme. Je veux que tu transportes quelques pierres dans ce sac à dos.»

«Jusqu'où?» demanda le garçon.

«Partout où tu iras, répondit le père. Tu as de bonnes notes à l'école, mais si tu n'apprends pas les choses importantes, dans la vie, tu n'arriveras à rien. Alors, je veux que tu te mettes à transporter ce sac à dos plein de pierres partout où tu iras. Comme ça, tu deviendras fort.»

Le garçon se sentit mal. Ça n'avait aucun sens. Il avait l'impression que son père était soudainement devenu fou. Mais il n'avait que dix ans. Il ne pouvait pas faire grand-chose. Alors il souleva le sac, le mit sur son dos et l'accrocha à ses épaules, réglant les courroies de façon qu'elles le blessent le moins possible. Il se résigna rapidement à son sort, se chargeant docilement du sac plein de grosses pierres pointues tous les matins, et le laissant tomber au pied de son lit tous les soirs. Son père ne reparla pas des pierres et, pour le garçon, elles en vinrent à faire partie de la routine quotidienne de sa vie au bord du lac, dans les Forêts du Nord, au Minnesota. Mais il se répétait sans arrêt, jour après jour : «Je déteste mon père, je déteste le lac, je déteste l'école, je déteste les Forêts du Nord. Un jour, je partirai d'ici, je jetterai ce sac de pierres, et je ne reviendrai jamais!»

Un jour, le garçon sut qu'il était temps de partir. Il était très dérouté. Il ne détestait pas les Forêts du Nord. Ni l'école. Ni le lac. Il n'était même plus certain de détester son père. Tout ce qu'il savait, c'était qu'il était temps de partir. Mais il n'a pas pu laisser le sac de pierres derrière lui. Quand il est monté à bord du premier autocar de la journée en partance vers le sud-ouest, il a grimpé les marches en traînant le sac plein de grosses pierres pointues, l'a emporté jusqu'à son siège et l'a laissé tomber avec un bruit sourd sur le siège d'à côté. Puis il a pleuré, pleuré et pleuré ; quand il a cru avoir fini de pleurer, il a pleuré à nouveau. L'autocar roulait péniblement. Le garçon s'endormit. Quand il se réveilla, l'autocar s'était arrêté. Il acheta quelque chose à manger, retourna à sa place, puis il dormit et dormit. Il se dit qu'il descendrait du car quand le temps serait venu. Lorsqu'il se réveilla à nouveau, l'après-midi tirait à sa fin. Le coucher du soleil sur les grandes plaines était la plus belle chose qu'il ait jamais vue. Il était sidéré par sa splendeur. Puis le spectacle s'évanouit aussi vite qu'il était apparu.

L'autocar prit la direction du sud et le garçon continua à rouler, pendant des heures et des heures; il avait l'impression qu'il voyageait depuis des jours. Un matin, en s'éveillant, il fut époustouflé par le lever du soleil. Le paysage se composait d'une infinie variété de tons de brun, de rouge, de rose et d'orange, ponctué ici et là de bouquets d'armoise, de cactus et de sable. L'étendue de sable qu'il avait devant lui était encore plus vaste que les champs de blé des grandes prairies. Il était dans le désert, et il sut qu'il était temps de s'arrêter. Lorsque l'autocar entra en gare à Tucson, en Arizona, il en descendit, traînant son sac de marin plein de vêtements et autres effets à quelques pouces à peine au-dessus du sol, le sac à dos plein de pierres pesant sans relâche sur ses épaules. Il trouva du travail, un endroit où loger et, le lendemain, il s'inscrivit à l'école.

Quatre ans plus tard, ayant brillamment réussi ses études, il reçut son diplôme. Il trouva du travail. Il travaillait bien et épata tous ses collègues, sans exception. Il prenait soin de lui. Il courait tous les jours, et il apprit à savourer les cafés et les vins fins, sans jamais faire d'excès. Puis il acheta une maison. Il déchargeait le camion de déménagement et rangeait ses affaires quand il tomba sur son vieux sac à dos, sale, miteux, tout déchiré. Il le tira à lui d'un coup sec puis s'arrêta brusquement. «Les pierres, se dit-il. Fais attention de ne pas te désarticuler l'épaule avec ce sac.» Il le souleva avec précaution et le transporta dans le garage.

«Je dois...» Il s'arrêta et regarda fixement le vieux sac à dos. «... Je dois me débarrasser de ça.» Il se sentit alors envahi d'une profonde tristesse, aussi délicate que de vieux rideaux de dentelle défraîchis doucement agités par la brise. Ça n'avait rien d'un raz-de-marée émotif. Il ressentit le vide intérieur et la solitude d'autrefois. Puis le mal de ventre, et le creux dans la poitrine. Les pierres, le lac, son père, sa mère, les Forêts du Nord et son ancienne école lui revinrent tous en mémoire, formant un amalgame trop complexe pour qu'il puisse s'y retrouver. Il traîna le vieux sac à dos derrière la maison, puis il le tira à une centaine de mètres plus loin, vers le sud, et l'enterra au pied d'un grand et vénérable cactus saguaro.

Au cours des mois suivants, il aménagea sa nouvelle maison à son goût. Il la décora avec soin, de façon qu'elle exprime sa personnalité, telle qu'il la concevait à ce moment-là. Il se lança en affaires, puis rencontra une femme dont il tomba amoureux. Ils voulaient une maison qui serait à leur image à tous deux et achetèrent le terrain adjacent, du côté sud. Sa femme se mit à concevoir les plans de leur future maison pendant qu'il se consacrait corps et âme à son entreprise. La maison qu'elle fit construire et qu'elle décora par la suite remplit son cœur de joie et de paix. Chaque détail exprimait soit sa personnalité profonde à elle, soit un aspect subtil de son être à lui. Il se demanda comment elle pouvait le connaître aussi intimement.

Leur premier enfant vit le jour. Son entreprise était florissante. Son enfant grandissait. Ses relations avec sa femme s'approfondissaient. Puis, un jour, il se surprit à s'impatienter contre son fils de cinq ans. Il eut honte de son comportement. Il en eut peur. Il fit ses excuses à son fils pour lui avoir parlé aussi sèchement. Ce soir-là, il partit se promener dans le désert, pour réfléchir à sa vie. La maison s'élevait à une centaine de mètres au sud du grand cactus saguaro. Absorbé par ses préoccupations, il avait suivi l'étoile polaire et s'était retrouvé sans s'en rendre compte juste à côté du cactus. Il s'assit sur le sable et sentit ses yeux s'emplir de larmes réconfortantes. Il ne sanglotait pas de façon incontrôlable, comme il l'avait fait dans l'autocar des années auparavant. Son chagrin était plus doux et plus profond que cela. Il regarda les étoiles, puis la silhouette du cactus se découpant sur le ciel. Il ramassa une pierre pointue et se mit à tracer des cercles dans le sable. Puis il commença à creuser.

Quelques jours plus tard, alors qu'il cherchait quelque chose sur Internet, sa femme s'approcha de lui et posa affectueusement sa main sur son épaule. Il releva la tête, quelque peu surpris, mais heureux que sa présence vienne interrompre sa concentration, et dit: «Je ne sais pas ce que ça veut dire, mais depuis que tu as bâti cette maison pour nous, dans le désert énigmatique, je suis hanté par des images de pierres.»

Tout en lui massant les épaules, étonnée et désireuse d'en savoir plus, elle répondit: «De pierres.»

«De pierres, répéta-t-il avec un petit rire nerveux. Je ne sais pas pourquoi. Quand je suis arrivé en Arizona, le désert m'a séduit. J'étais enchanté par les jeux de lumière sur les rochers et les nuances de couleurs que le soleil donnait au sable. Ça m'a attiré. J'étais sous le charme. Je suis resté. Je n'avais pas le choix. »

«Pas le choix. Je crois que je comprends. C'est ce que j'ai ressenti quand je t'ai rencontré. »

Il fut à nouveau surpris. «Oui. C'est cela. C'est ce que j'ai ressenti. » Il était profondément amoureux d'elle, mais très inquiet. Tout cela dépassait sa compréhension. «Je ne sais pas, répéta-t-il. On dirait que les pierres m'ont ensorcelé. » Il se ressaisit. «Je pense qu'il y a peut-être là un passe-temps pour moi, un violon d'Ingres, une façon de me détendre. Les affaires m'ont tellement absorbé. Je pourrais montrer à notre fils à travailler les pierres. Et te faire des bijoux! » s'exclama-t-il, comme un enfant.

«Les pierres sont solides, dit-elle sagement. Elles durent. Elles communient avec les profondeurs de la Terre. »

«Oui», répondit-il. Elle lui caressa le dos puis partit mettre leur fils au lit.

Six semaines plus tard, un samedi matin, elle revenait d'une longue promenade avec leur chien quand elle entendit un grincement en provenance du garage. Lorsqu'elle arriva derrière lui, il était en train d'admirer ce qui devait être un produit fini, à en juger par l'éclat de ses yeux.

«Les pierres?» demanda-t-elle sur un ton amusé.

«Une pierre polie, répondit-il. Toute petite. À peine une fraction de ce qu'elle était. Mais en même temps, beaucoup plus que ce qu'elle a jamais été auparavant. Comme l'amour. »

«Elle est magnifique, dit-elle, envoûtée par la pierre. D'où vient-elle? »

«De là-bas, dit-il en indiquant le nord. Près du vieux cactus. »

«Elle est vraiment magnifique», répéta-t-elle, fascinée.

«Je savais bien qu'il y avait quelque chose de spécial au sujet des pierres, dit-il. Je ne savais tout simplement pas ce que c'était.»

«Eh bien, tu avais raison.»

Cela lui fit chaud au cœur.

Quatre mois plus tard, ils se promenaient avec leur fils et le chien lorsqu'ils arrivèrent au grand cactus saguaro, et elle s'arrêta. «Regarde. On dirait que quelqu'un a creusé ici.»

Il n'était pas nerveux. Il ne se sentait pas le moins du monde pris au piège. «C'est ici que j'ai trouvé les pierres.»

«Les pierres. Oui. Bien sûr, dit-elle. C'est ici que tu as trouvé les pierres. C'est un endroit magnifique... au pied de ce vieux cactus... tout près de notre maison.»

«C'est cela qui est le plus extraordinaire», répondit-il, aussi excité qu'un enfant.

Deux ans plus tard, la veille de leur dixième anniversaire de mariage, il terminait la vaisselle après avoir mis leur fils au lit et ils se préparaient à passer la soirée en tête à tête. Elle rangeait la salle de séjour. Puis il comprit soudainement, et des larmes se mirent à couler sur ses joues. Elles coulaient sans arrêt, et sans effort. Quand elle traversa la cuisine pour aller porter les ordures dans le garage, elle vit qu'il pleurait et s'arrêta.

«Les pierres, dit-il. Je veux que tu saches ce que cache mon intérêt pour les pierres.»

«Moi aussi», répondit-elle.

Il tremblait, il se sentait honteux et en colère, il pleurait. La compassion, puis la compréhension, se frayèrent un chemin en lui. Elle écouta. Il décrivit le lac dans ses moindres détails, lui faisant connaître chaque pouce de ses rives. Elle ne fut pas surprise d'apprendre qu'il avait eu d'excellentes notes à l'école, mais elle en fut fière. Des heures plus tard, quand il lui expliqua à quel point il s'était senti frustré et confus lorsqu'il avait enterré le sac à dos dans le désert, au pied du grand cactus saguaro, elle pleura, elle aussi. Ils approchaient du cœur de l'histoire. «J'ai finalement compris que l'on peut simultanément aimer et haïr une personne», dit-il en pleurant.

* * *

Plusieurs années plus tard, son petit-fils lui demanda pourquoi il gardait ce petit sac de cuir fin renfermant six magnifiques pierres polies. Il lui répondit qu'il n'était pas certain de pouvoir le lui expliquer, mais qu'il essaierait. En passant près du grand pin, son petit-fils souriait en pensant aux secrets que lui révélerait son grand-père quand ils arriveraient au chalet, au bord du lac, dans les Forêts du Nord, au Minnesota. Au même instant, en Arizona, sa femme sentit son cœur se remplir de joie.

Quatrième partie

Le chiffre 7
(plus un en prime)
est un beau chiffre rond

Artemis adorait le son apaisant de la pluie et de tous les autres ruissellements d'eau: ruisseaux, gouttières, jets d'eau, chutes, robinets...

Les hommes recherchaient l'eau comme l'eau recherchait son niveau.

La quête de l'eau donna lieu à de grandes migrations périodiques. L'homme était essentiellement fait d'eau.

L'eau était homme. L'eau était amour. L'eau était eau.

John Cheever
Artemis, The Honest Well Digger

Chapitre 9

Être assez adulte pour avoir des fréquentations amoureuses

Je n'aurais pas pu comprendre, à cet âge — j'avais huit ou neuf ans —, ce que cela pourrait signifier que d'avoir ma propre voix, un jour, et de parler comme parle un écrivain. Cette simple idée m'aurait complètement abasourdi.

Barry Lopez
About This Life

*I*l y a plusieurs années, pendant une séance de thérapie, un homme nous parlait de ce qui s'est avéré être une suite de relations amoureuses décevantes, toutes calquées sur le même modèle : des débuts prometteurs, puis une période de frustration où il sentait que ses besoins n'étaient pas comblés, suivie de semaines ou de mois de conflits insolubles, le tout finissant tôt ou tard par une rupture. Il parlait aussi de sa nouvelle petite amie, et de la colère qu'il ressentait envers elle. « Mes besoins ne sont pas satisfaits », se plaignait-il.

« Vous ne pouvez pas vous marier si vous n'êtes pas assez vieux pour sortir avec les filles », lui avons-nous spontanément répondu, avec empathie, sans la moindre méchanceté. L'homme n'était pas sûr d'avoir bien compris. Mais plusieurs mois plus tard, il nous a dit que, ce jour-là, il avait commencé à devenir capable de «relations interpersonnelles plus saines».

Cette réalité – le fait qu'on doit être assez adulte pour sortir avec des hommes ou des femmes avant de pouvoir envisager une véritable relation amoureuse – n'est pas facile à admettre. Mais elle explique beaucoup de choses et, une fois qu'on l'a admise, on peut l'affronter sans détour. Si vous êtes terrifié à l'idée que votre amoureuse vous quitte pour un autre homme, au point de la faire suivre en tout temps par un détective privé, vous avez deux solutions: soit rompre, parce que la relation est malsaine; soit faire l'effort de devenir adulte, parce qu'il vous sera impossible d'avoir une relation amoureuse épanouie si vous craignez l'abandon à ce point!

Si vous doutez tellement de votre identité que vous vous lancez dans une série d'aventures extraconjugales un an après vous être mariée, vous devez vous demander pour quelle raison vous vous êtes mariée, et à quelles conditions vous pourrez vivre une relation monogame.

Être assez adulte pour pouvoir sortir avec des hommes ou des femmes, cela signifie que notre charpente affective interne est assez solide pour soutenir le poids des relations entre adultes. Si elle est trop fragile ou trop molle, vous devez consulter. Dans les relations entre adultes, on n'obtient pas tout ce que l'on désire. Même les personnes qui ont vraiment très peur ne peuvent s'attendre à ce que leur conjoint soit toujours à leur côté. Qu'arrivera-t-il si l'autre doit partir en voyage d'affaires? La personne inquiète lui fera-t-elle une scène lorsqu'elle finira par le rejoindre, le punissant de lui «avoir fait peur» et de l'avoir «traitée avec aussi peu d'égards»? Ou apprendra-t-elle à soulager elle-même ses inquiétudes et à trouver du soutien auprès d'autres personnes en son absence?

Certains sont tellement égocentriques qu'ils ramènent tout à eux-mêmes. Ils ont de la difficulté à accepter le point de vue des autres. Ou à percevoir les conséquences de leurs gestes sur leur entourage. Lorsqu'ils ressentent de la honte, ils ont tellement de mal à l'assumer qu'ils en rendent les autres responsables. Impossible d'admettre qu'ils ont tort. D'un autre côté, certains n'arrivent pas à défendre leur opinion dans les moments cruciaux de la vie. Il leur est difficile d'affronter directement leur conjoint quand leur identité ou leur intégrité est en jeu, ou risquent de devenir invisibles s'ils ne s'affirment pas.

L'intimité est une bonne chose. L'autonomie aussi. Pour vivre une relation vraiment heureuse, nous avons besoin de l'une et de l'autre, en parts égales. Et la capacité d'être simultanément intime et autonome est encore plus importante. Voilà le plus grand défi qui se pose à ceux qui veulent vivre une relation de couple véritablement épanouie: rester «soi» tout en ayant une relation profonde et intime avec «l'autre».

Dans le chapitre 6, nous avons décrit les fréquentations entre hommes et femmes comme un processus au cours duquel on blesse les autres et où l'on est blessé à son tour. Dans le chapitre 7, nous avons analysé le principe voulant que l'on se lie à des gens dont les réserves affectives sont à peu près égales aux siennes. Si votre réservoir de carburant affectif n'est rempli qu'au quart, nous pouvons vous garantir que la personne avec laquelle vous formerez un couple aura des réserves de carburant affectif équivalentes. Et c'est ce qui explique le titre du présent chapitre. Être «assez adulte pour fréquenter des hommes ou des femmes», cela signifie posséder des réserves affectives assez importantes pour pouvoir assumer les risques inhérents aux fréquentations amoureuses.

Cela exige aussi qu'on abandonne les principes pseudo-adultes que plusieurs d'entre nous traînent jusque dans la vingtaine, la trentaine et même la quarantaine. Certains tests psychologiques comprennent une échelle de mesure des «réponses socialement acceptables», parce que certaines personnes donnent les réponses qu'elles croient être les bonnes réponses, sur le plan psychologique. Bien sûr, cela dénote une attitude défensive, l'un des traits typiques de «l'identité sous saisie» décrite dans l'annexe A: Je ne suis pas tout à fait adulte, mais je pense qu'un adulte donnerait telle ou telle réponse, alors je donne cette réponse, de façon à avoir l'air adulte! On trouve un exemple de ce genre de comportement dans le chapitre 6, au sujet des gens qui estiment devoir cesser de se chamailler sur les détails du quotidien parce qu'ils sont adultes, alors que c'est exactement ce que font les adultes, en général. Ceux qui ne le savent pas ne sont peut-être justement pas adultes.

Au fil des ans, nous avons constaté que les informations données dans le présent chapitre et dans l'annexe A sont de loin celles qui ont été les plus utiles à nos clients. Le fait de connaître les étapes menant à la maturité affective – à des réserves affectives bien remplies – donne à chacun de nous une carte routière d'une valeur inestimable lorsque, parvenus à l'âge adulte, il nous arrive de perdre notre chemin. Savoir comment devenir assez adulte pour pouvoir fréquenter des hommes ou des femmes est un cadeau extrêmement précieux.

Remplir son réservoir affectif:
Les cinq premières étapes
menant à l'intimité adulte selon Erikson

Revenons à notre réservoir affectif, qui est illustré dans la figure 9.1. Ce réservoir, nous faisons des efforts jusqu'à la fin de nos jours pour tenter de le remplir, et il n'est jamais tout à fait plein. Autrement dit, la croissance et le développement personnels n'ont pas de fin, ce qui explique que les personnes saines ne s'ennuient jamais très longtemps. Comme Elisabeth Kübler-Ross[1] l'a si élégamment démontré dans ses travaux auprès des malades en phase terminale, il n'est jamais trop tard pour ajouter du carburant à son réservoir. Vous croyez peut-être que vous êtes trop âgé pour le faire – trop ancré dans vos habitudes pour pouvoir évoluer –, mais ce n'est pas vrai. C'est cette croyance qui vous paralyse. Nous avons travaillé

---

1. Kübler-Ross, *op. cit.*

avec des gens de plus de quatre-vingts ans qui, après avoir stagné pendant des décennies, ont fait des progrès remarquables en matière de croissance personnelle.

Figure 9.1

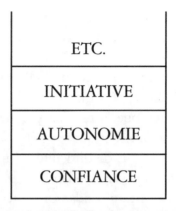

Nous remplissons notre réservoir affectif au fur et à mesure que nous abordons les différentes étapes de la vie définies par Erikson.

On peut recourir à un certain nombre de cadres conceptuels et de théories pour décrire le contenu de notre réservoir affectif. Nous invitons les thérapeutes à choisir la théorie du développement humain qui leur convient le mieux et à l'utiliser comme fondation, ou infrastructure, de leur travail clinique. La théorie que nous jugeons la plus utile est celle d'Erik Erikson[1]. Malgré les critiques ciblées qui ont été formulées à l'encontre de certains détails précis de cette théorie, au cours des trente dernières années, nous la considérons dans l'ensemble comme un cadre de travail très utile et très pertinent. Essayez maintenant d'imaginer que votre moi intérieur se trouve à l'intérieur du réservoir illustré dans la figure 9.1. Nous commencerons par décrire brièvement et de façon informelle ce que notre réservoir doit contenir pour que nous puissions établir des liens amoureux durables et satisfaisants avec une autre personne. Si les étapes qui suivent ne vous sont pas familières, nous vous suggérons fortement de lire la description complète qui en est faite dans l'annexe A.

---

1.   Erikson, Erik H. *Adolescence et crise*, Paris, Éditions Flammarion, 1988.

---

1. Confiance: Vous devez avoir suffisamment confiance en vous et en la vie pour pouvoir surmonter toutes les difficultés inhérentes aux fréquentations amoureuses et à la vie en général. Autrement dit, vous savez que vous vous en sortirez indemne.

2. Autonomie: Vous devez être un individu suffisamment distinct et autonome (c'est-à-dire être assez individualisé et différencié, selon l'expression de Murray Bowen[1]) pour être capable d'abandonner la relation si elle risque de vous faire perdre votre identité. Ce qui, paradoxalement, réduit de beaucoup le risque que la relation prenne fin. Si vous avez suffisamment confiance, et que vous êtes suffisamment autonome, vous n'aurez pas de difficulté à supporter le fait que l'être aimé parte en voyage d'affaires pour cinq jours, et vous ne le punirez ni avant, ni pendant, ni après ce voyage.

3. Initiative: Si vous êtes capable de lancer des projets et de les réaliser – autrement dit, de prendre des initiatives – sans ressentir une culpabilité constante et excessive, vous pourrez communiquer vos besoins à votre conjoint et prendre des décisions. Ce faisant, vous apporterez un vent d'air frais et de changement qui sera bénéfique à la relation. Autrement dit, vous vous sentirez rarement pris au piège, dans la vie.

4. Compétence: Si vous avez acquis des compétences – qu'elles soient politiques, sociales, affectives, académiques ou artistiques, pour n'en nommer que quelques-unes –, et que vous continuez d'en acquérir d'autres; autrement dit, si vous êtes une personne compétente (avec ses forces et ses limites, comme chacun d'entre nous), vous serez capable de combler vos besoins même si vous êtes célibataire. Vous pourrez payer vos comptes, faire un travail enrichissant, faire votre lessive, demander de l'aide lorsque vous en avez besoin, jouir d'une solide estime de vous-même, et entretenir des relations affectives réelles et chaleureuses avec vos amis. Et à cause de tout

---

1. Bowen, Murray. *Family Therapy In Clinical Practice*, New York, Jason Aronsen, 1978.

cela, il est probable que vous aurez des relations amoureuses durables.

5.   Identité: Si vous avez une solide identité – que vous savez qui vous êtes et que vous vivez selon des principes que vous avez acquis après mûre réflexion –, vous serez capable d'exister pleinement à l'intérieur de la relation amoureuse sans y laisser votre moi.

Si vous réussissez à accomplir ces cinq étapes, votre réservoir affectif sera plus qu'à demi rempli. Dans la société nord-américaine d'aujourd'hui, où les études, et par le fait même la dépendance familiale, durent longtemps, la plupart des gens franchissent ces cinq premières étapes entre l'âge de vingt et un et de trente-deux ans. Dans les listes qui suivent, vous trouverez des exemples qui illustrent concrètement les comportements des gens qui ont relativement bien réussi à traverser chaque étape.

Confiance / méfiance: de la naissance jusqu'à 18 mois

*   Je sais que le monde comporte des dangers mais, en général, je m'y sens en sécurité.

*   Il y a dans mon entourage des personnes auxquelles je peux montrer le «vrai moi».

*   Je ne fais pas un drame de chacune de mes déceptions.

*   En période de crise, je sais vers qui me tourner pour obtenir le soutien dont j'ai besoin.

*   Je crois qu'en dépit de tous leurs défauts, les êtres humains ont en général de bonnes intentions.

*   Je serais extrêmement malheureux(euse) si mon(ma) conjoint(e) mourait, mais je sais que ça ne m'anéantirait pas.

Autonomie / honte et doute: de 18 mois à 3 ans

*   Mon opinion sur la peine de mort est très différente de celle de mes amis.

- J'avais besoin de me retrouver seul pendant quelques jours, alors je suis allé au lac, en voiture, et j'y ai passé un week-end de trois jours qui m'a énormément détendu.

- Mon mari n'a pas voté pour le même candidat que moi aux dernières élections et c'est très bien ainsi. Nous n'avons pas besoin de penser la même chose sur tous les sujets.

- Ma réaction à ce sujet est correcte, même si elle est différente de la tienne.

- Je ne panique pas, ni ne m'enrage, quand mon partenaire s'absente quelques jours, pour affaires ou pour une autre raison.

Initiative / culpabilité: de 3 à 6 ans

- J'ai décidé de me rendre sur place et de poser ma candidature à ce poste. Qui sait? Peut-être qu'après avoir élevé quatre enfants, j'ai plus de chances de décrocher un emploi que je ne le croyais!

- Allez, habille-toi! J'ai une surprise pour toi: nous sortons. J'ai réservé une table dans un restaurant pour 19 h 30.

- Je me suis finalement inscrit à cette course à laquelle je veux participer depuis des années. Je ne pensais jamais pouvoir le faire! Et maintenant, je ne tiens plus en place!

- J'ai expédié une lettre à tous les occupants de l'édifice au sujet de la porte d'entrée qui est parfois verrouillée par erreur alors que nous attendons des clients en soirée.

- Quand je suis coincé, je trouve habituellement une solution assez rapidement. Je peux toujours choisir parmi différentes possibilités.

Compétence / infériorité: de 6 à 18 ans et plus

- Je suis fier de bien faire mon travail.

- Je veux apprendre à préparer un repas de cinq services typique de l'Italie du Nord.

- Je suis tellement content! J'ai enfin réussi à me servir de ce nouveau logiciel.

- Je pense que je vais devoir consulter quelqu'un au sujet de ce cas. J'ai l'impression que quelque chose m'échappe.

- Je suis très satisfait de la présentation que j'ai donnée aujourd'hui.

- J'ai les compétences nécessaires pour réussir dans la vie.

Identité claire / identité confuse: de 13 à 32 ans environ

- Il m'a fallu changer de majeure deux fois, puis accepter deux charges d'enseignement différentes, à l'université, avant de me rendre compte que ce qui me passionne vraiment, c'est la littérature québécoise.

- Je suis très bon au tennis mais, côté mathématiques, ce n'est vraiment pas génial.

- Je suis introverti. Il m'a fallu du temps avant de l'accepter, parce que tous les membres de ma famille sont extravertis. Je connais mes plus grandes forces, mais aussi les défis que pose le fait d'être introverti.

- J'ai beaucoup lu, je me suis beaucoup remis en question et j'ai fréquenté bien des églises, des mosquées et des synagogues avant de découvrir ce qui me procure une paix spirituelle profonde.

- J'ai l'impression de bien me connaître, et d'avoir acquis cette connaissance par l'expérience.

Si vous jouissez d'une bonne confiance, si vous êtes une personne distincte et autonome, si vous savez passer à l'action, surtout lorsque vous êtes coincé, si vous avez les compétences nécessaires pour survivre dans la société où vous évoluez, et que avez une perception claire de ce que vous êtes, parce vous avez traversé une période de remise en question et de difficultés, et non parce que vous vous êtes contenté d'être un «bon garçon» ou une «bonne fille», vous pouvez maintenant passer à la case suivante sur le jeu de la vie, celle de l'intimité adulte.

Les formes d'intimité

Erikson et les chercheurs qui ont suivi ses traces, comme James Marcia, ont observé et décrit les quatre formes d'identité présentées en détail dans l'annexe A: l'identité réalisée, l'identité sous moratoire, l'identité saisie et l'identité diffuse/confuse. Ils croyaient, et ils l'ont plus tard démontré, qu'il est impossible de vivre une relation véritablement intime tant qu'on n'a pas réussi, du moins en grande partie, à définir son identité. En fait, Marcia et ses collègues[1] font un parallèle intéressant entre les formes d'identité qui viennent d'être mentionnées et les formes d'intimité énumérées ci-dessous:

Intimité

La personne capable d'intimité est aussi capable de transparence affective, elle a des relations personnelles profondes avec des proches, se soucie de son bien-être et de celui des autres, est franche, chaleureuse et amicale, ne manipule pas les autres et a établi des limites personnelles claires. Les recherches menées sur ce sujet démontrent que les personnes capables d'intimité sont pour la plupart dotées d'une identité réalisée. Le processus qui permet de devenir capable d'intimité est semblable à la traversée des cinq étapes précédentes. On a besoin d'essayer différents rôles dans le cadre des relations amoureuses, tout comme dans notre quête d'identité. Nous avons besoin de fréquenter des hommes ou des femmes. Certains voudront vérifier ce qu'ils ressentent dans une relation amoureuse avec une personne qui leur ressemble beaucoup, puis avec quelqu'un de totalement différent. D'autres auront

---

1. Orlofsky, Jacob L., James E. Marcia, et Ira M. Lesser. «Ego Identity Status and the Intimacy Versus Isolatio Crisis of Young Adulthood», *Journal of Personnality and Social Psychology*, 1973 (27/2), p. 211-219.

besoin de se lier à une personne très intellectuelle, comme leur mère; et ensuite à une personne très émotive, comme leur sœur.

Si le taux de divorce est aussi catastrophiquement élevé parmi les jeunes époux, c'est, selon nous, parce que l'identité n'est pas encore bien définie, à cet âge, et que l'on manque d'expérience en matière de fréquentations amoureuses.

Pré-intimité

Les gens qui en sont à l'étape de la pré-intimité cherchent encore à savoir quel type de relations amoureuses leur convient le mieux. Ils doutent un peu d'eux-mêmes et de leurs choix en ce qui a trait à leurs amis et à leurs partenaires amoureux. Ils ont souvent de nombreuses connaissances mais n'ont pas encore les deux relations profondes qu'ont en moyenne les gens capables de véritable intimité. Ce groupe a des points communs avec celui des gens dont l'identité est sous moratoire. Mais ils cherchent clairement à atteindre la maturité sur le plan de l'intimité, et ils en sont à acquérir l'authenticité et l'expérience personnelle nécessaires pour alimenter une relation à long terme. Ils vivent l'étape d'exploration incontournable pour qui veut découvrir où est sa place, dans ce monde.

Intimité stéréotypée

Les gens qui vivent une intimité stéréotypée ressemblent à ceux qui ont une identité saisie. En apparence, leur vie est parfaite; mais en fait, ils révèlent très peu d'eux-mêmes dans les situations d'intimité. Ils semblent vivre une intimité profonde et durable, mais si l'on creuse un peu, on s'aperçoit que ce n'est absolument pas le cas.

En réalité, leur intimité repose sur des rôles stéréotypés, ceux du «mari», de l'«épouse», du «patron», et ainsi de suite. On a dit des membres de ce groupe qu'ils «jouent le rêve américain». Et, bien qu'ils semblent avoir de très bons amis, ils ressentent un grand vide intérieur et non la satisfaction que procure l'intimité réelle.

Comme dans le cas des personnes dont l'identité est saisie, les gens dont l'intimité est stéréotypée vivent beaucoup d'anxiété même s'ils ont l'air calmes et sereins; et, tout en se disant souples et tolérants, ils sont autoritaires dans leurs relations. Les relations superficielles sont souvent rigides, perçues en noir et blanc, et sous l'angle du tout ou rien, ce qui les rend passablement pénibles à la longue. On ne peut pas tout prévoir, dans la vie, et encore moins tout maîtriser. Surtout pas les autres êtres humains. Lorsque les gens adoptent des comportements qui nous rendent mal à l'aise, notre niveau d'anxiété s'élève et nous pousse à nous adapter à la situation de façon dysfonctionnelle.

Plus on vieillit, plus il est difficile de rompre avec ce type d'intimité et de chercher à établir des relations intimes vraiment mûres, parce qu'on a accumulé des responsabilités, comme celles qu'on a à l'égard de ses enfants, et des engagements, entre autres financiers. Et plus on vieillit dans ce type d'intimité, plus la vie devient pénible, et plus on se sent coincé. Il y a un monde entre le fait d'agir comme si je savais qui je suis, et le fait d'agir de telle façon parce que je sais qui je suis. Les gens dont les réserves affectives sont relativement élevées s'en aperçoivent instantanément. Ceux dont l'intimité a été saisie ou qui vivent des relations intimes stéréotypées n'y voient que du feu.

Isolement

Les gens qui font partie de cette catégorie sont en général très seuls et leur vie est presque complètement dénuée de relations d'intimité. Certains sont de véritables ermites; d'autres vivent en ermites même s'ils sont entourés de gens, au travail, pendant la journée. Ils évitent d'entrer en relation avec les autres et sont très mal à l'aise lorsqu'on tente d'établir des liens avec eux.

Si vous avez fait tout ce qu'il faut pour définir clairement votre identité et que vous avez pris les risques nécessaires, dans vos relations avec les autres, pour apprendre à vous révéler de façon

---

appropriée, compte tenu des circonstances, tout en préservant votre identité, alors vous vous reconnaîtrez dans le portrait qui suit:

Intimité / isolement: de 23 à 42 ans

- Même si je suis un peu timide, je suis capable de révéler mon véritable moi à mes proches.

- Je peux compter sur le soutien affectif réel de certaines personnes; je ne suis pas simplement entouré d'une foule d'amis qui ne me connaissent pas vraiment, et mes limites personnelles sont suffisamment fortes pour que je ne prenne pas tous ceux que je rencontre pour mes grands amis.

- Je suis capable d'avoir de l'affection pour les autres sans me perdre moi-même.

- En général, je traite mes pairs, mes supérieurs et mes subalternes avec le même respect et la même courtoisie. Je ne suis ni intimidé par les personnes en position d'autorité ni impoli ou condescendant avec ceux qui ont moins de pouvoir que moi.

- J'ai une assez bonne intelligence sociale: je suis conscient de l'effet que je fais aux autres, et j'ai une bonne idée de la façon dont ils me perçoivent.

Tout comme notre identité, notre aptitude à vivre des relations d'intimité peut se modifier légèrement au cours de notre vie. Mais notre identité de base de même que notre aptitude fondamentale à avoir des relations intimes et durables sans nous perdre de vue, sont des choses qui, une fois acquises, ne changent pas radicalement. Et nous ne les acquérons qu'au prix de risques, d'efforts et de conséquences considérables. Plusieurs des personnes qui se présentent en thérapie conjugale cherchent en fait l'aide nécessaire pour évoluer sur le plan personnel. Il est assez rare que quelqu'un n'ait que des «problèmes de communication». Mais à mesure que les gens assument graduellement leurs responsabilités, en ce qui concerne leur évolution personnelle et leurs relations interpersonnelles, des changements positifs surviennent peu à peu.

Être assez adulte
pour avoir des fréquentations amoureuses

Personne ne peut vraiment remplir son réservoir affectif sans vivre la période des fréquentations amoureuses. De nos jours, les jeunes commencent à sortir avec un garçon ou une fille vers la fin du secondaire. Il est évident qu'à cet âge, l'identité n'est pas encore bien définie. En fait, les fréquentations et même le mariage font partie intégrante du processus de formation de l'identité. Mais lorsque les gens viennent en thérapie de couple, il est crucial qu'ils commencent par examiner leurs propres lacunes, et qu'ils découvrent en quoi elles les empêchent d'avoir des relations vraiment épanouissantes. Si, en me regardant dans le miroir, je me dis: «Tu n'as pas encore l'âge de fréquenter des hommes (ou des femmes)!», il me faut entreprendre une démarche de croissance personnelle qui me permettra peut-être, un jour, d'avoir une relation de couple vraiment satisfaisante.

Dans les pages qui suivent, nous vous présentons quelques-uns des symptômes des personnes qui n'ont «pas atteint l'âge des fréquentations amoureuses». En les lisant, rappelez-vous que le plus long des voyages commence toujours par un premier pas. Et dans le domaine des relations amoureuses, ce premier pas consiste à prendre conscience de nos propres limites.

Je ne peux pas vivre sans toi

Les amateurs de musique country connaissent bien ce thème. «Mon amour m'a laissé, et je n'ai pas dégrisé depuis des jours. J'étais sur le point d'en finir, mais il faut que je sorte mon chien. Il m'a sauvé la vie – au moins pour aujourd'hui.» La pire chose que vivent les conjoints qui ne sont pas encore mûrs, c'est la terreur absolue qu'ils éprouvent à l'idée d'être séparés. Cette terreur est la principale raison pour laquelle les couples en viennent à se donner des coups, à s'insulter, à se tromper mutuellement, à boire et fumer jusqu'à se détruire.

Pour reprendre l'image du réservoir affectif, cette terreur est directement liée à la question de la confiance. Nous avons l'impression que si seulement cette relation de couple pouvait fonctionner, tous nos problèmes de confiance seraient résolus. La réalité est tout à fait différente. La seule façon de régler ce problème, c'est d'entretenir des relations suivies, intimes et non sexuelles avec différentes personnes, pendant une période relativement longue. Autrement dit, nous devons nous créer une «famille» aimante avec laquelle nous nous bâtirons un passé, simplement en interagissant avec cette famille au jour le jour. C'est ce qui explique que des hommes et des femmes participent aux mêmes groupes de thérapie depuis vingt ans. C'est un excellent moyen de constituer une partie de nos réserves affectives.

Pour se libérer du piège que nous venons de décrire, il faut trouver le moyen de combler nos besoins de dépendance affective sans essayer d'engloutir ou d'absorber un autre être humain. On peut le faire en se joignant à un groupe de soutien ou en établissant peu à peu des relations intimes et non sexuelles avec différentes personnes. Ce qui signifie qu'on devra affronter des conflits, voir certaines de ces relations se terminer, panser ses blessures, se relever et recommencer, sans jamais espérer qu'une seule et unique relation comblera tous ses besoins affectifs. Cela la détruirait aussitôt.

Je, me, moi

Martin Buber a écrit sur le «je» et le «toi» dans les relations de couple[1]. Selon lui, les gens qui pensent «je, me, moi» excluent automatiquement le «toi». Les psychanalystes admettent le principe du narcissisme depuis toujours; et la plupart d'entre nous savent que c'est l'une des caractéristiques les plus délicates, compliquées et intrigantes de notre personnalité. Nous voulons tous être uniques. Nous voulons tous être reconnus par les autres. Nous voulons tous notre moment de gloire.

---

1. Buber, Martin. *I and Thou*, New York, Scribner, 1974.

Mais si, pendant notre enfance, nous avons été trop gâtés ou traités comme si nous étions plus importants que tous les autres membres de la famille ou si, au contraire, nous avons été blessés ou traités comme si nous étions moins importants que tous les autres, alors nous arriverons à l'âge adulte en croyant être en droit de réclamer certaines choses, des choses que personne ne peut exiger. Personne n'est en droit d'exiger une relation de couple heureuse. Personne n'est en droit d'exiger le bonheur. Nous avons droit à la vie, à la liberté et à la recherche du bonheur, mais nous n'avons pas droit au bonheur. Personne n'a droit au bonheur. Nous devons le mériter. Le comique Steven Wright a bien exprimé cette idée: «Vous ne pouvez pas tout avoir, dans la vie. Où mettriez-vous tout cela?»

La recherche de la sérénité et de la plénitude entre souvent en conflit avec notre narcissisme, car la seule façon d'atteindre le bonheur véritable consiste à assumer nos déceptions et à nous en enrichir. Si je suis déçu chaque fois que les choses ne se font pas à ma façon, mes relations avec les autres seront tendues et j'aurai tendance à exploiter mon entourage. Ou bien mes proches seront mécontents, ou bien ils toléreront la situation parce qu'ils ont un problème complémentaire, comme on le verra ci-dessous.

Les gens chez qui ce problème est particulièrement aigu ont tout intérêt à examiner leur système de valeurs sous-jacent. En se posant les questions suivantes, par exemple:

1.   Qu'arriverait-il si je prenais du recul pendant une petite heure et que je laissais la vedette à quelqu'un d'autre?

2.   En faisant cela, se pourrait-il que je remarque des choses que, normalement, je ne vois pas? Lesquelles? Se pourrait-il que cela me donne la possibilité d'entrer en relation de façon différente avec certaines personnes? Lesquelles?

3.   Si je ne suis pas tout le temps au centre de tout, est-ce que je serai quand même satisfait de ce que je reçois?

4. En quoi mon comportement éloigne-t-il les autres de moi? Se pourrait-il que ma crainte sous-jacente de ne pas obtenir assez s'atténue si je m'intéresse aux besoins des autres et non seulement aux miens?

L'autonomie excessive liée au syndrome du «je, me, moi» n'a rien à voir avec l'autonomie réelle. Elle découle d'un profond manque de confiance. Pour résoudre ce problème, il est essentiel d'améliorer et d'approfondir nos relations avec les autres, et d'apprendre à faire preuve d'empathie et de compréhension à leur égard.

Comme tu voudras, mon amour

Le fait d'être tout le temps d'accord avec l'autre est une stratégie de défense qui nous permet de le manipuler, souvent sans même nous en rendre compte. Ainsi, ce n'est pas «gentil» que d'être tellement conciliant, en tout temps, qu'on finit par disparaître et par ne dévoiler à personne notre vrai moi. Cette stratégie est certainement justifiée chez un enfant qui grandit dans une famille souffrant de carences graves. Après tout, si la famille exige de l'enfant qu'il se tienne tranquille, accomplisse ses tâches, ne remette pas en question les personnes en position d'autorité, qu'il disparaisse lorsqu'on n'a pas besoin de lui, et qu'il n'en demande pas trop, il est tout à fait compréhensible qu'il adopte cette attitude.

Quel avantage tire-t-on du fait d'être constamment «gentil» et «accommodant»? Cela nous donne le beau rôle, nous permet de rester hors de la ligne de tir, de ne pas nous mouiller et par conséquent d'éviter la critique, le rejet, les conflits, la colère et les querelles avec les autres. C'est une stratégie qui peut sembler «sécuritaire». En fait, c'est loin d'être le cas. Elle entraîne de la solitude, de la peur, de la honte et de la souffrance, et peut même nous rendre physiquement malades.

Mais les personnes vraiment adultes ne se comportent pas de cette façon. Le fait de constamment céder à l'autre est tout aussi nocif que de toujours vouloir avoir le dernier mot, parce que cela empêche l'intimité. Ce genre de problème remonte souvent à l'étape Initiative / culpabilité décrite par Erikson. Savoir prendre des initiatives est une habileté qui ne s'applique pas uniquement à des projets d'envergure, comme vouloir devenir premier ministre du pays. Cela consiste plutôt à s'affirmer dans une multitude de situations anodines. Mais chaque fois qu'on s'affirme, on court le risque de fâcher ou de décevoir quelqu'un. Il faut donc apprendre à composer avec la colère ou la déception des autres, quand c'est nécessaire. Lorsqu'on a compris qu'il faut parfois offrir une certaine résistance pour entrer véritablement en relation avec les autres, et qu'autrement on reste en marge de la relation, on a fait un pas de plus sur la voie qui mène à une relation de couple vraiment épanouissante.

Tu penses que tu peux me blesser?

La force est un atout. Mais la force excessive nous empêche d'être vulnérables, et nous rend inatteignables. Il me devient alors impossible de m'ouvrir à toi et de te laisser me toucher. Cela signifie que je ne montrerai jamais ma douleur, ma honte, ma peur, ma tristesse ou ma solitude. Je suis fort, et peut-être agressif. Je suis solide, capable de tout surmonter. Je suis un rocher. Je suis une île. J'ai été si souvent blessé dans le passé, depuis l'enfance. J'ai souffert quand mon père est mort et quand ma mère me critiquait sans arrêt. Je me suis juré que je ne laisserais plus personne me blesser de la sorte. Ma première relation amoureuse m'a encore fait souffrir, et ce fut tellement douloureux qu'il m'a fallu des années avant de m'engager dans une autre relation.

Maintenant que nous sommes mariés, je m'aperçois que toute relation comporte sa part d'inconfort et de difficultés. Mais je n'oublie pas ce que je me suis juré. Penses-y à deux fois avant de t'imaginer que tu peux me blesser. Je suis un rocher. Je suis une île.

Cette personne risque de se retrouver seule bien plus vite qu'elle ne le croit: si sa décision de ne pas se laisser blesser peut sembler forte et admirable, c'est en fait une indication qu'elle n'est pas assez adulte pour avoir des relations amoureuses. Lorsqu'on décide de s'ouvrir, quitte à se faire blesser, tout en demeurant assez fort et autonome pour se protéger soi-même et approfondir sa relation avec l'autre, on peut dès lors espérer partager une relation de couple heureuse.

Je suis trop fragile

Certains sont trop forts et d'autres trop fragiles. Si vous avez l'impression que vous finissez toujours par trouver vos amoureux trop méchants ou insensibles pour pouvoir espérer avoir une bonne relation de couple avec eux, vous appartenez peut-être à cette catégorie. Vous en venez à croire qu'il n'y a pas d'autre solution que de rester seul et célibataire pour le restant de vos jours.

Si vous êtes actuellement engagé dans une relation à long terme, il se peut que votre façon d'exprimer votre fragilité excessive vous donne en fait beaucoup de pouvoir, que vous vous en rendiez compte ou non. Peut-être que vous pleurez pour un oui ou pour un non. Peut-être avez-vous tendance à vous effacer dès que votre conjoint s'affirme ou s'exprime. Peut-être vous plaignez-vous de sa dureté et de sa turbulence, affirmant que vous ne pourrez vous sentir romantique ou en sécurité tant que elle ou lui n'apprendra pas à être serein, doux et aimable. Vous aurez sans doute tendance à vous comparer à d'autres hommes ou d'autres femmes dont les conjoints sont vraiment des agresseurs insensibles et méchants, mais la comparaison ne tiendra pas la route. Si votre manque de maturité s'exprime de cette façon, la tâche qui vous attend sera aussi difficile, quoique tout à fait différente, que celle qui attend la personne «qui ne se laissera plus jamais blesser par quiconque». Vous devez garder une partie de votre vulnérabilité, mais il vous faut la tempérer au moyen d'une bonne dose de réalisme et d'intégrité affective. Et rappelez-vous que personne ne peut grandir à notre place. Vous pouvez manipuler les gens et les amener à vous secourir et à vous dorloter, mais si vous voulez vivre une relation de couple vraiment saine, vous devrez vous-même vous secourir.

Tu vas me le payer!

La vengeance n'a pas sa place dans une relation de couple équilibrée, bien qu'on éprouve tous parfois l'envie de se venger! Tu penses que tu m'as blessé? Attends que j'en aie fini avec toi, tu regretteras de m'avoir rencontré. Avec moi, c'est œil pour œil, dent pour dent!

Transformer son désir de vengeance en quelque chose de constructif est la pierre angulaire de la maturité. Réussir à accepter et à digérer les blessures, les malentendus et les déceptions qui font partie de toute relation, sans succomber au désir de riposter, exige une maturité et une maîtrise de soi remarquables. Et arriver à distinguer entre la vengeance et la saine autodéfense demande un degré de sagesse et de raffinement affectif extraordinaire.

Les humains sont des êtres de routine et d'habitudes. Si tu me demandes de changer une de mes habitudes parce que tu la trouves irritante, il se peut que je n'arrive jamais à te satisfaire complètement, précisément parce qu'il s'agit d'une habitude. Comme la goutte qui finit par faire déborder le vase, l'irritation s'accumule jusqu'au jour où on éclate d'une colère dont on ne soupçonnait même pas l'existence, dans un torrent d'injures verbales et d'agressions physiques. Très souvent, plus la blessure est profonde et douloureuse, plus il est difficile de maîtriser son désir de vengeance. Les êtres humains ont toutes sortes de bonnes raisons de faire du mal aux autres. Par exemple, un conjoint a une aventure parce qu'il se sent seul, vide et triste, puis il ment à sa compagne au sujet de cette liaison parce qu'il ne veut pas lui faire de peine!

Si vous réussissez à faire quelque chose de constructif (à part mijoter votre vengeance) avec votre peine et votre sentiment d'avoir été trahi, il est certain que vous en ressentirez un jour un très grand bien-être affectif. Il n'est pas question de «tendre l'autre joue» et de laisser l'autre vous blesser encore et encore. Il s'agit plutôt de tendre l'autre joue pendant que vous assurez votre sécurité future, puis de convertir toute l'énergie générée par la douleur en quelque chose d'une puissance et d'une beauté extraordinaires. L'histoire de Myrtle Faye Rumph, de Los Angeles, que vous lirez dans le chapitre 13, vous permettra de saisir parfaitement cette réalité.

Chapitre 10

Être sexy

En Amérique, le sexe est une obsession; ailleurs dans le monde, c'est une réalité de la vie.

Marlene Dietrich

Le réputé psychologue David Schnarch a publié un livre très novateur intitulé *Passionate Marriage: Sex, Love, and Intimacy in Emotionally Committed Relationships* (La passion et le mariage: sexualité, amour et intimité dans les couples profondément engagés sur le plan affectif)[1]. Le chapitre 10 de cet ouvrage porte le titre: «Fucking, Doing, and Being Done: It Isn't What You Do, It's The Way You Do It» (Faire l'amour, baiser et se faire baiser: ce qui compte, ce n'est pas ce que vous faites mais la façon dont vous le faites). Mais rassurez-vous: lorsqu'on a lu les neuf premiers chapitres, ce titre n'a rien de choquant; il exprime l'amour et l'authenticité. Si Schnarch est aujourd'hui considéré comme l'un des plus grands experts en matière de sexualité conjugale aux États-Unis, c'est entre autres parce qu'il a eu le courage de se pencher sur le principal problème des couples, en ce qui a trait à la maturité et au développement sexuel:

---

1. Schnarch, David M. *Passionate Marriage: Sex, Love and Intimacy in Emotionally Comitted Relationships*, New York, W. W. Norton, 1997.

... ce sont les conflits, et non les compromis, qui permettent au couple d'étendre son répertoire sexuel. Les conflits sexuels entre gens mariés sont non seulement inévitables, ils sont importants ... [parce qu'ils] ... aident les deux conjoints à acquérir de la maturité.

Cette conception de la sexualité humaine est puissante, porteuse d'espoir et même révolutionnaire. Dans le cadre des ateliers et séminaires qu'il propose, Schnarch aide les participants à l'appliquer à leur vie ou à leur pratique, et il consacre plusieurs jours à cette démarche. Évidemment, les idées nouvelles rendent les gens nerveux. On peut facilement imaginer le genre de blague qu'un humoriste pourrait inventer à partir de la théorie de Schnarch: «C'est l'histoire d'un homme dont la femme se plaint sans arrêt d'avoir épousé un petit garçon. Bien installé dans le salon, une bière à la main, il regarde un match de football en lui criant: "Hé, chérie! Il y a un gars à la télé qui vient de dire que le sexe nous fait grandir!" En ricanant, il ajoute: "Alors, qu'est-ce que tu en dis?"»

Les psychologues James Maddock et Noel Larson ont écrit[1]:

... la sexualité est un aspect fondamental de l'existence humaine. C'est l'une des dimensions essentielles de l'expérience humaine, et donc de la vie familiale...

La sexualité est passionnée, pleine de désir, sensuelle, ferme, mouillée, douce et puissante. On y prend plaisir, on l'apprécie, on la désire, on la craint, on s'en sert et on la confond avec d'autres choses. Elle fait partie intégrante de la spiritualité et des relations de couple, et c'est également une réalité biologique.

Le désir est une bonne chose

Un biologiste a un jour fait l'hypothèse suivante: il y a des milliards d'années, un organisme unicellulaire a « mangé » un autre

---

1. Maddock, J. W. et Noel R. Larson. *Incestuous Families: An Ecological Approach to Understanding and Treatment*, New York, W. W. Norton, 1995.

organisme unicellulaire, sans réussir à «digérer» complètement sa proie. Résultat: une partie du matériel génétique de la proie s'est trouvée incorporée à celui du prédateur, ce qui lui a permis de résister à l'extinction. Aujourd'hui, des milliards d'années plus tard, des cellules minuscules, munies de petites queues, nagent de toutes leurs forces pour tenter de fusionner leur matériel génétique avec celui d'une autre cellule. Nous pensons que l'«appétit sexuel» qui pousse deux personnes l'une vers l'autre est peut-être issu de cet «appétit alimentaire» originel qu'a un jour éprouvé un petit organisme envers un autre. Après tout, quand ils ont des relations sexuelles passionnées, les gens ressentent quelque chose qui ressemble à l'envie de dévorer l'autre.

Le désir est un élément normal et sain de toute relation amoureuse. Comment vous sentiriez-vous si votre partenaire ne vous désirait jamais? Mais Peter Koestenbaum[1] précise qu'il est très important de pouvoir être à la fois sujet et objet dans les relations sexuelles. Le «sujet» est capable d'exprimer sa volonté par rapport à la relation. C'est ce qui se produit lorsqu'on ressent du désir pour son(sa) partenaire et qu'on a envie de le(la) dévorer sexuellement. Lorsqu'on fait les premiers pas menant à une rencontre sexuelle. Ou lorsqu'on pose certains gestes dans l'intention précise de donner du plaisir à son(sa) partenaire. Mais, pour avoir une sexualité mature et épanouie, on doit également pouvoir se transformer en «objet» lors des relations sexuelles: être capable de se délecter du désir qu'éprouve l'autre, de s'y abandonner, de s'y soumettre, de lâcher prise, de se laisser porter par la vague – peu importe comment on l'exprime – et de recevoir pleinement et spontanément, sans culpabilité, honte ou peur d'être englouti par l'autre. Mais on ne peut y arriver que si l'on possède un moi intact et fort.

La sexualité est une pulsion puissante et passionnée, et c'est probablement pourquoi certains en ont peur. Mais il est très bien

---

1. Koestenbaum, Peter. *Existential Sexuality: Choosing to Love*, Englewood Cliffs, N.J., Prentice-Hall, 1974.

d'avoir envie de dévorer l'autre, sexuellement, une fois de temps en temps. Le désir peut être une excellente chose. Notre amie Patricia Love a écrit un livre intitulé *Hot Monogamy*[1], dans lequel elle publie les réponses de différentes personnes auxquelles elle a demandé d'essayer de décrire les expériences sexuelles les plus intimes et les plus passionnées qu'ils ont vécues. Un homme écrit ceci:

> C'est difficile à décrire. Il y a eu des moments où j'ai eu l'impression que ma partenaire et moi étions dans un autre espace, celui de l'extase. Elle était là, avec moi. J'étais loin dans l'espace, je la regardais dans les yeux, et je voyais qu'elle était rendue aussi loin que moi. Pendant une fraction de seconde – et ce n'était pas nécessairement durant l'orgasme –, nous étions ensemble, loin de tout, et nous ne faisions qu'un avec l'univers.

La sexualité en Amérique: beaucoup de confusion

L'humoriste, acteur et écrivain Steve Martin a un jour raconté cette blague[2]:

> Je crois que la sexualité est l'une des choses les plus magnifiques, naturelles et saines que l'argent puisse acheter.

De son côté, dans le livre intitulé *Couplehood*, l'humoriste Paul Reiser a écrit[3]:

> Vous savez ce qui ruine la vie sexuelle de plein d'hommes? Les lettres des lecteurs du magazine *Penthouse*. Les avez-vous déjà lues? Moi non plus, mais un de mes amis l'a fait et il m'a dit que...

---

1. Love, Patricia et Jo Robinson. *Hot Monogamy: Essential Steps to More Passionate Lovemaking*, New York, Penguin, 1995, 260.

2. *http://www.geocities.com/Athens/Oracle/6517/sex.htm*.

3. Reiser, Paul. *Couplehood*, New York, Bantam Books, 1995, p. 274.

Ces citations expriment une partie de la confusion qui entoure la sexualité en Amérique. De bien des façons, les États-Unis sont le plus violent des pays industrialisés, en particulier en ce qui concerne la violence sexuelle, le viol et l'inceste. Cette réalité déroute les gens. Mais se pourrait-il que ce soit la peur des autres qui cause une grande partie de cette violence et de ces dysfonctions sexuelles?

En tant qu'êtres humains, nous aspirons à avoir des relations affectives avec les autres, mais toute relation comporte une part de risque: celui d'être rejeté et blessé. Certains tentent d'éviter la blessure du rejet en s'isolant et en se coupant des autres; ils utilisent alors la sexualité comme une solution rapide pour atteindre une intimité instantanée plutôt que de prendre le risque nécessaire pour construire des relations affectives solides et durables. Lorsque la sexualité sert à vivre une intimité instantanée, sans aucun rapprochement affectif, elle se dénature. Avant longtemps, on l'exprime physiquement par des actes sexuels inappropriés qui se substituent à l'intimité sexuelle inhérente aux véritables relations d'amour. La personne qui a ce genre de comportement se mettra peut-être en colère lorsque son partenaire refusera d'avoir des relations sexuelles. Ce qui pourrait la pousser à exiger de plus en plus violemment d'avoir des rapports sexuels et à agir de façon impulsive. Tout cela parce qu'au fond, cette personne manque cruellement de relations avec d'autres êtres humains.

Le dilemme madone/putain ou bon mari/aventurier séducteur

Bien des hommes sont déchirés entre la femme-madone et la femme-putain. Les livres et les magazines reprennent ce thème depuis des décennies: l'homme veut que la femme de sa vie soit la Sainte Mère de ses enfants ainsi qu'un véritable modèle de rectitude civique, mais il finit par être malheureux et en colère parce qu'il voudrait aussi qu'elle «baise comme une bête», comme ces femmes dont parlent les lettres envoyées au magazine *Penthouse*. Les femmes aussi vivent ce genre de dilemme. Comme cette femme qui veut que son mari soit un Grand Pourvoyeur et un Parfait Père de famille mais qui, insatisfaite, se met à regarder ailleurs en rêvant d'un homme qui aurait à la fois du panache et un côté dangereux, tout en étant doux et nonchalamment élégant. En fait, un homme qui serait un hybride de Fred Astaire et de Indiana Jones.

L'une des façons de se sortir de ce genre de cul-de-sac consiste à utiliser le mot «et». Ce qui nous amène à parler d'un autre morceau du casse-tête: le rôle des phantasmes. Ils peuvent être très utiles pour nous indiquer le chemin à suivre pour obtenir ce que nous voulons ou ce dont nous avons besoin. Lorsqu'on se sent mal à l'aise, mais qu'on n'a pas trouvé de façon saine de soulager son malaise, on peut très bien utiliser ses phantasmes, dans une première étape, pour commencer à trouver une solution au problème. Cependant, si on prend ses phantasmes pour la réalité et qu'on s'imagine pouvoir les réaliser tels quels, on se trompe au moins en partie. Par exemple, si je me perds dans le désert et que je suis au bord du délire tellement je suis déshydraté, il se peut que je sois prêt à boire n'importe quel liquide, parce qu'à ce moment-là, mon inconscient est presque entièrement maître de la situation. De la même façon, si je suis un alcoolique fini et que je ne trouve pas de whisky, je peux aussi bien me mettre à boire de l'alcool à friction.

Lorsqu'ils sont désespérés, les êtres humains se rabattent souvent sur un symbole ou une représentation de ce qu'ils désirent vraiment; mais, aveuglés par la douleur, ils en viennent à croire qu'il s'agit de l'objet réel de leurs désirs. Il est important de savoir que cette réaction n'est pas entièrement mauvaise. Mais il faut y ajouter un élément supplémentaire. Imaginez que vous soyez dans le désert, complètement déshydraté, et que vous tombiez sur un ruisseau où coule un filet d'eau froide, limpide et pure. Mais un écriteau tout neuf, planté au bord du ruisseau, indique: «POISON! NE PAS BOIRE CETTE EAU!» Juste en dessous, on peut lire: «AUTOROUTE À 500 M D'ICI!» Vous sauriez aussitôt que vous êtes sur la bonne voie et que vous devez faire un dernier effort pour trouver de l'eau potable, ce qui correspond à votre désir réel.

C'est un peu la même chose en ce qui concerne les dilemmes madone/putain et bon mari/aventurier séducteur. L'objet de vos phantasmes ne correspond peut-être pas vraiment à ce que vous voulez. Dans la théologie chrétienne, la Vierge Marie est unique : c'est la seule vierge au monde à avoir donné naissance à un bébé. Il n'y en a pas eu d'autre avant elle et il n'y en aura jamais d'autre. Est-ce qu'un homme peut vraiment la vouloir, elle, comme compagne ? L'idée même semble sacrilège. Mais il se peut qu'il veuille une femme semblable à Marie, et que cette dernière ne soit que le symbole de son désir. Il est alors utile de creuser un peu et de définir ce qu'il veut vraiment. Lorsque nous avons demandé à un homme aux prises avec ce dilemme de préciser ce qu'il voulait en réalité, il a répondu : « Je veux une femme digne de confiance. Qui ait du caractère. Qui ne me trompera pas, et qui ne me blessera pas comme j'ai été blessé dans le passé. »

« Bien. Là, nous faisons des progrès », lui avons-nous répondu.

Mais il n'était pas sorti de son impasse : sa femme était digne de confiance et fidèle, nous a-t-il dit, mais elle n'aimait pas les rapports sexuels. Il avait des phantasmes de prostituées qui venaient le voir pour « baiser comme des bêtes », ce qui le plongeait dans une véritable crise morale et le remplissait d'anxiété, de culpabilité et de colère. L'air étonnés, nous lui avons alors demandé : « Donc, ce que vous recherchez, au fond, dans les relations sexuelles, c'est de vous sentir creux, vide et seul ? »

« Mais qu'est-ce que vous dites là ? » s'est-il exclamé.

« Eh bien, pensez au niveau d'intimité affective de vos phantasmes. Si 90 pour cent des prostituées ont été victimes d'abus sexuels pendant leur enfance, et que la prostitution est la façon ultime de reproduire des relations sexuelles vides imposées par un adulte puissant et profiteur à une enfant innocente, pensez-vous que d'avoir des relations sexuelles avec des prostituées puisse vous procurer des sentiments d'intimité, de rapprochement et de plénitude?»

Il est resté silencieux, à mi-chemin entre la confusion et la compréhension.

La véritable question demeure: qu'est-ce que ses phantasmes au sujet de ses relations sexuelles débridées et spontanées avec des prostituées signifient ou symbolisent? Ils n'indiquent pas son désir d'avoir des relations sexuelles creuses et vides mais de vivre l'expérience profonde, chaleureuse, intime, voluptueuse, spirituelle et sacrée que procurent des relations sexuelles enflammées, passionnées, animales et sans entraves entre deux personnes qui s'aiment, se chérissent, se respectent et s'adorent. Parfois, lorsque les gens prennent leurs phantasmes au pied de la lettre, ils n'en tirent aucune leçon. Certains iront même voir des prostituées, dans ce genre de circonstances! Mais cela revient au même que de boire de l'eau empoisonnée dans le désert. Le phantasme n'est utile que s'il permet d'affronter directement le conflit sexuel qui mine une relation de couple bien réelle. Et lorsqu'on y arrive, des changements remarquables peuvent survenir.

Pour elle

J'aimerais être mariée à un homme stable, bon pourvoyeur et aimant avec nos enfants. Et j'aimerais qu'il soit suffisamment fort, mature et autonome pour «simplement me prendre», de temps en temps, à sa façon à lui. «Me prendre», ça ne veut pas dire me dominer ou me contrôler. Ça n'a absolument rien à voir avec le fait d'être une brute ou un imbécile. Non, il me prendrait seulement parce que je suis assez femme pour vouloir le plaisir et l'intimité de ce genre de contact sexuel, et parce que je sais que je n'y perdrais pas mon identité. Cela signifierait qu'il est tellement envoûté par moi et par son propre désir qu'il en oublierait tout ce qui serait extérieur à lui, à moi et à cet instant. Il m'embrasserait doucement, avec toute sa force. Une force tellement profondément enracinée que je pourrais le pousser sans le faire tomber. Je sais où je suis, je sais qui je suis et je sais qui j'aime.

Pour lui

J'aimerais être marié à une femme digne de confiance, respectueuse, ouverte et aimante avec nos enfants. Et j'aimerais que, forte de son assurance, elle sache se tenir debout et défendre son point de vue. J'aimerais qu'elle décide de «simplement me prendre», de temps en temps. «Me prendre», ça ne veut pas dire m'exploiter de façon superficielle. Ni poser des gestes vides qu'elle n'aurait pas vraiment envie d'accomplir. Elle serait à l'aise et sûre d'elle dans le désir qu'elle aurait pour moi. Cela signifie qu'elle serait tellement envoûtée par moi et par son propre désir qu'elle en oublierait tout ce qui serait extérieur à elle, à moi et à cet instant. Elle m'embrasserait doucement et passionnément. Je veux une femme dont la force est tellement profondément enracinée que je pourrais la pousser sans la faire tomber. Je sais où je suis, je sais qui je suis et je sais qui j'aime.

Chocolat

Le film *Chocolat* illustre sans détour l'impasse où s'enlisent bien des gens. Il montre toute la profondeur, la pureté et l'authenticité du désir sexuel lorsqu'il se double du sens des responsabilités, d'amour et d'innocence. Il montre aussi que les autorités en place peuvent laisser leur souffrance bien humaine se transformer en une diabolique arme de destruction de l'esprit humain, plutôt qu'en démarche spirituelle. Il montre la puissance de la rédemption, qui ne peut résulter que d'une bataille terriblement douloureuse avec les forces bénéfiques et douces de la vie. Le film illustre des paradoxes très simples de la vie quotidienne: la femme soi-disant mauvaise qui est en fait la plus compatissante de tout le groupe; le soi-disant chef spirituel de la ville qui détruit des innocents parce qu'il ne peut pas voir la réalité en face; et qui laisse la masse des gens se débrouiller pour distinguer entre ce qui est véritablement bien et ce qui a l'air d'être bien.

Chanceux en amour

Selon Catherine Johnson[1], «bien des mariages heureux, et peut-être même la majorité, sont fondés sur un amour profondément sexuel. L'intimité sexuelle imprègne – souvent sans que les conjoints s'en rendent vraiment compte – l'amitié et les bons rapports qui se développent entre eux avec le temps».

Cette citation est tirée d'un livre qui est épuisé mais qu'on peut trouver sur les sites Web de livres d'occasion, comme Bibliofind. Il propose l'une des meilleures analyses du mariage que nous ayons lues, et nous serions ravis qu'il soit réédité.

Avant de rédiger cet ouvrage, Johnson a mené des entrevues en profondeur avec cent couples mariés depuis sept ans ou plus. Elle décrit cinquante-six de ces couples comme épanouis et très heureux. Ses observations et ses réflexions, ainsi que son style d'écriture, brossent un tableau remarquablement clair de ce que sont les relations de couple réussies. Elle intègre à son livre juste assez de poésie pour le rendre beaucoup plus juste que si elle s'en était tenue uniquement à l'aspect scientifique. Et quand elle examine la place qu'occupe la sexualité dans la vie de ces personnes, elle affirme très clairement que, même si la camaraderie et l'intimité non sexuelle demeurent des éléments clés des mariages vraiment heureux, la sexualité ne s'éteint pas après sept à dix ans de vie commune. C'est du moins la conclusion qu'elle tire des nombreuses entrevues qu'elle a menées.

Pour David Schnarch[2], il est également parfaitement clair que les relations sexuelles passionnées et pleines de vitalité constituent un aspect tout à fait normal, et permanent, de ce qu'il appelle les relations de couple différenciées. Lorsque deux personnes nous disent qu'elles n'ont à peu près plus de relations sexuelles, nous tendons l'oreille et les écoutons attentivement, parce que cela

---

1. Johnson, Catherine. *op. cit.*, p. 152.

2. Voir également Schnarch, David M. *Constructing the Sexual Crucible: An Integration of Sexual and Marital Therapy*, New York, W. W. Norton, 1991.

signifie invariablement qu'elles pourront sérieusement améliorer leur relation au moment opportun. Et, la plupart du temps, il n'y a pas de meilleur moment que le moment présent.

Ce que Schnarch affirme sans équivoque, et ce que les jolies descriptions de Johnson et les citations tirées de ses entrevues sous-entendent, c'est que la sexualité n'est pas une affaire de technique. Elle a très peu à voir avec les travaux de Masters et Johnson que plusieurs d'entre nous ont étudiés à l'université. Elle a beaucoup plus à voir avec le courant qui passe depuis le début de la relation, doublé d'une différenciation continue et de plus en plus profonde entre deux personnes[1]. Schnarch réussit parfaitement à mettre ses lecteurs en garde contre la confusion entre «différenciation» et «distance, détachement et réserve». Comme dans le cas des «niveaux de relations» que nous avons vus dans le chapitre 7, plus on approfondit une relation, plus on se rapproche l'un de l'autre. Mais il faut posséder la charpente intérieure – un moi fort ou des limites internes qui assurent l'intégrité du moi – nécessaire pour se protéger et préserver son intégrité sans devoir constamment se retirer de la relation. Pour cela, on doit se donner la permission de reconnaître et d'orienter sa colère de façon constructive. Plus nos relations seront profondes, plus nous risquerons de nous marcher sur les pieds. Ma capacité de dire «Aïe!», fermement, lorsque tu me marches sur les pieds empêchera que tu le fasses à répétition et que tu finisses par me casser un orteil.

La sexualité et la spiritualité

Il y a environ vingt-cinq ans, nous avons donné une série d'ateliers sur différents aspects de la santé dans une petite collectivité rurale de 26 000 habitants. Au cours de l'atelier sur la sexualité, nous avons souligné l'importance de se détendre en faisant l'amour, et d'y prendre plaisir, plutôt que de sans cesse tenter d'évaluer sa

---

1. Pour la relation entre la différenciation et une saine sexualité, voir également Wynne, L. C. et A. R. Wynne. «The Quest for Intimacy», *Journal of Marital and Family Therapy*, 12 (4) 1986, p. 383-394.

performance. L'anxiété de performance étant un problème sexuel très répandu, nous voulions aider les gens à se laisser aller et à moins s'observer eux-mêmes, pendant ces moments qui devraient être spontanés et passionnés. Nous avons pensé alléger le sujet en intitulant l'atelier: «La sexualité: si Dieu avait voulu que nous soyons parfaits, il nous aurait créés parfaits».

Même si les différents thèmes de l'atelier étaient clairement expliqués, en gros caractères gras, juste sous le titre, le téléphone n'a pas dérougi pendant près de deux jours. La principale inquiétude venait du fait que certains croyaient que nous faisions la promotion des aventures extraconjugales. Nous savons maintenant que la sexualité est un sujet qui peut entraîner ce genre de réaction.

La sexualité et la spiritualité sont reliées même si, depuis des siècles, au nom de l'opposition corps-esprit, on a artificiellement tenté de les séparer. Pour éclaircir la relation qui existe entre spiritualité et sexualité, nous avons publié les textes suivants en 1991[1].

Spiritualité et sexualité

Pour les gens sains et équilibrés, la sexualité est une affaire parfois sérieuse, parfois amusante, parfois douce, parfois passionnément débridée et libératrice, parfois pleine d'imagination, parfois ludique et parfois tout simplement facile et agréable. Il arrive aussi, pendant un bref moment d'éternité, qu'une expérience sexuelle entre deux personnes qui s'aiment vraiment produise une fusion spirituelle des «moi». Cette fusion serait terrifiante si les deux partenaires n'étaient pas équilibrés et distincts au moment même où ils se «perdent» l'un dans l'autre. Presque tout le monde peut vivre la fusion et l'«extase apparente» qui en découle, mais c'est la tension dynamique entre la perte et la préservation du moi qui permet à deux personnes de trouver l'extase spirituelle dans la sexualité. Lorsque l'on se sent particulièrement «complet», intérieurement, et qu'on chérit la dignité et la fragilité de son partenaire

---

1. Friel, John C. *Rescuing Your Spirit: Whn Third-Grade Morality Isn't Enought for Christians*, Deerfield Beach, Floride, Health Communications, Inc., 1993.

tout en chérissant sa propre dignité et sa propre fragilité, et que l'on peut fusionner les «moi» de chacun sans y perdre son identité, alors on vit vraiment une expérience spirituelle unique.

Spiritualité et bonnes œuvres

Pensons un instant à quelqu'un comme mère Teresa. Un jour, alors que la jeune religieuse voyage à bord d'un train, il lui vient l'idée qu'elle doit se rendre à Calcutta, non seulement pour aider les pauvres, mais pour vivre avec eux. Elle sait qu'elle doit être pauvre, et qu'elle doit entrer en symbiose avec les pauvres tout en restant suffisamment distincte d'eux pour pouvoir faire le bien sans s'épuiser ou perdre la raison. Elle doit se battre mais être douce, être forte mais compatissante, innocente mais astucieuse sur le plan politique, travailler fort mais ne pas se faire mourir à la tâche, être joyeuse au cœur de souffrances incroyables, protéger son espace privé parmi des milliers de personnes, faire de véritables miracles mais rester humble, et être vulnérable sans devenir dépendante. Autrement dit, elle doit chérir la fragilité, la dignité et la puissance des pauvres malheureux des ruelles et des trottoirs de Calcutta tout en chérissant sa propre fragilité, sa dignité et sa puissance. La spiritualité, au fond, se compose d'actions, de pensées et d'émotions.

Les gens qui sont sains, qui ont une vie spirituelle et qui s'aiment l'un l'autre découvrent qu'au fil des années leur vie sexuelle, loin de devenir ennuyante, reste un important moyen de communiquer et de célébrer leur relation. Comme l'a souligné Koestenbaum, l'acte sexuel et l'orgasme sont une métaphore magnifique de la vie et de la mort. Nous nous rapprochons, nous nous lions physiquement et affectivement, nous partageons une extase physique et affective qui n'a pas d'équivalent dans l'éventail de nos expériences sensorielles, et puis nous devons nous séparer. Nous n'en avons pas envie, mais nous devons le faire, et nous le faisons. Pendant une relation sexuelle saine, nous devenons hautement vulnérables et ouverts à un autre être humain, à nous-même, et à l'univers. Les gens qui ont une attitude ouverte face à la vie en général, et qui savent être vulnérables lorsque les circonstances le permettent, ne souffrent pas de dysfonctions sexuelles, à notre connaissance, sauf s'ils ont des problèmes physiques. De la même façon, les gens qui sont ouverts et vulnérables, dans la vie, ne sont pas paralysés par la peur de la mort.

Les gens qui répriment leur sexualité craignent parfois les émotions en général, et non seulement celles qu'ils éprouvent face à la sexualité. C'est pourquoi ils ont également peur des risques associés à l'intimité non sexuelle. Lorsqu'on est incapable de ressentir clairement ses émotions et qu'on a peur de l'intimité, il est très difficile d'avoir une vie spirituelle, puisqu'il s'agit d'une démarche plus abstraite qui exige encore plus de maturité. Pour vivre une expérience spirituelle, on doit lâcher prise et s'abandonner à une force supérieure à soi. On s'ouvre alors à la création, pour devenir tout à la fois vulnérable et puissant. On ne fait plus qu'un avec la création. On éprouve un respect mêlé d'admiration, à la fois joyeux et ému, face au mystère de l'univers. Nous ressentons à la fois la peur et l'absence de peur, ce qui nous amène à prendre conscience que nous sommes infiniment humbles.

Voyez-vous le lien entre la spiritualité et la sexualité? Ce que nous avons décrit dans le paragraphe ci-dessus pourrait tout aussi bien s'appliquer à une expérience spirituelle vécue à l'église, ou face au ciel étoilé, ou au cours d'une conversation intime et chaleureuse avec un ami, ou pendant des rapports sexuels avec son partenaire.

Au cinéma, observez bien les scènes d'amour très romantiques, chargées d'une passion contenue et d'une énergie érotique de bon goût, et vous verrez là une sexualité magnifique, puissante et spirituelle. Soyez attentif à ce que vous ressentez pendant ces scènes. Remarquez le risque que prennent deux adultes égaux lorsqu'ils se rapprochent l'un de l'autre sur le plan sexuel. Les rapports sexuels sains entre deux adultes égaux constituent une célébration merveilleuse et sacrée de la vie elle-même, peu importe notre orientation religieuse.

Une question complexe

Nous nous servons de la sexualité pour vendre de tout, depuis les pompes à eau pour voitures jusqu'aux croisières romantiques sous les tropiques. Mais on n'a pas le temps de dire «orgasme» qu'on entend aussitôt affirmer que la sexualité est à la source de tous les maux. Nous en faisons des emballages alléchants, nous en faisons la promotion, nous l'exploitons et la glorifions; puis nous la condamnons, la diffamons, en faisons quelque chose de démoniaque, nous la refoulons et nous la dénonçons publiquement. Nous oscillons d'un extrême à l'autre; nous désirons notre conjoint et, la minute suivante, nous en éprouvons du remords. Pas étonnant que nous soyons aussi nombreux à nous poser des questions. Pour ceux qui doutent encore de la moralité de la sexualité, nous reproduisons ce court texte que nous avons écrit en 1991[1]:

En 1991, le *U.S. News & World Report* publiait un article intitulé «Sex and Religion: Churches, the Bible and Furor Over Modern Sexuality» (La sexualité et la religion: les Églises, la Bible et la fureur qui fait rage contre la sexualité moderne). Il est évident que la sexualité continue de nous dérouter et de nous bouleverser. [Et pourtant], dans *Embodiment*, le théologien James Nelson écrit que «pour les Hébreux, la sexualité était un cadeau de Dieu». Plus tard, on cessera de considérer le corps comme quelque chose de bon, notamment à cause des «croyances perses qui faisaient un lien entre le salut et l'abstinence sexuelle».

Autrement dit, la sexualité est une bonne chose, même si certaines bonnes personnes pensent qu'elle ne l'est pas.

Le plaisir des sens et la sexualité

Vous n'arriverez jamais à comprendre la sexualité si vous n'acceptez pas les deux réalités suivantes:

---

1. *Ibid.* «Sex and Religion: Churches, the Bible and Furor Over Modern Sexuality», *U.S. News and World Report*, 10 juin 1991, Nelson, James B. Embodiment, Minneapolis, Augsburg Publishing House, 1978.

1) La sexualité repose sur les sens;
2) La sexualité repose sur l'intimité.

Dans son livre *In Reason and Emotion*[1], le philosophe britannique John MacMurray insiste sur l'importance de l'univers sensoriel. Il propose ce que nous considérons comme l'argument le plus solide à l'encontre de la dichotomie entre le corps et l'esprit.

> C'est par nos sens que l'univers pénètre notre conscience. Ce sont les avenues le long desquelles nous entrons en contact avec le monde qui nous entoure. Sans cette prise de conscience sensorielle, aucune conscience et aucune connaissance ne seraient possibles, du moins pour les êtres humains. Même notre connaissance de Dieu ne pourrait exister sans la conscience du monde que permettent nos sens.

Pour être de bons amants, nous devons apprendre à voir, entendre, sentir, goûter et toucher. Nous devons savoir ce qui nous procure du plaisir et ce que nous trouvons désagréable. Nous devons apprendre à communiquer avec notre partenaire au sujet de notre sensualité et de ce qui nous plaît et nous déplaît dans la sexualité. Si votre mari ne vous dit pas ce qui le rend fou de plaisir, comment le devinerez-vous? Savez-vous ce qu'il veut et ce qu'il aime? Si votre femme ne vous dit pas ce qui la rend folle de plaisir, comment le devinerez-vous? Savez-vous ce qu'elle veut et ce qu'elle aime?

Nous sommes des êtres sensoriels et sensuels. Nos sens nous servent à percevoir et à accumuler des informations sur le monde, mais aussi à éprouver du plaisir. C'est ce que signifie l'expression «le plaisir des sens». Il n'y a rien de mal à prendre plaisir à admirer un bouquet de fleurs fraîches posé sur la table de la cuisine. Il n'y a rien de mal à humer avec bonheur l'odeur du pain frais sorti du four. Ou à se laisser bercer par le tintement de la pluie sur le toit. La

---

1. MacMurray, John. *Reason and Emotion*, London, Faber and Faber, 1935, p. 39.

vie est un mélange de plaisir et d'inconfort. Elle ne doit pas se composer uniquement d'inconfort, ni uniquement de plaisir. Il doit y avoir un équilibre entre les deux. Jouir de notre sensualité fait partie de la joie d'être humain. Si nous n'étions pas censés éprouver du plaisir, nos cerveaux ne seraient pas dotés de circuits nerveux nous permettant de le ressentir.

Notre sexualité génitale est tout simplement l'une des facettes de notre sensualité, qui est beaucoup plus vaste. Il n'y a pas de doute que nous vivons notre sexualité par l'intermédiaire de nos sens. Mais notre sensualité dépasse de beaucoup notre sexualité. Certaines personnes se coupent de leur sensualité au point de ne plus apprécier ce qu'elles perçoivent au moyen de leurs sens, et elles se demandent ensuite pourquoi leurs organes génitaux ne fonctionnent pas bien. Si vous réhabituez vos yeux, vos oreilles, vos papilles gustatives, votre nez et votre peau à ressentir le monde qui vous entoure, vous serez étonnés de voir à quel point votre vie sexuelle s'améliorera. Mais rappelez-vous que vous devrez peut-être surmonter une culpabilité malsaine à l'idée qu'il est mal d'avoir du plaisir. Pensez simplement aux fleurs sur la table ou au pain fraîchement sorti du four, et cela vous aidera à vous défaire de cette culpabilité.

La sexualité est une métaphore de la vie et de la mort, mais c'est aussi une illustration du niveau d'intimité atteint par le couple. Lorsqu'on n'est pas tout à fait assez mature, sur le plan affectif, pour avoir des fréquentations amoureuses, il arrive qu'on utilise la sexualité à son propre profit. Certains s'en serviront pour exprimer leur colère et leur déception, en s'éloignant sexuellement de leur partenaire ou, pire encore, en le comparant à un ex-amoureux. D'autres l'utiliseront pour détourner l'attention, et éviter tout conflit. Certains affirment que leurs relations sexuelles sont extraordinaires alors que c'est la pagaille dans tous les autres aspects de leur relation de couple.

Rappelez-vous aussi que la sexualité est l'une des composantes de l'intimité. L'intimité est en partie intellectuelle; c'est le cas lorsqu'on partage ses pensées, ses croyances et ses connaissances. Elle est en partie comportementale, lorsqu'on partage les tâches domestiques, des passe-temps et d'autres activités. Elle est aussi sociale, par exemple lorsque nous nous joignons à des amis. Mais l'aspect le plus troublant de l'intimité, pour bien des gens, c'est la communication affective, ou le partage des émotions. Il est absolument essentiel à l'équilibre d'une relation de couple que les deux conjoints soient capables d'exprimer leurs émotions, incluant celles qui sont difficiles à révéler. On doit considérer comme un acte très intime le fait de s'arrêter au beau milieu d'une soirée très occupée, de regarder l'autre dans les yeux, et de lui dire qu'on est tellement heureux qu'il fasse partie de notre vie. On est intime avec l'autre quand on lui avoue à quel point on s'est senti mal à l'aise lorsqu'on a raté la présentation faite l'après-midi même devant le conseil d'administration. Ou combien on se sent triste et solitaire parce qu'on a eu une dispute avec son frère. C'est également faire preuve d'une grande intimité que de pouvoir dire à l'autre qu'il a mauvaise haleine et qu'on aimerait bien qu'il se brosse les dents plus souvent. S'il s'agit d'un problème qui se produit fréquemment, mais qu'on ne dit rien sous prétexte que ce n'est pas assez important pour en parler, on risque d'exploser un jour et de le dire de façon très blessante. Chaque fois que vous confiez à votre partenaire quelque chose qui révèle votre moi profond et véritable, vous lui offrez le cadeau de l'intimité et vous accomplissez un acte d'amour.

Pensez bien à ceci: si vous ne partagez pas vos émotions quotidiennes avec votre partenaire, parce que c'est trop risqué ou trop difficile, comment pouvez-vous communiquer sur le plan sexuel? Vous n'y arriverez pas. Votre vie sexuelle sera médiocre, dans le meilleur des cas. Et il est très possible que vous finissiez par en vouloir à votre partenaire, secrètement, ou à avoir terriblement honte de vous-même, tout cela parce que ni l'un ni l'autre n'est prêt à montrer sa vulnérabilité à l'autre ni à lui faire part de ses besoins sexuels.

Les couples sains prennent un jour ou l'autre un risque énorme: celui de se montrer sous leur jour le plus vulnérable, sur le plan affectif, de sorte que les blessures et les souffrances du passé peuvent enfin guérir. Mais ceci ne peut se produire que si chacun conserve son identité propre tout au long de la démarche. Dans une relation amoureuse, il est aussi important d'être séparé que d'être ensemble. Lorsqu'un couple prend ce genre de profond risque affectif, sa sexualité s'enracine solidement dans un contexte plus large d'autonomie, de dignité, de compassion et d'intimité affective.

En d'autres mots, notre sexualité doit devenir une humble mais extatique composante d'un tout plus grand: l'amour que nous avons l'un pour l'autre.

Chapitre 11

Être prêt à divorcer

Le problème, c'est qu'il est encore plus risqué de ne rien risquer.

Erica Jong

C omme les couples vraiment très heureux sont capables de mettre fin à leur union, ils ne se retrouvent jamais obligés de le faire.

Une femme tourne en rond dans sa cuisine en rouspétant dans son for intérieur: «Je ne sais pas pourquoi je reste avec lui! Il est tellement arrogant!» À ce moment précis, elle hait son conjoint plus que n'importe qui au monde, incluant un certain politicien qu'elle déteste ardemment. Elle marche d'un pas lourd de colère, place bruyamment la vaisselle sale dans le lave-vaisselle, et essaie de préparer le souper de leur enfant. «Merde! explose-t-elle tout à coup à voix haute. Si ce n'était ses maudits yeux bleus, je partirais d'ici dans le temps de le dire!» Elle continue de faire les cent pas et, l'espace d'une fraction de seconde, les images habituelles défilent à toute vitesse dans son esprit: tout faire pour obtenir une promotion au travail, puis communiquer avec un avocat, demander le soutien des amis, trouver un endroit où vivre, le rencontrer et lui annoncer que c'est vraiment fini, avoir de la peine, le dire aux enfants sans leur faire sentir qu'ils sont pris entre les deux et sans leur donner de détails inutiles et accablants, puis vendre la maison, organiser le nouveau milieu de vie, entamer les dernières démarches juridiques, régler la question du divorce, s'organiser pour que chacun voie un psychologue, traverser une période de deuil, commencer une nouvelle vie de femme seule puis, un jour, se remettre à fréquenter des hommes.

Ce genre de scène se produit probablement dans des millions de foyers, chaque année. Si vous croyez que ça ne vous arrive jamais, nous vous encourageons à vous demander pour quelle raison. Dans un ouvrage intitulé *All's Fair: Love, War and Running for President*[1], James Carville et Mary Matalin décrivent cette soirée de 1992 où William Jefferson Clinton a été élu président des États-Unis. Il s'agit d'une histoire vécue vraiment délicieuse. Elle met en scène deux personnes tout à fait distinctes qui deviennent plus amoureuses que jamais au moment où la femme a l'impression, momentanée et compréhensible, de haïr son mari du plus profond de son cœur, pendant que de son côté, il attend que la poussière retombe. Les gens qui sont profondément et passionnément amoureux l'un de l'autre ont, par définition, une identité bien affirmée. Et cela signifie qu'il y aura immanquablement, à l'occasion, des conflits.

La clé du bonheur conjugal: une question de dents

Les clés ont des dents. Même si on peut combiner ces dents à l'infini, au bout du compte, peu importe leur taille, elles ont une seule et unique fonction: faire basculer les gorges de serrure de telle façon que le verrou glisse et s'ouvre. La clé du bonheur conjugal ressemble aux véritables clés: elle comporte une infinie combinaison de dents qui, réunies, produisent la magie du couple.

Mais il s'agit bel et bien de dents, et non pas de quelque sottise éthérée, contrairement à l'un des phantasmes les plus courants et

---

1. Matalin, Mary et James Carville, avec Peter Knobler. *All's Fair: Love, War and Running for President*, New York, Random House, 1994, p. 469-470.

tenaces parmi les couples qui viennent nous consulter. Ils se disent: «Si nous nous aimions vraiment, nous ne ressentirions jamais une telle colère l'un contre l'autre.» Les couples qui s'aiment profondément ont parfois envie de mettre fin à leur relation, parce qu'ils sont pleins de vie et doués de sensibilité. Les couples tièdes, eux, et c'est tragique, s'imaginent que s'ils s'aiment, il ne leur arrivera jamais de penser à mettre fin à leur relation. Dieu merci, le cerveau humain est plus complexe et plus intéressant que cela. En réalité, même si les couples heureux ont parfois envie de tout abandonner, il y a quelque chose de magique qui les empêche de passer à l'acte. En réalité, cet ingrédient magique leur permet de faire bien davantage. Il leur permet d'utiliser leur envie de «tout abandonner» pour créer quelque chose de merveilleux, quelque chose qu'ils n'auraient même pas pu imaginer s'ils n'avaient pas vécu une telle colère! Voici l'une des dents les plus importantes de la clé du bonheur conjugal: si vous dépendez trop de votre partenaire pour pouvoir en venir à deux doigts de la rupture, votre relation risque de stagner et de mourir, ce qui vous amènera au bord de la rupture. Évidemment, c'est tout un paradoxe.

Nous avons travaillé pendant un certain temps avec un couple merveilleux qui progressait lentement mais sûrement. Nous n'essayons jamais de deviner si un couple s'en sortira ou non, mais dans leur cas, nous avions fortement l'impression qu'ils y arriveraient. Puis, comme cela arrive parfois, ils ont heurté ce qu'ils appelaient un «obstacle insurmontable», une différence assez importante pour qu'ils en viennent à craindre qu'elle mette fin à un mariage qui durait depuis sept ans. L'homme avait grandi dans une bonne famille rurale du Midwest américain où, comme les habitants du mythique village de Lake Wobegon décrits par l'auteur Garrison Keillor, «toutes les femmes sont fortes, tous les hommes sont beaux et tous les enfants sont supérieurs à la moyenne». Il avait manqué de caresses et de contacts physiques pendant son enfance, à cause de la réserve affective qui régnait dans sa famille. Comme on pouvait s'y attendre, il a épousé une femme plus réservée que ce qu'il aurait souhaité. Elle n'aimait ni les démonstrations d'affection en public, ni lui tenir la main, ni se blottir contre lui, du moins pas autant qu'il l'aurait voulu. Autrement dit, elle ressemblait aux membres de sa famille.

De son côté, elle le trouvait trop affectueux et trop démonstratif, et elle en concluait qu'il était excessivement collant et dépendant. Elle se plaignait de se sentir étouffée par la relation, qui devint tendue et agitée. Ils se sont alors trouvés aux prises avec un conflit sans issue, où s'opposaient le besoin d'espace physique de la femme et le besoin d'affection physique de l'homme. Ils se sont aussi fait prendre au piège de ce que Harriett Lerner[1] appelle «la danse de l'intimité». Il arrivait parfois à l'homme, fatigué des efforts qu'il devait constamment faire, de céder et de s'éloigner de sa femme. Lorsqu'il s'éloignait, elle avait l'impression de pouvoir enfin respirer, et elle se rapprochait de lui. Comme il s'éloignait encore un peu plus, elle éprouvait une certaine peur, et se rapprochait un peu plus. Ayant l'impression qu'elle lui donnait enfin ce qu'il désirait tant, il revenait vers elle, désireux d'obtenir l'affection dont il avait été privé depuis des mois. Aussitôt, elle se sentait étouffée et s'éloignait.

Ils étaient dans un «cul-de-sac», selon l'expression de David Schnarch.

Selon nous, cette tension leur offrait une intéressante possibilité et, un jour, juste au moment où ils allaient sortir de notre bureau, à la fin d'une séance, nous leur avons dit: «Lorsqu'une personne n'est pas prête à mettre son mariage en jeu, c'est peut-être qu'il ne vaut pas la peine d'être sauvé.» Notre rendez-vous suivant ne devait avoir lieu que deux semaines plus tard. Ce couple avait déjà fait un gros travail de base. Les deux conjoints avaient tenu bon pendant l'étape de la thérapie où nous poussons chacun, individuellement, à prendre conscience de sa part de responsabilité

---

1. Lerner, Harriet. *The Dance of Intimacy: A Woman's Guide to Courageous Acts of Change in Key Relationships*, San Francisco, HarperCollins, 1990.

dans le problème et à l'assumer. Ce jour-là, ils rentrèrent à la maison en silence, chacun d'eux interprétant à sa manière ce que nous leur avions dit, et se sentant à deux doigts de la rupture.

Deux semaines plus tard, ils revinrent en consultation. Ils semblaient différents. Ils semblaient adultes, forts, résolus et sereins, malgré la tension évidente qui régnait dans la pièce. Quelque chose avait changé. Plutôt que de se mettre à s'accuser l'un l'autre, ce que nous n'encourageons pas, de toute façon, l'homme prit la parole et dit: «J'étais vraiment en colère contre vous deux, à cause de ce que vous nous avez dit. J'ai conduit jusqu'à la maison en silence, en me disant: «Mais pour qui se prennent-ils? Ils essaient de briser notre mariage! Un peu plus et ils nous disaient que nous devrions divorcer!»»

Elle ajouta: «J'étais fâchée contre vous, moi aussi. Vous avez l'air d'un couple heureux, et j'ai eu l'impression que vous nous disiez: "Notre mariage est réussi, et le vôtre ne l'est pas. Nous pensons que vous devriez tout simplement y mettre fin. Ne continuez pas à nous faire perdre notre temps avec votre mariage raté."» Elle se tut pendant un instant, prit une attitude respectueuse, et continua: «Puis j'ai compris que tout ceci n'a rien à voir avec vous ou votre mariage. Vous êtes les thérapeutes. C'est de notre mariage qu'il s'agit.» Elle avait les larmes aux yeux lorsqu'elle releva la tête, regarda son mari dans les yeux et lui dit: «J'ai compris que je dois changer.» On sentait bien que cette femme se prenait désormais au sérieux.

Du coin de l'œil, nous avons alors remarqué que l'homme avait peine à retenir ses propres larmes, non pas qu'il craignît de la voir se mettre en colère à cause de ce qu'elle considérait comme de la sentimentalité exagérée, mais parce qu'il avait de l'empathie pour elle, et qu'il comprenait l'importance de l'effort qu'elle faisait. Et voilà! Elle avait pris le risque de se comporter en adulte, d'une façon qu'elle croyait impossible, et il a fait la même chose. Son conflit intérieur à elle n'avait rien à voir avec celui de son mari, et vice versa. En d'autres mots, au moment où ils se tenaient côte à côte au bord du précipice, ils ont tous deux fait un saut gigantesque et terrifiant. Ils ont choisi la maturité, et leur mariage en est sorti gagnant.

Aller jusqu'au bord du précipice
Savoir dire non

Les couples très heureux peuvent en venir à deux doigts de la rupture pour une foule de raisons. Parce que l'un veut des enfants, et l'autre pas. Parce que l'un des conjoints souffre d'un problème dont il est plus ou moins conscient, comme la dépression ou une dépendance quelconque, mais assez sérieux pour que l'autre dise: «Je t'aime plus que tout au monde. Et si tu ne vas pas consulter au sujet de ce problème, je quitterai la maison, ou je te demanderai de la quitter, jusqu'au jour où tu iras consulter, parce que je refuse de te regarder te détruire sans rien faire.»

Vous vous dites peut-être: «Il ne le pense pas vraiment. Il ne dit cela que pour la pousser à agir. Il ne la quitterait pas.» Dans ce cas, vous auriez tort. Ce qui distingue les hommes des garçons, et les femmes des filles, dans ce genre de scénario, c'est qu'ils sont réellement prêts non seulement à aller jusqu'au bord du précipice, mais aussi à faire le saut dans l'inconnu. Un enfant effrayé peut menacer de quitter une relation douloureuse, mais il ne passera pas à l'acte. Il réussira peut-être à donner le change, et sa partenaire ira chercher l'aide dont elle a besoin. Mais dans la plupart des cas, elle sentira sa faiblesse sous-jacente et sa dépendance excessive et elle ne le prendra pas au sérieux.

Il existe un certain nombre de cas très frappants de personnes qui ont osé aller jusqu'au bout. Comme ces couples qui divorcent, vivent chacun de leur côté pendant quelques années, puis se revoient et finissent par se remarier. Il s'agit parfois de personnes très instables, qui ne savent pas trop où elles en sont et qui expriment leur confusion en posant ce genre de geste. Mais nous avons été témoins de cas où les deux personnes avaient besoin d'acquérir de la maturité pour pouvoir se retrouver et vivre un mariage vraiment épanoui.

Il arrive aussi qu'on doive mettre un terme à une situation qu'on ne veut plus tolérer. Comme cette femme de la région de Seattle qui a fait la grève contre sa famille, il y a plusieurs années, et qu'on a pu voir à l'émission *Tonight Show* animée par Johnny Carson. Elle vivait un problème que plusieurs femmes connaissent : elle faisait seule le ménage et le lavage, préparait tous les repas de la famille, conduisait les enfants partout, recevait les collègues de travail de son mari, et devait par-dessus le marché être pleine d'énergie et tout simplement fantastique au lit. Même dans les ménages où les deux conjoints travaillent, il est encore fréquent que les femmes assument la majorité des tâches domestiques. Mais cette femme en a eu par-dessus la tête d'avoir l'impression que personne ne se souciait d'elle, puisqu'ils refusaient de l'aider, et elle s'est sentie tellement exploitée et en colère qu'elle a finalement fait l'impensable : elle s'est mise en grève.

Cette histoire montre bien que chacun d'entre nous est responsable de sa vie. Et elle prouve que, lorsque nous voulons vraiment que les choses changent, nous nous organisons pour qu'elles changent. Autrement dit, lorsque les tâches domestiques ne sont pas également partagées entre un homme et une femme, la responsabilité en revient en partie à l'homme, qui choisit de ne pas faire sa part. Mais elle revient aussi à la femme qui cède de peur de se retrouver au bord du précipice. D'où les innombrables critiques et chamailleries dans ce genre de ménage. Repensons à la femme qui a fait la grève... Imaginez le courage et la détermination qu'il lui a fallu pour faire une chose pareille. Imaginez les pressions que son mari, ses enfants, ses voisins, ses parents et les enseignants de ses enfants ont dû lui faire subir. Et à quel point elle a dû se sentir intimidée, effrayée et coupable. Imaginez à quel point elle devait être en colère. « En avoir par-dessus la tête », c'est cela.

Quand on en a vraiment « par-dessus la tête », on ne peut plus en prendre davantage. Sinon, on risque de faire des choses terribles. Et on agit en conséquence. Critiquer et se plaindre ne changent rien à la situation. Le changement seul peut y changer quelque chose. Donc, aller jusqu'au bord du précipice, cela veut dire prendre l'initiative plutôt que de se laisser paralyser par la culpabilité et la peur, comme nous l'avons vu en détail dans le chapitre 9.

Quand les deux conjoints
sont également capables de rompre

Selon David Schnarch, le partenaire qui tient le moins à la relation est celui qui a le plus de pouvoir. Mais dans une relation qui fonctionne bien, les deux partenaires éprouvent à long terme une attirance égale l'un envers l'autre, et ils ont également peur de perdre l'autre. Un homme nous a un jour dit: «Bien sûr qu'il y a plein de femmes attirantes dans le monde. Mais pourquoi est-ce que je laisserais le sentiment de solitude passager que j'éprouve lorsqu'elle part en voyage d'affaires briser notre mariage? Je ne pourrais pas la tromper et lui mentir à ce sujet. Parce que tenter de cacher quelque chose d'aussi important, cela mine automatiquement les fondations du mariage. Si je ne peux lui mentir, alors je ne peux pas la tromper, parce que je me sentirais obligé de le lui dire, et je l'aime trop pour pouvoir supporter l'idée de la faire souffrir. Et en plus, même si je pensais pouvoir la tromper et tenir cet événement à l'écart de notre vie, sans nuire à notre relation, je sais bien qu'elle est aussi capable que moi d'avoir une relation avec un autre et de laisser tomber la relation si elle devient insupportable.»

Trouvez-vous que ces deux derniers arguments ressemblent un peu trop au principe de «destruction mutuelle assurée» qui a permis d'éviter un holocauste nucléaire pendant la Guerre froide? Soyez certain que si tout ce qui réunit deux personnes, c'est la peur des représailles de l'autre, leur relation n'en est pas vraiment une. En fait, pour bien comprendre l'importance de ce principe, il faut savoir que, sans lui, l'un des conjoints choisit de rester dans le couple, tandis que l'autre a désespérément besoin du couple pour survivre. Pour ce dernier, la relation comporte un élément de risque permanent, ce qui stimule sa passion. Pour l'autre conjoint, la relation est excessivement sécuritaire, ce qui peut mener à l'ennui et à la stagnation. Autrement dit, lorsque les conjoints sont tous deux également capables de rompre, ils sont un peu plus vigilants et alertes, et ils ont moins tendance à tenir la relation pour acquise. Ils en ont une perception beaucoup plus nette et plus intense. Il y a autant de différence entre ces deux types de relations qu'entre un ciel d'un bleu vif, lumineux et éclatant, par une claire journée d'automne au cœur des prairies, et un ciel triste, dans une grande ville, par une journée terne et voilée au cœur de la grisaille de l'hiver.

La résistance

La résistance nous permet de faire l'expérience de l'autre et du monde qui nous entoure, aussi bien sur le plan physique que sur le plan psychologique ou spirituel. Lorsque le vent souffle dans les montagnes de la Sierra Nevada, pendant les orages de fin d'été, il produit le son le plus magnifique, le plus mystérieux et le plus émouvant qui soit. Ni tout à fait un chuintement, un mugissement, un rugissement, un gémissement ou un soupir, c'est tout cela à la fois. On dirait que les spectaculaires montagnes de granit aspirent la création tout entière puis l'exhalent dans l'univers, dans de puissants souffles qui se succèdent sans répit. En traversant les forêts de pins, le vent rencontre la résistance de leurs troncs et de leurs branches, couvertes de millions d'aiguilles délicates. Et c'est précisément cette résistance qui produit ce son exquis. Des milliards de molécules d'air, composées de protons, de neutrons et d'électrons, se déplacent sur, sous, autour et à travers des millions d'aiguilles de pin. Les molécules d'air entrent en collision avec les aiguilles, et les aiguilles se frottent les unes contre les autres. Ensemble, elles émettent un son semblable au souffle des cieux, pour le bonheur absolu de tous ceux qui savent apprécier de tels phénomènes.

William Shakespeare a écrit que le monde est une scène, et que chacun d'entre nous doit y tenir un rôle. En fait, tous les drames de la vie se jouent sur la scène de la résistance. La vie exige des efforts, et les efforts exigent de la résistance.

Sans le savoir, bien des couples viennent nous consulter parce qu'ils rencontrent des problèmes de résistance. Telle femme se plaint que son partenaire n'est pas assez fort, ou pas assez masculin. Tel homme est en colère contre sa conjointe parce qu'elle disparaît chaque fois qu'ils commencent à se disputer. « Ne pourrais-tu pas rester là et m'affronter directement, une fois de temps en temps ? » lui reproche-t-il. Tel autre quitte sa conjointe parce qu'elle est toujours d'accord avec lui, trop accommodante, trop molle. Et, à l'opposé, bien des conjoints sont en difficulté parce qu'il y a trop de résistance entre eux : « Tout ce que nous faisons, c'est nous braquer, nous disputer et, si l'autre fait les premiers pas, nous résistons pendant quelques jours, juste pour faire bonne mesure. Nous avons l'impression de ne plus avoir grand-chose en commun. »

À plusieurs reprises, au fil des ans, l'un des participants à nos groupes de thérapie pour hommes a dû affronter sa passivité et sa peur de la confrontation. Il est intelligent et comprend très bien que la colère et les conflits assurent la vitalité des relations de couple, mais il semble incapable d'agir en conséquence. Chaque fois que sa partenaire se fâche contre lui, à tort ou à raison, il réagit en cédant à ses arguments et en lui donnant raison, ou bien en se refermant sur lui-même. Évidemment, plus il agit ainsi, plus elle est déçue et plus elle s'enrage et, la fois suivante, elle est encore plus intimidante et il a encore plus peur d'elle. Ils semblent piégés dans le cercle vicieux de ce que certains qualifient de comportement passif-agressif. Nous préférons parler d'un problème de résistance : elle en oppose trop, et lui pas assez.

Dans ce genre de situation, nous encourageons le partenaire dominant à mettre temporairement sa colère de côté et à entrer en contact avec la vulnérabilité qui se cache au plus profond de lui-même. Cela représente un énorme risque pour lui, parce que sa façon de se protéger de trop grandes souffrances a toujours été de prendre les choses en main. La simple perspective de partager son pouvoir est terrifiante. Simultanément, nous essayons d'aider le partenaire qui cède tout le temps à comprendre l'importance de la résistance, et à commencer à en opposer à l'autre.

Dans les groupes d'hommes, ce principe s'illustre très efficacement par un exercice fort simple. Nous demandons à l'homme qui capitule trop facilement de se placer debout face à un autre homme. Les deux participants tendent les bras et appuient leurs paumes contre celles de l'autre, de façon à pouvoir le diriger à travers la pièce en le poussant et en lui cédant. Au début, nous leur demandons de faire ces mouvements des bras et des mains sans se déplacer, comme s'ils se familiarisaient avec les commandes de direction d'un avion. Peu à peu, ils en viennent à comprendre inconsciemment, physiquement, que la résistance peut s'exercer en collaboration. Ensuite, nous demandons à l'homme soumis de n'opposer aucune résistance à son partenaire, et de se laisser pousser vers l'avant, vers la droite, vers la gauche, rapidement, lentement... Nous leur disons alors de s'arrêter et demandons à l'homme passif comment il se sent. En général, il répond quelque chose comme: «Ça va», «Ce n'est pas si difficile» ou «Je pense que je n'aime pas ça, mais je ne suis pas sûr.»

Nous demandons alors à l'homme passif de mener l'exercice, et à son partenaire de lui obéir. Au début, l'homme passif, peu habitué à diriger, a l'air mal à l'aise; mais il s'habitue rapidement et, quand il découvre qu'il est agréable d'avoir un certain pouvoir lorsqu'on est en relation avec un autre être humain, un sourire se dessine sur son visage. Les autres membres du groupe ressentent un profond soulagement, car sa passivité et la colère de sa femme leur pèsent depuis qu'il s'est joint au groupe. Ce simple exercice illustre concrètement ce qui pourrait se produire dans son couple: lui et sa femme pourraient se partager le pouvoir et en venir à s'opposer une résistance égale de part et d'autre. Il est difficile de ne pas se sentir seul lorsqu'on est en relation avec une personne qui n'offre aucune résistance. Sans résistance, on a du mal à savoir s'il y a vraiment quelqu'un face à soi. Et l'autre personne devient invisible.

Certains trouvent que ces principes de résistance et d'indépendance sont froids et durs. D'autres reconnaissent leur validité mais trouvent trop douloureux ou trop difficile de les mettre en pratique. Effectivement, admettre que nous ne pouvons pas entièrement posséder un autre être humain peut faire peur, du moins au début, car cela éveille notre peur naturelle de l'abandon. Mais la tension qui résulte de nos tentatives d'atteindre l'équilibre entre la fusion et l'isolement est exactement ce qui permet de conserver la vitalité de notre relation au fil des ans. C'est essentiellement ce qui distingue les relations léthargiques des relations dynamiques.

Malgré tout l'amour qu'elles éprouvent pour leur partenaire, les personnes indépendantes ont besoin de temps à elles, loin de l'autre; il y a une part d'elles-mêmes qui leur appartient à elles seules et, lorsqu'elles quitteront ce monde, elles le feront seules. La résistance présente dans une relation profonde entre deux solitudes est excitante, délicate, source d'extase, fragile et stimulante. Pour reprendre le mot de M. Scott Peck, c'est ce qu'on appelle l'amour. Lorsque deux personnes souffrent d'un déséquilibre sur le plan de la dépendance, le degré de résistance entre elles est soit tellement faible qu'elles passent le plus clair de leur temps embourbées dans une espèce de gadoue affective, soit tellement élevé qu'elles passent le plus clair de leur temps à se débattre dans des conflits intenses. À première vue, on peut avoir l'impression qu'on se sent plus vivant lorsqu'on passe constamment de la fusion infantile à la rage infantile, les deux pôles extrêmes de la résistance. Mais au fond, on sait bien que lorsque deux personnes se situent plutôt dans l'espace subtil qui les sépare, il en résulte une tension délicate qui peut les faire se sentir vivantes et en lien avec la vie et l'autre pendant des décennies. La résistance subtile est un élément essentiel tant du courant sexuel qui passe entre deux personnes au tout début de la relation que de la passion affective qui sous-tend leur relation à long terme.

Le concept de résistance aide aussi à distinguer la relation saine de la relation malsaine. Dans le premier cas, les deux partenaires s'opposent une résistance globale équivalente et c'est leur subtile capacité de céder à l'autre, à tour de rôle, qui explique la passion discrète omniprésente entre eux. Quand elle s'approche de lui, volontaire et résolue, il lui cède de plein gré. Et quand il s'approche d'elle, volontaire et résolu, elle lui cède de plein gré. La beauté et la magie de leur amour résulte de ce ballet entre volonté et soumission, ballet qui est partagé, désiré et accepté par les deux partenaires. Dans une relation malsaine, il s'approche d'elle, lui impose sa volonté malgré ses protestations, perçoit sa résistance comme une menace à son être, prend peur, impose davantage sa volonté, rencontre encore plus de résistance, explose de rage, fait tout pour briser sa résistance, et finit involontairement par l'anéantir elle et détruire l'essence de leur relation. Les bébés hurlent et s'enragent quand leurs phantasmes ne se réalisent pas. Les adultes savourent la tension délicate qui résulte de la résistance, et sont ainsi récompensés d'agir en adultes.

Avoir trop peur pour aller jusqu'au bord du précipice : les risques

Le maître soufi Idries Shah affirme qu'il a appris à ne pas faire attention à ce que disent les gens, mais plutôt à observer les gestes qu'ils posent. La seule façon de prouver notre détermination à aller jusqu'au bord du précipice, c'est de le faire, et sans sourciller. Le film *Treize jours* a magnifiquement dépeint les manœuvres politiques complexes entre la Maison-Blanche et le Pentagone lorsque John F. Kennedy et Robert F. Kennedy ont tenté d'amener les États-Unis à abandonner leurs politiques militaristes étroites et à courte vue pour faire entrer le pays dans l'ère de la politique mondiale. John F. Kennedy l'a fait, sans sourciller, et a réussi à faire retirer les missiles soviétiques de Cuba. Malheureusement, il n'a pas réussi à protéger sa propre vie. Se rendre jusqu'au bord du précipice comporte donc des risques très réels. Mais refuser de le faire comporte des risques encore plus grands, comme l'illustrent les trois exemples qui concluent ce chapitre.

Personne ne vous prendra au sérieux

Si vous n'osez jamais faire respecter vos limites ou vos volontés, de peur de perdre votre relation de couple, vous finirez par ne plus exister. Bien des gens, des femmes surtout, se plaignent de se sentir invisibles dans leur couple ou dans leur famille. Une femme raconte: «Nous faisons toujours ce que mon mari ou les enfants veulent faire. Je m'en remets à eux depuis tellement d'années, pour les petites décisions quotidiennes, comme choisir un film ou l'endroit où nous passerons nos vacances, que j'ai l'impression de ne plus exister du tout.» Certains hommes ont aussi cette impression. Mais c'est plus rare.

Nos besoins nous définissent. Ce que nous aimons et n'aimons pas nous différencie des autres. Si nous ne nous en différencions pas, nous nous retrouvons fusionnés avec eux, et nous disparaissons, comme si nous étions absorbés par une amibe. Un jour, une femme se rendait au cinéma avec sa famille – quelqu'un avait déjà choisi le film qu'ils allaient voir – et, soudain, elle leur dit calmement: «Je pense que je vais aller voir *Les Enjôleuses*, à la place. Le film commence dix minutes après le vôtre et se termine quinze minutes plus tard. Où voulez-vous qu'on se rejoigne après la projection?» Eh bien, à voir les visages incrédules des membres de sa famille, on aurait pu croire qu'elle venait de leur annoncer qu'elle avait commis un meurtre! Le week-end suivant, quand ils se sont mis à discuter pour décider quel film ils iraient tous voir, ils lui ont demandé lequel elle avait envie de voir.

Quand les gens ne nous prennent pas au sérieux, nous avons la responsabilité de les amener à le faire, de la façon la plus efficace possible. Si, pour cela, il suffit de leur en parler, tout simplement, tant mieux. Mais si ça ne fonctionne pas, et qu'il s'agit d'un problème assez sérieux, on doit en faire un peu plus. Par exemple, s'il est entendu que, une fois arrivés au chalet au bord de la mer, tous les membres de la famille déferont leurs bagages, rangeront leurs affaires et donneront un coup de main pour préparer le dîner, vous devez réellement vous attendre à ce qu'ils le fassent. S'ils s'élancent tous hors de la voiture, à l'arrivée, jettent leurs valises et sacs à dos sur la véranda et partent à la plage, vous avez tout à fait le droit de vous occuper de vos affaires puis de partir en ville avec votre conjoint pour dîner tranquillement dans un café. Lorsque les enfants affamés feront irruption dans le chalet, quelques heures plus tard, en se demandant où vous êtes passés, ils trouveront un mot poli leur disant que vous rentrerez à l'heure du souper et qu'ils peuvent se servir et manger ce qu'ils veulent pour le dîner.

Les reproches incessants

Constamment faire des reproches aux autres est un signe d'impuissance. Non pas d'impuissance sexuelle, mais de manque de pouvoir. Le pouvoir est la capacité de s'organiser pour que les choses se produisent. Lorsque nos interactions avec une autre personne dégénèrent en reproches incessants, cela signifie que nous sommes impuissants face à la situation. Les reproches répétés font fuir les autres et ne modifient en rien leurs comportements. En fait, très souvent, plus on critique une autre personne, plus elle a tendance à adopter les comportements qu'on lui reproche. En plus, les reproches constants sont blessants en soi, et constituent un moyen très efficace de briser une relation. Mais si cela indique de l'impuissance, que peut-on faire?

Si je me plains que les enfants refusent de manger le souper que je leur sers, mais que je continue de préparer trois menus différents, chaque soir, pour éviter de les entendre bougonner, alors je suis responsable de cette situation. Le soir où je déciderai que, même si ça m'attriste, il est préférable de les laisser se mettre au lit sans avoir mangé à leur faim, plutôt que de continuer à m'épuiser et à me culpabiliser en préparant plusieurs repas, alors j'arrêterai de me plaindre du problème et je ferai quelque chose pour le régler. En général, les gens qui se font prendre dans le cercle vicieux des reproches incessants ont peur de ce qui arriverait s'ils arrêtaient d'en faire. En effet, si on arrête de critiquer, on se trouve face à une alternative: ou bien on capitule et on subit la situation qui nous déplaît, ou bien on ébranle tout le système. C'est un choix qu'on doit refaire chaque jour.

Vous et votre relation de couple finirez par vous étioler et mourir intérieurement

Si vous refusez de vous affirmer et de dire non, une fois de temps en temps, il y aura de moins en moins d'étincelles dans votre couple. Seuls deux types de personnes ont envie de fréquenter une victime : d'autres victimes et les agresseurs. Les gens sains n'aiment pas la manipulation et le comportement de martyre qui vont de pair avec le rôle de victime. Les adultes n'aiment pas entretenir une relation avec une personne qui ne leur oppose aucune résistance. Cela crée une relation peu agréable, qui manque d'énergie et d'enthousiasme.

Les gens ont raison d'avoir peur du changement, car il est angoissant. Par définition, chaque fois qu'un conjoint prend position et refuse quelque chose, il entraîne des changements dans la vie des autres, parce que nous sommes tous interdépendants à l'intérieur du système familial. Le fait de ne pas prendre position a des conséquences encore plus effrayantes, mais comme elles ne surviennent qu'à long terme, elles semblent moins angoissantes au moment où l'on doit prendre la décision d'agir ou non.

Nous encourageons les gens à faire une pause et à envisager l'avenir à long terme lorsqu'ils essaient de régler des problèmes apparemment insolubles. Parfois, les solutions qui font le plus peur s'avèrent être les plus faciles à mettre en œuvre et les moins douloureuses pour tous ceux qu'elles concernent. Tout le monde a besoin d'avoir l'heure juste, de temps en temps.

Chapitre 12

Savoir pourquoi
on a choisi son conjoint

Depuis l'aube de la civilisation, les êtres humains n'ont jamais accepté de voir la vie comme une série d'événements inexplicables et sans rapports entre eux. Ils ont soif de comprendre l'ordre secret de l'univers.
Encore aujourd'hui, nous aspirons à savoir pourquoi nous sommes ici et à découvrir d'où nous venons.

Stephen Hawking
Une brève histoire du temps

Le parent que vous «aimez» le plus
est peut-être à l'origine de vos pires problèmes

*S*i vous avez beaucoup de difficulté à commencer ou à poursuivre une relation amoureuse mûre, et si votre enfance a été marquée par une dysfonction sérieuse (quoique peut-être masquée) et si vous vous sentez mieux disposé à l'égard de l'un de vos parents, il se peut fort bien que ce parent soit à l'origine de vos pires difficultés! Plus je suis lié à l'un de mes parents, et plus j'ai tendance à vouloir le protéger, plus je risque de faire des erreurs identiques (ou exactement contraires) à celles qu'il ou elle a faites, dans mes relations intimes.

Si nous avons mis le mot «aimez» entre guillemets, dans le titre ci-dessus, c'est qu'en fait il se peut que vous:

1. Ayez pitié de ce parent

2. Soyez davantage touché par ses difficultés

3. Pensiez que lui ou elle a au moins essayé de vous témoigner un peu d'affection, d'intérêt ou de chaleur

4. Pensiez qu'il ou elle a été aussi maltraité(e), sinon plus, que vous par votre autre parent

5. Perceviez ce parent comme une victime ou une personne sans défense et impuissante

6. Ayez été gâté ou dorloté par ce parent, ou qu'il ou elle vous ait donné l'impression que vous étiez unique

7. Éprouviez plus d'affection envers ce parent

8. Vous disiez que vous pouviez au moins discuter avec lui ou elle

9. Etc.

Cette observation est l'une des plus utiles que nous puissions faire au cours des étapes intermédiaires ou avancées d'une thérapie; c'est aussi l'une des prises de conscience les plus difficiles à réaliser, tout en étant l'une des plus productives pour quiconque essaie d'atteindre une plus grande maturité. Si elle a autant d'importance, c'est qu'elle nous pousse à porter des œillères très tenaces et qu'elle affecte principalement nos relations amoureuses. Vous verrez comment dans les exemples suivants.

Un garçon a pitié de son père parce que sa mère a mauvais caractère et qu'elle se défoule constamment sur lui. Le père ne se défend pas, choisissant plutôt de jouer au «bon gars» et de récolter les avantages rattachés à ce rôle. Le fils grandit et se trouve piégé dans des relations avec des femmes blessantes, critiques, infidèles ou autrement nocives pour lui. Il répétera ce comportement tant et aussi longtemps qu'il n'arrivera pas à percevoir son père avec autant de lucidité que sa mère. Tant qu'il croira que «toutes les femmes sont manipulatrices, infidèles et instables», il ne choisira que ce type de femmes, et ne sera choisi que par ce type de femmes.

Une petite fille a pitié de sa mère parce que son père la trompe à répétition, lui ment, dépense tout l'argent de la famille, puis met la faute sur le dos de la mère en l'accusant d'être «frigide». La petite fille devient adulte et se retrouve dans des relations amoureuses avec des hommes qui lui mentent, la trompent, la trahissent et la blessent à qui mieux mieux. Lorsque ces hommes essaient de défendre ou de justifier leur comportement malhonnête, elle devient complètement perdue et se torture à essayer de comprendre. Tant qu'elle ne reconnaîtra pas l'héritage que lui a légué sa mère, et qu'elle n'y fera pas face, elle continuera de se sentir mentalement paralysée chaque fois qu'un homme lui donnera des explications qui ne tiennent pas debout. Tant et aussi longtemps qu'elle expliquera ses problèmes par le fait que «les hommes sont des salauds malhonnêtes et infidèles», elle sera prise au piège, et continuera de choisir inconsciemment des hommes malsains. Quel homme équilibré continuerait de fréquenter une femme en colère qui croit que tous les hommes sont des «salauds malhonnêtes et infidèles»?

La liaison

On peut en apprendre beaucoup sur un système lorsqu'il est défectueux. De la même façon, on peut en apprendre beaucoup sur une personne en observant son amant ou sa maîtresse.

«Mon mari est guindé, collet monté et responsable», affirme une femme. «Mon amant, lui, est «moins conventionnel» ou «artiste» ou «plus sensible» ou «plus passionné» ou beaucoup «plus gentil et plus doux»». Un homme raconte: «Isabelle n'est pas comme ma femme, qui est passive, n'a aucun intérêt pour le sexe, et est beaucoup trop émotive. J'ai l'impression qu'elle est presque fragile. Tandis que ma maîtresse est une «vraie tigresse»! Et elle est forte, en plus. Ça me plaît.» Très souvent, les gens disent de leur nouvelle maîtresse ou de leur nouvel amant qu'elle ou lui «ne ressemble pas du tout» à leur conjoint.

S'il est vrai que nous choisissons des partenaires qui nous sont égaux, sur le plan affectif, il est également vrai que nous choisissons souvent une personne qui possède une qualité qui nous manque, ou qui équilibre un trait un peu trop accentué de notre personnalité. La personne «un peu bonasse» choisit habituellement un partenaire «un peu dur», celle qui est tranquille a tendance à être attirée par les extravertis, et celle qui est ordonnée se liera à quelqu'un qui ne l'est pas. Ces différences entretiennent le feu de la passion, mais elles sont parfois éprouvantes pour les conjoints. C'est pourquoi ce que nous adorons chez l'autre est aussi ce que nous détestons chez lui ou chez elle lorsque nous sommes d'humeur irritable.

Il est fascinant d'entendre les gens qui ont des aventures extra-conjugales s'exclamer: «Si les traits de personnalité de mon(ma) conjoint(e) et de mon amant (ma maîtresse) se retrouvaient dans une seule et même personne, ce serait le(la) partenaire idéal(e) pour moi!» Mais examinez bien la figure 12.1, en imaginant que le cercle portant l'inscription «Moi» vous représente. Vous ne vous seriez jamais cru capable d'avoir une aventure, mais ça vous est arrivé, et vous êtes simultanément en état de choc, troublé et dynamisé.

Dans cet exemple, la femme estime être plutôt douce, et juge son conjoint plutôt «dur». Elle a été inexplicablement attirée par cet homme qui était «totalement ouvert, sur le plan affectif, alors que j'avais soif de rapprochement et d'amour. Je ne me rendais pas compte à quel point j'étais seule jusqu'au jour où je l'ai rencontré, se dit-elle. Si seulement mon mari ressemblait davantage à mon amant, mais sans perdre ses qualités!»

Tout cela est illustré dans la figure 12.1. Si elle ne décrit pas toutes les aventures possibles, elle en décrit bon nombre. Mais là où le raisonnement de la personne infidèle est erroné, c'est lorsqu'elle dit: «Si les traits de personnalité de mon(ma) conjoint(e) et de mon amant(e) se retrouvaient dans une seule et même personne, ce serait

Figure 12.1

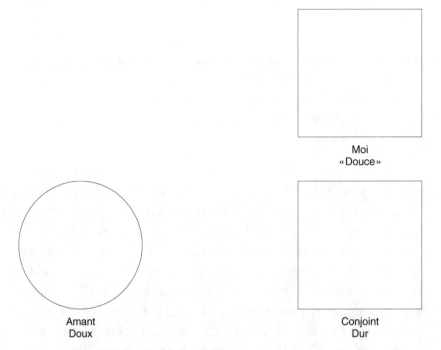

Moi
«Douce»

Amant
Doux

Conjoint
Dur

Les gens ont souvent des aventures avec des personnes dont ils pensent qu'elles n'ont pas les mêmes défauts que leur conjoint. Mais ils ne trouveront jamais ce qu'ils cherchent, à moins de corriger leurs propres lacunes. On doit acquérir un peu de ce qui nous déplaît chez notre conjoint; dans ce cas-ci, la femme doit devenir un peu plus «dure», et non pas trouver un partenaire plus «doux». Très souvent, lorsque des conjoints réussissent cette métamorphose, le mariage s'en trouve énormément enrichi.

le(la) partenaire idéal(e) pour moi!» Elle n'a pas compris qu'il lui sera impossible de vivre cette relation de couple idéale tant qu'elle n'aura pas acquis un peu de ce qu'elle admire chez son conjoint. Bizarre, non? Au départ, elle a voulu combler ses lacunes personnelles en épousant quelqu'un de différent. Comme elle n'était pas «dure», elle admirait la «dureté», la «connaissance de la vraie vie», la «capacité de déclencher les événements et de s'organiser pour que les choses se concrétisent», la «confiance en soi», la «compétence et l'efficacité» et l'«assurance en public» de son conjoint.

Dans le cas de cette femme «trop douce» qui a des relations difficiles avec son mari, avoir une aventure avec un homme «plus doux» peut sembler être une solution valable. Mais en général, cela mène tout droit au désastre. Elle aurait intérêt à envisager une autre solution: développer un peu son côté «dur» ou «réaliste»; dans ce cas, son mari pourrait finir par donner libre cours à son côté «plus doux». Tous les systèmes tendent vers l'équilibre. Plus on est doux, plus l'autre doit se montrer dur pour que le système atteigne son point d'équilibre. De la même façon, plus l'autre s'endurcit, plus on s'adoucit. Dans ce cas-ci, si la femme s'endurcit un peu, son mari s'adoucira un peu.

Même si, en fin de compte, cette femme a vraiment épousé la mauvaise personne, elle n'aura pas de relation avec un homme chez qui la douceur et la dureté s'équilibrent tant qu'elle n'aura pas créé cet équilibre en elle. Aucun homme plus équilibré sur ce plan ne s'intéressera à elle tant qu'elle n'aura pas elle-même atteint cet équilibre. Car le système qu'ils créeraient en devenant un couple serait déséquilibré, un peu comme une bascule sur laquelle monteraient deux personnes n'ayant pas du tout le même poids. Or, les systèmes tendent vers l'équilibre. Évidemment, tout cela demeure inconscient: ni l'un ni l'autre ne se rendrait compte qu'ils se choisissent ou se rejettent en fonction de cet équilibre.

Imaginez un instant que vous et votre conjoint soyez réellement incompatibles, et que votre «partenaire idéal» se trouve quelque part sur la planète. Si vous décidez de vivre dans un triangle amoureux pour éviter de faire les efforts de croissance personnelle que vous devez faire, vous ne trouverez jamais ce «partenaire idéal». Cet homme (ou cette femme) adulte et équilibré qui «se trouve quelque part sur la planète» ne sera pas attiré par une personne ambivalente et pleine de contradictions, du genre de celles qui peuplent les soap-opéras. Faire marcher deux personnes, ce n'est pas une preuve d'intégrité mais plutôt de peur et d'incapacité à prendre des décisions. Lorsque les gens cessent de croire que leurs aventures extraconjugales sont la solution à leurs problèmes conjugaux, ils découvrent qui ils sont réellement, avec qui ils veulent vraiment être, et ils se remettent à croître sur le plan personnel.

Il (ou elle) m'a complètement fait perdre la tête!

Il n'y a pas longtemps, pendant une émission de télé, nous avons entendu un professeur d'université affirmer: «J'ai d'abord été attiré par son esprit, sa façon de formuler ses questions. Je ne pense pas que l'attirance physique ait jamais compté dans notre relation. Elle repose vraiment sur le partage des idées.»

Essayez l'«expérience» suivante: pensez à tous les couples que vous connaissez, soit personnellement soit parce que ce sont des personnalités publiques. Regardez-les bien, en personne ou en photo, et évaluez leur beauté, sur une échelle de 1 à 10. Nous sommes prêts à parier qu'à de rares exceptions près, vous découvrirez que les couples sont formés de personnes qui ont à peu près le même degré de beauté physique.

Des expériences semblables, mais plus rigoureuses, ont donné exactement les mêmes résultats. Dans l'une d'entre elles, on s'est servi de photos individuelles de personnes qui étaient ensemble depuis assez longtemps pour être considérées comme de vrais «couples». On a mêlé ces photos avant de les remettre à un groupe de «monsieur et madame tout-le-monde». Puis on leur a demandé d'évaluer la beauté de chaque personne photographiée, sur une échelle de 1 à 10. À partir des notes accordées par chacun des évaluateurs, on a calculé la note moyenne attribuée à chaque photo. Puis on a jumelé les photos des conjoints, pour découvrir que, dans la majorité des cas, ils avaient reçu des notes identiques, à un ou deux points près. Nous nous lions donc avec des personnes qui sont à peu près aussi attirantes que nous: les 8 avec les 8, les 3 avec les 3, et ainsi de suite. Donc, malgré ce que préfèrent croire les intellectuels et les personnes «politiquement correctes», les études confirment l'importance de l'attirance physique dans le choix d'un partenaire amoureux.

La beauté physique joue un rôle primordial dans d'innombrables aspects de la vie, depuis le choix d'un partenaire amoureux jusqu'à la durée d'une psychothérapie, en passant par l'obtention d'un emploi après une entrevue et le fait que les gens croient ce que nous leur disons ou non, et jusqu'à quel point[1]. Bien sûr, nous pouvons tous penser à des conjoints qui sont loin d'être égaux sur le plan de la beauté et qui vivent ensemble, et heureux, depuis des années. Mais si nous tenons compte des différents facteurs qui influent sur notre perception de la beauté, nous nous apercevons que cette règle s'applique même à eux. Le pouvoir fait parfois paraître les gens plus beaux qu'ils ne le sont. Il faut aussi tenir compte de certains critères de beauté culturels, comme la minceur ou l'embonpoint. Dans certaines cultures du Pacifique Sud, par exemple, plus les gens sont corpulents, plus ils sont influents, donc puissants, donc attirants. Une personne dont la masse corporelle correspond aux canons de beauté d'une culture donnée semblera plus séduisante qu'elle ne le paraîtrait si son poids était différent ou si elle ne possédait pas en plus un certain pouvoir. Autre facteur à considérer: les femmes, dans l'ensemble, accordent moins d'importance à la beauté physique que les hommes. L'un dans l'autre, compte tenu de tous ces facteurs, la façon dont les gens choisissent leur partenaire, en ce qui a trait à la beauté, est plutôt prévisible.

D'autres facteurs, moins évidents, viennent également influencer notre perception de la beauté. Les messages non verbaux que nous émettons – la façon dont nous nous tenons, le fait de parler fort ou doucement, d'être drôle ou sérieux, et une foule d'autres caractéristiques – déterminent à quel point nous sommes séduisants aux yeux des autres. L'issue des rituels de séduction et d'accouplement peut être profondément influencée par ces subtils facteurs de beauté. Imaginez que vous assistiez à une grande noce et que vous aperceviez, à l'autre bout de la pièce, dans une mer de visages, une femme extrêmement séduisante. Elle est superbe, d'une beauté à couper le souffle. Mais vous remarquez immédiatement qu'elle est tendue comme un ressort, qu'elle ne tient pas en place, qu'elle est hyperactive, et qu'elle fait des gestes nerveux, très

---

1.   Voir également Hendrix, Susan S. et Clyde Hendrix. *Liking, Loving and Relating*, Pacific Grove, Californie, Brooks / Cole Publishing, 1992, ou Jones, Doug. *Physical Attractiveness and the Theory of Sexual Selection: Results from Five Populations*, Ann Arbor, Michigan, Museum of Anthropology Publications, 1996.

peu élégants. Votre cœur reprend vite son rythme normal, et vous poursuivez votre chemin vers un vieil ami que vous venez d'apercevoir. La femme extrêmement séduisante a perdu tout attrait comme amoureuse potentielle.

Si vous êtes plutôt du genre surexcité, il y a de bonnes chances que vous soyez mystérieusement attiré par une personne calme, réservée et stable. Vous direz probablement d'elle qu'elle a une profondeur, une assurance et une maîtrise d'elle-même exceptionnelles. Si, par contre, vous avez tendance à être introverti, vous pourriez vous retrouver follement amoureux d'une personne énergique, extravertie et franche que vous jugez forte, assurée et capable de surmonter les coups durs. En passant, il est important de bien faire la différence entre l'introversion et l'anxiété sociale. L'introversion est un type de personnalité normal ; les introvertis ont tendance à l'intériorité et à la réflexion et choisissent en général des carrières où ils peuvent travailler dans le calme et, par moments, dans la solitude. Par contre, les personnes qui sont terrifiées par les autres et qui ont tellement peur des situations sociales qu'elles peuvent à peine les affronter souffrent peut-être du trouble d'anxiété sociale, ce qui est tout à fait différent.

Est-ce que deux extravertis peuvent être heureux ensemble ? Absolument. Toutes les combinaisons de couples posent des défis différents. Deux introvertis auront peut-être une certaine difficulté à être proches l'un de l'autre et à insuffler l'énergie nécessaire dans leur relation, alors que deux extravertis manqueront peut-être de la profondeur ou des moments de calme nécessaires à la réflexion et à la contemplation. Après tout, c'est généralement lorsqu'ils sont accentués à l'extrême que les différents traits de personnalité peuvent poser problème. Ainsi, les gens extrêmement introvertis peuvent être renfermés et même reclus, alors que les personnes extrêmement extraverties peuvent se montrer superficielles et grossières.

Peu importe ce qui vous a d'abord attirés l'un vers l'autre, il est souvent révélateur, et parfois même amusant, d'analyser le magnétisme initial que vous avez ressenti.

Modèles de comportement

Au cours des mois qui suivent leur rencontre, les amoureux ont tendance à voir l'autre comme l'âme sœur. Ils ont l'impression de se connaître depuis toujours ou de s'être connus dans une autre vie. Et cela se produit parce que les gens dont nous tombons amoureux ont bel et bien des traits communs avec des personnes que nous avons connues dans une autre vie, c'est-à-dire pendant notre enfance. Vous pourrez toujours trouver des exceptions à cette règle, mais regardez autour de vous et remarquez qui les gens choisissent comme partenaires. Votre propre conjoint a peut-être certains des traits physiques de votre père ou de votre mère: un visage étroit, ou rond, des cheveux blonds, une petite taille, une silhouette ronde et un peu lourde... Mais surtout, il a probablement certains des traits de personnalité de votre mère ou de votre père: perfectionnisme, mauvais caractère, tendance à oublier les détails, tendance à être intellectuel et à tout analyser, ou encore à être chaleureux, généreux et émotif. Il se peut aussi qu'il soit l'exact opposé de vos parents; si, inconsciemment, nous choisissons un partenaire qui est tout le contraire de telle ou telle personne, cette personne n'en influence pas moins notre choix.

Par exemple, un homme dont le père était passif, trop gentil, et qui laissait tout le monde le mener par le bout du nez épousera peut-être une femme qu'il pourra mener par le bout du nez ou qui le mènera par le bout du nez. Une femme dont la mère était chaleureuse et bonne, mais qui se mêlait un peu trop de la vie de sa fille épousera, peut-être un homme froid et distant ou qui l'étouffera à force d'être trop près d'elle.

Nous connaissons une femme dont le père avait très bon cœur mais qui la poussait à prendre des risques physiques qu'elle n'avait pas envie de prendre; il l'encourageait à descendre des pentes de ski plus abruptes que celles auxquelles elle était habituée, ou à rouler à bicyclette à une vitesse qui lui faisait peur. Avec le temps, elle devint parfaitement capable de refuser de se plier aux suggestions insensées de son père, mais devinez quel genre d'homme elle a épousé? Un homme qui la pousse à aller au-delà de ses limites. Il est intéressant de noter qu'elle considère cela à la fois comme quelque chose de positif et de négatif pour elle...

Certains reconnaissent avec plaisir qu'ils ont épousé quelqu'un qui ressemble beaucoup à l'un de leurs parents. D'autres non. Plusieurs des hommes que nous avons reçus en thérapie avaient des mères psychologiquement instables et très versatiles. Même s'ils avaient tendance à épouser des femmes qui ressemblaient à leur mère, par certains côtés, ils faisaient de gros efforts pour ne pas voir que leur mère avait eu une influence sur leur choix d'une compagne. Et pourquoi pas? Le refus de voir les choses en face est un mécanisme de défense précieux et sain. Si j'ai été écrasé ou accablé par ma mère pendant mon enfance, j'éprouverai le besoin conscient de me dire qu'elle ne m'a absolument pas influencé lorsque j'ai choisi ma compagne de vie. Si je me lie à quelqu'un qui est l'exact opposé de ma mère, j'ai certainement évité le piège, n'est-ce pas?

D'autres hommes ont eu des mères vraiment adultes, qui ont été capables d'aimer leurs enfants sans complications, avec intégrité et maturité. Pour ces hommes, choisir une partenaire est un processus simple, lucide et sain. Car nous reproduisons ce que nous avons vécu pendant notre enfance. En dépit de ce que nous en pensons consciemment, la façon dont nous choisissons nos partenaires, dont nous les traitons et les laissons nous traiter, se décide longtemps avant que nous n'atteignions l'âge adulte.

Modèles d'attachement

Certains se mettent à rire lorsqu'ils nous entendent parler de modèles d'attachement, surtout si nous venons juste de parler de sexualité. Nous nous hâtons alors de préciser que nous n'allons pas les entretenir de pratiques sexuelles où l'un des partenaires attache l'autre, mais des différents modèles de formation des liens affectifs.

La nature des liens qui se sont établis entre les différents membres de votre famille peut vous donner une foule d'indices sur vos forces et vos faiblesses, surtout si, pour une raison ou une autre, vous les niez. Comme on a généralement de bonnes raisons de porter des œillères, il n'est pas toujours facile de les retirer. Surtout lorsqu'il est question des différents modèles d'attachement affectif.

Lorsque nous parlons d'attachement affectif, nous faisons référence à une espèce de lien. On peut mesurer la force de ce lien en évaluant non pas le type mais la quantité d'énergie qu'on y investit. Se sentir proche de son père et vouloir lui ressembler constitue un type de lien. Si vous êtes en colère contre lui et que votre colère influence vos décisions personnelles, vous êtes clairement lié à lui ; ce lien est tout simplement négatif. Tant que vous ne pourrez pas admettre que, par certains côtés, vous ressemblez à ce parent, vous aurez du mal à retirer les œillères qui vous empêchent de voir votre propre comportement. Si vous refoulez votre colère parce que vous vous êtes juré de ne jamais vous mettre en colère comme votre père, et que cela vous pousse à avoir des comportements passifs-agressifs graves, vous risquez d'avoir de la difficulté à voir où se situe le problème.

Il faut en général un ou deux ans pour digérer et intégrer la théorie sur les liens affectifs, puis l'appliquer à notre propre vie. Bien qu'elle soit assez facile à comprendre sur le plan intellectuel, elle est un peu plus difficile à appliquer à notre propre situation. Il est normal et sain que chacun des enfants d'une famille veuille être unique. Mais il y a parfois un prix à payer pour être unique. Imaginez que vous perceviez votre mère comme faible et sans défense. Vous l'aimez et l'estimez mais, à un certain niveau, vous êtes secrètement irrité qu'elle ne défende pas davantage son point de vue, surtout face à votre père. Voilà un scénario assez fréquent. Imaginez maintenant que vous soyez la seule personne dans la famille qui soit capable de tenir tête à votre père. Vous êtes son petit «soldat», et il est ravi par le cran et la verve dont vous faites preuve. Vous ne tolérez aucun de ses comportements dominateurs, et vous ne reculez jamais lorsque vous croyez avoir raison.

À partir de là, un certain nombre de rapports intéressants s'installent. Plus votre position au sein de la famille s'affermit, plus vous êtes fier et content du pouvoir que vous détenez et plus vous alternez entre la pitié et la colère envers votre mère, à qui vous reprochez de ne pas agir en adulte. À cette étape, il est intéressant de se demander si votre lien avec votre père est le plus fort ou si une bonne partie de votre énergie ne vous vient pas en fait de votre lien avec votre mère. Ajoutons maintenant un autre facteur à cette situation: vous êtes le deuxième enfant de la famille; vous avez un frère plus âgé, et un frère et une sœur cadets.

Il ne s'agit pas d'une règle infaillible, mais en général, le deuxième enfant a un lien un peu plus fort avec sa mère, ce qui se manifeste de diverses façons. Il aura peut-être plus de conflits avec elle, surtout à l'adolescence. Ou bien il épousera ses valeurs et prendra les grandes décisions de sa vie comme elle l'aurait fait. Ou encore, il sera très à l'écoute de sa mère et percevra très clairement ses émotions. Après l'adolescence, même si cet enfant se sent plus proche de son père, il continuera peut-être d'avoir un ou deux des principaux traits de personnalité, croyances, forces ou faiblesses de sa mère. Ce sont nos liens d'attachement qui nous amènent à adopter un ou plusieurs des comportements, croyances, émotions, attitudes, préjugés, forces, faiblesses, inquiétudes, habitudes, inté-rêts, attitudes face à la vie de nos parents. Dans plusieurs familles, chacun des enfants joue un rôle différent en fonction de son rang. Voici un aperçu de ces rôles[1]:

Aîné/enfant unique: L'aîné a un lien affectif un peu plus fort avec son père qu'avec sa mère et/ou joue davantage les thèmes propres au père que les autres enfants. Les disciples de Adler diraient que cet enfant a tendance à être plus conformiste que les autres et à viser davantage la réussite. S'il existe un écart important

---

1. Il existe plusieurs théories au sujet de l'ordre des naissances. L'information présentée est un recoupement des travaux du psychiatre de Minneapolis Jerry Bach, aujourd'hui décédé, et du célèbre Alfred Adler.

entre les valeurs implicites et explicites de la famille (par exemple : «Tous les Tremblay sont des gens honnêtes qui croient en Dieu» mais «Nous sommes malhonnêtes en affaires» ou «Nous ne sommes pas vraiment honnêtes sur le plan affectif»), cet écart se retrouvera de façon marquée chez l'aîné. Dans l'exemple qui précède, l'aîné sera peut-être une personne honnête et croyante, mais plutôt malhonnête en affaires et il arrivera, d'une façon ou d'une autre, à établir une coupure entre sa malhonnêteté et le reste de sa vie. Il se peut aussi qu'il soit honnête en affaires mais qu'il ne le soit pas autant dans sa vie affective. Cela pourra se manifester par une peur de la vulnérabilité qui le poussera à nier ses émotions plus tendres et à adopter un comportement fortement défensif dès qu'il en sera question. Les aînés ont aussi tendance à être plus rationnels et moins émotifs que les autres enfants.

Deuxième enfant : Le deuxième enfant s'approprie les thèmes propres à la mère et, comme bien des mères, a tendance à être très attentif aux besoins affectifs des autres. Comme il a souvent l'impression de ne pas avoir beaucoup d'influence sur le reste de la famille, il devra faire l'effort d'apprendre à acquérir du pouvoir et à s'en servir de façon saine et équilibrée. Comme nous l'avons mentionné plus haut, il arrive que le deuxième enfant refuse de reconnaître le lien particulier qui l'unit à sa mère, parce qu'il la perçoit comme excessivement vulnérable ou peu efficace au sein de la famille. C'est souvent le cas chez les enfants nés en deuxième et particulièrement colériques. Mais la majorité des enfants de deuxième rang sont très heureux de reconnaître qu'ils ont plusieurs des traits de personnalité de leur mère et qu'ils partagent sa philosophie de la vie. Comme pour tous les enfants, peu importe leur rang, il est important que les enfants nés en deuxième reconnaissent à la fois les forces et les faiblesses de leur mère, et qu'ils identifient les œillères qu'ils portent en réaction à ces forces et faiblesses.

Troisième enfant : Le troisième enfant est un miroir des relations de couple de ses parents. Comme il s'agit d'un lien beaucoup plus abstrait que l'attachement à un individu, ces enfants ont tendance à s'intéresser davantage aux aspects les plus abstraits de l'existence, et à moins remarquer les petits détails de la vie. En d'autres mots, ils sont souvent plus attirés par la théorie que par les données concrètes. Comme ils sont liés à la relation conjugale, ils ont tendance à se concentrer sur les relations qui existent aussi à l'extérieur de leur famille. À l'adolescence, ce sont eux qui tentent d'aider leurs amis à raccommoder leurs relations amoureuses, mais ils ont de la difficulté à définir leur identité distincte. Il leur arrive plus souvent qu'aux autres de se retrouver dans des relations à trois et, même s'ils ont l'air distants, ils sont en fait très engagés sur le plan affectif.

Quatrième enfant: L'attachement du quatrième enfant est encore plus abstrait que celui du troisième. Si on compare la situation à une équation de régression ou à une analyse de variance dans laquelle la réalité du père est attribuée à l'aîné, la réalité de la mère au deuxième enfant, celle du couple au troisième, la seule variance que peut réclamer le quatrième enfant est celle de la réalité familiale. Ces enfants servent de diapason du système, bien souvent sans même s'en rendre compte. Des enfants nés en quatrième nous ont raconté que, lors des grandes réunions familiales, ils deviennent anxieux et agités dès qu'ils entrent dans la maison, parce qu'ils réagissent à tous les messages et à toutes les tensions cachées qui surgissent sans arrêt entre les membres de la famille. Ils peuvent ressentir la colère et la douleur qui couvent depuis toujours entre leur grand-père et leur tante Catherine, ou la jalousie de Timothée, qui s'aperçoit qu'une relation à trois est en train de s'établir entre lui, sa sœur Suzanne et sa sœur Andrée. Les enfants nés en quatrième jouent également, bien souvent, le rôle de gardiens des règles familiales. Si quelqu'un suggère de se réunir chez tante Marie, à Noël, plutôt que chez grand-maman Ruth, par exemple, il y a de fortes chances qu'ils protestent vigoureusement, en s'exclamant: «Mais nous passons toujours les vacances de Noël chez grand-maman Ruth. C'est la tradition, on ne peut pas la changer!»

Cinquième, sixième, septième enfant...: Lorsque naît le cinquième enfant, toutes les variances du système familial ont été attribuées. Il se retrouve donc au point de départ du processus, et établit un lien plus fort avec le père, ou joue davantage les thèmes propres au père. Le sixième enfant est plus près de la mère, et ainsi de suite.

Même s'ils ne s'appliquent pas à toutes les familles, et bien qu'ils soient difficiles à discerner dans le cas des familles reconstituées ou des enfants adoptés, ces modèles sont d'une exactitude étonnante. Mais à la condition de découvrir ce qui se cache derrière nos idées préconçues au sujet de la personne à laquelle on pense ressembler ou dont on pense se distinguer. Rappelez-vous que la compréhension de nos modèles d'attachement sert avant toute chose à nous comprendre nous-même et à nous défaire d'une ou deux œillères.

L'un de nos clients a été très contrarié de nous entendre lui dire, après quelques mois de thérapie, qu'il reproduisait peut-être certains des comportements de son père, étant donné qu'il était l'aîné de la famille. Il a protesté vigoureusement. Nous n'avons pas insisté, en lui disant que nous ne tenions pas à tout prix à ce qu'il corresponde à un modèle théorique quelconque et que d'ailleurs les règles sur les modèles d'attachement ne sont pas infaillibles. Mais nous nous demandions s'il savait en quoi il ressemblait à son père; c'était d'autant plus important qu'il avait certains de ses traits, selon la description qu'il nous en avait faite, mais qu'il les camouflait sous des défenses subtiles et cachées. Il avait notamment tendance à décocher des pointes sarcastiques, en souriant, puis à partir d'un drôle de rire saccadé. Ce qui était souvent ressenti comme une attaque par les autres.

Plutôt que de nous obstiner avec lui, nous lui avons dit que ça n'avait pas d'importance. Nous avons poursuivi la session, avant de lui lancer sur un ton anodin, comme si l'idée venait juste de nous traverser l'esprit, qu'il pourrait peut-être téléphoner à un parent vivant dans une autre partie du pays, quelqu'un qui connaîtrait bien la famille mais qui aurait un certain recul par rapport à elle, pour lui poser la question. Nous avons vu une lueur d'intérêt dans ses yeux, puis nous avons abordé le problème suivant. Deux semaines plus tard, quand il est entré dans notre bureau, il avait une expression extrêmement curieuse. Après s'être installé, il nous a dit qu'il avait quelque chose à nous confier.

« J'ai une tante de quatre-vingt-quatre ans qui vit en Gaspésie, commença-t-il avec animation. Je ne cessais de penser à ce que vous m'avez dit au sujet de ma ressemblance avec mon père, et ça me mettait de plus en plus en colère mais, en même temps, ça m'intriguait de plus en plus. On aurait dit que deux armées s'affrontaient en moi. La semaine dernière, j'ai fini par appeler ma tante. Elle connaît bien la famille, mais on ne la voit qu'aux cinq ans environ. Je lui ai dit que mes thérapeutes avaient eu l'idée folle que je ressemblais peut-être, d'une certaine façon, à mon père, alors que je sais que je suis très différent de lui. D'aussi loin que je me souvienne, j'ai toujours été plus proche de ma mère. Et si j'ai des liens avec quelqu'un, c'est avec mon oncle François. »

« Et qu'a-t-elle répondu ? »

« Il y a d'abord eu un silence, puis elle m'a demandé si je voulais vraiment savoir si je ressemble à mon père. »

« Et alors ? »

« Je lui ai répondu que oui et elle est partie à rire ! »

« Étonnant... »

« C'est très étonnant ! Elle s'est mise à m'énumérer toute une liste de traits que nous avons en commun : des manies, des façons de parler, des bêtes noires et jusqu'à nos opinions politiques. Ensuite, elle est devenue plus sérieuse et m'a parlé très calmement et sans me faire de reproches de ce que vous appelez mes pointes de sarcasme. Elle a dit qu'elles étaient souvent cruelles et que, même si elle sait que je n'ai jamais eu de mauvaises intentions, elle s'est aperçue, au fil des ans et des réunions de famille, qu'elles avaient blessé des gens. Elle a aussi dit que l'attitude défensive de mon père vient de ce qu'on lui a fait beaucoup de mal. Elle m'a dit espérer que j'arriverais à me défaire de cette attitude, parce qu'elle éloigne les gens de moi, comme elle les éloigne de mon père. C'était incroyable. »

Savoir qui vous êtes et à qui vous vous êtes lié pendant l'enfance est l'une des meilleures façons de comprendre pourquoi vous avez choisi d'aimer la personne que vous aimez. Vous avez peut-être eu tendance à protéger votre mère, et vous vous êtes peut-être juré de ne pas ressembler à votre père lorsque vous seriez grand. Mais cela ne signifie pas que le mariage que vous avez créé ne ressemble pas à celui de vos parents. Lorsque vous retirez vos œillères, vous découvrez ce qui vous a poussé à choisir le ou la partenaire que vous avez, pourquoi lui ou elle vous a choisi(e), et de quelle façon vous le(la) faites souffrir plutôt que de vous obstiner à dire que vous ne le(la) faites pas souffrir. Ensuite, vous pouvez changer. Après tout, la façon dont vous ne blessez pas l'autre n'a pas d'importance, n'est-ce pas ? Ce qui compte, c'est la façon dont vous le ou la blessez.

Peindre un tableau et sortir du brouillard

Nous terminons ce chapitre en vous présentant une partie du processus clinique qui s'est avérée très utile à de nombreuses personnes ayant décidé d'examiner les rouages de leur mariage. Dans la figure 12.2, vous trouverez une version abrégée d'un génogramme, ou arbre généalogique, un outil dont nous nous servons parfois en thérapie. Comme le fonctionnement détaillé des structures familiales est relativement complexe, la meilleure façon d'aider les gens à les comprendre consiste parfois à les dessiner sur papier. La famille dont il est question dans la figure 12.2 existe réellement, et les descriptions de chacun de ses membres viennent du client qui a construit ce génogramme. Ne vous méprenez pas : ça ne s'est pas fait en une ou deux séances. Les prises de conscience et les éclairs de compréhension qui sont résumés dans ce schéma se sont accumulés peu à peu, et ont exigé plusieurs mois de travail. En fait, le génogramme est une œuvre qui évolue constamment au fil des ans, tant et aussi longtemps que nous continuons à acquérir de la maturité et de la profondeur.

Tom, comme nous l'appellerons, est un cadre de haut niveau qui réussit très bien. C'est son employeur qui lui a demandé de

Figure 12.2

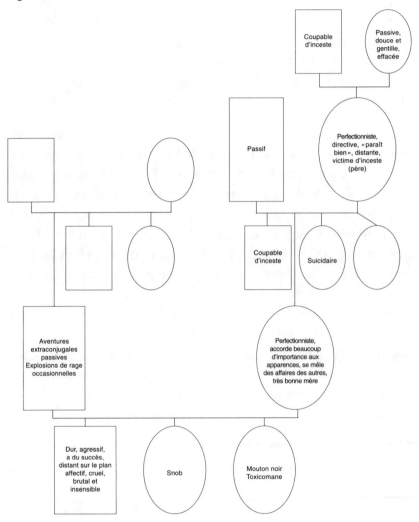

Le génogramme, ou arbre généalogique de Tom, met en lumière les découvertes qu'il a faites en thérapie, ainsi que les interrelations familiales entre les générations.

venir nous consulter. Au cours de la première séance, il blague en racontant que si son patron ne l'avait pas fait, c'est sa femme qui nous l'aurait envoyé. En fait, elle est prête à entamer des procédures de séparation si rien ne change à la maison. Il nous explique que son patron, tout comme sa femme, le juge colérique. Nous lui demandons alors s'il a déjà frappé sa femme, ses enfants ou ses collègues de travail, et il répond que non. Sa colère s'exprime surtout sous forme d'irritabilité. Il est excessivement critique, perfectionniste, condescendant, il a tendance à rembarrer les gens et à être désagréablement bourru; si bien que son entourage proche a l'impression de marcher sur des œufs en sa présence. Il est prêt à admettre qu'il a un problème et dit qu'il ne peut plus le nier puisque à peu près tout le monde lui reproche la même chose.

Au cours des mois qui suivent, Tom dresse peu à peu son arbre généalogique. Il ne sait pas grand-chose de ses grands-parents maternels, mais ça ne l'a jamais tracassé. En fait, nous avons tous tendance à considérer comme «normales» les situations dans lesquelles nous avons grandi. Ainsi, les hommes qui ont été battus par leur père lorsqu'ils étaient enfants diront souvent: «C'est comme ça qu'on élevait les enfants, à l'époque. Les pères de tous mes amis leur donnaient aussi la fessée de temps en temps. C'était la norme.» Tom ne sait pas grand-chose de ses grands-parents maternels parce que ses parents n'en parlaient jamais. Il ne sait à peu près rien de l'enfance de sa mère, non plus, pour la même raison. Ce qu'il sait très bien, par contre, c'est que sa mère était «une très bonne mère, toujours en train de cuisiner, de coudre, de s'assurer que nous mangions bien, que nous étions bien habillés et que nous réussissions à l'école. Vous savez, la vraie bonne mère typique.»

À l'âge adulte, chacun d'entre nous s'est fait une image de son enfance et de ses parents qui ressemble beaucoup plus à un tableau impressionniste qu'à une photo. Autrement dit, nous interprétons le passé à notre façon. Tom décrit d'abord sa sœur comme la «reine de la haute société», sur un ton légèrement méprisant, et non pas en blaguant. Pour nous assurer de ne pas mal interpréter ses paroles, nous lui demandons ce qu'il veut dire par là. Il répond qu'elle se soucie un peu trop, à son goût, de son statut social et de son image. Lui aussi, il appartient à la haute société, poursuit-il, mais c'est différent. Il ne s'est jamais senti obligé d'avoir telle ou telle allure, ne s'est jamais inquiété de savoir s'il était accepté par cette société, comme le fait sa sœur, selon lui.

Lorsque nous lui demandons si sa mère se souciait de l'image que projetait la famille, ses yeux s'éclairent pendant un instant. «Oh oui!», répond-il en mettant l'accent sur le premier mot. «Oui. Nous avions parfois l'impression d'être des marionnettes dans la pièce qu'elle dirigeait. Chaque dimanche matin, c'était la course folle. Elle nous habillait tous les quatre, s'assurait que les coiffures de mes sœurs étaient impeccables, que nos chemises étaient empesées et immaculées, et nos souliers bien cirés. Elle aboyait ses ordres comme un sergent de la marine, et mon père et nous, les enfants, nous courions en tous sens pour faire ce qu'elle exigeait, jusqu'à ce qu'elle juge que nous étions présentables; puis nous partions. La voiture était rutilante. Maman était parfaitement mise. J'avais l'impression que toutes les têtes se tournaient et que tous les yeux étaient rivés sur nous six lorsque nous défilions dans l'église, toujours à l'heure, que nous nous assoyions sur la moitié gauche du long banc d'église, puis retenions notre souffle pendant toute l'heure de la messe. Nous sortions ensuite de l'église en bon ordre, attendions pendant que maman et papa saluaient leurs amis, puis nous arrivions à la maison, où nous pouvions enfin relâcher notre souffle et nous approprier le reste de la journée. »

«On dirait que votre mère était très ordonnée et très attentive aux détails», avons-nous répondu, en faisant attention à ne pas exagérer sa description des faits, ce qui l'aurait obligé à défendre sa famille plutôt qu'à s'en faire une image plus claire.

Au lieu de lancer une autre de ses blagues faciles, il examine attentivement le portrait qui commence à se dessiner sur le tableau et dit: «Je pense que je lui en voulais de cela, et bien plus que je ne l'ai jamais admis. Elle était une si bonne mère, sur tellement de plans, mais il manquait quelque chose.» L'espace d'un instant, il prend un air triste, puis il poursuit. «J'aurais aimé avoir un peu de temps avec elle. Vous savez, juste pour être avec elle. Mon meilleur ami, à l'école primaire, avait une mère qui passait du temps avec lui, et j'en étais secrètement jaloux.»

«Comment était la mère de votre ami?»

«Oh, elle faisait tout ce que les mères font – la cuisine, le ménage, etc. – mais elle s'arrêtait parfois, et elle ne passait pas tout son temps à corriger et améliorer ses enfants, comme ma mère. C'était le père de ce garçon qui était le plus exigeant des deux, j'imagine.»

«Avez-vous déjà demandé à votre mère de vous parler de son enfance? De vous dire ce qu'elle aimait faire, de vous décrire ses amis, ce que sa famille faisait la fin de semaine et pendant les vacances? Avez-vous déjà essayé d'obtenir des détails sur son passé?»

«Non, et il faut que je le fasse», répond-il. Puis il reste silencieux.

«C'est une bonne chose que de se faire une idée claire de la situation.»

Plusieurs mois plus tard, après avoir travaillé passablement fort à gérer sa colère, à la maison et au travail, il nous arrive un jour avec une expression que nous n'avions jamais vue sur son visage. Il nous raconte qu'il a longuement parlé avec sa mère pendant un voyage d'affaires récent à Québec, où elle habite. Il nous dit que cette conversation a changé sa vie et qu'il a des choses à ajouter à son génogramme. «Je n'étais pas en colère. J'étais curieux. Il m'intéressait de connaître son histoire, sans arrière-pensée, comme il vous intéressait de connaître la mienne. Elle a dû le sentir, et elle devait être prête à se confier. Parce qu'elle m'a dit des choses renversantes. »

« Qu'avez-vous découvert ? »

« Pour commencer, je n'étais pas sûr du rang qu'elle occupe dans sa famille lorsque nous avons commencé à faire le génogramme. J'ai su qu'elle a un frère aîné et deux sœurs cadettes. »

« Elle est donc la deuxième enfant de la famille. »

« Oui. Elle m'a décrit son frère aîné, mon oncle, que je n'ai presque jamais vu quand j'étais enfant, et ses lèvres se sont mises à trembler. Elle m'a dit qu'il avait abusé sexuellement de l'une de ses filles et que la famille entière avait gardé cela secret. Puis elle s'est mise à pleurer sans retenue. »

« Ça a dû être un moment très intense, pour vous comme pour votre mère. »

« Oui, mais ce qui m'a vraiment bouleversé, c'est la suite. En sanglotant, elle m'a révélé que son père a abusé d'elle, sexuellement, quand elle avait entre sept et treize ans, et qu'il a fait la même chose à ses deux sœurs. » La voix de Tom se brise alors et ses yeux s'emplissent de larmes. « Elle était tellement vulnérable, tellement vieille, tellement honteuse. Ma mère, si forte, si puissante, si directive, si perfectionniste... C'était... c'était... tellement... douloureux. »

« Mais ce fut un véritable cadeau, pour vous deux. Parfois, la vie est simultanément magnifique et intolérablement douloureuse, à un point qui dépasse notre compréhension. »

« Oui. Je me sens tellement soulagé de savoir cela. J'ai toujours su, au fond de moi, qu'il manquait un important morceau du tableau. Ça explique tellement de choses. »

« Le point de vue de chacun des membres d'une famille est unique. Même si on avait le point de vue de tous, et qu'on examinait la famille sous tous ses angles, on n'arriverait toujours pas à voir le tableau complet. Les familles sont tout simplement trop complexes pour cela. Qu'avez-vous vu à ce moment précis ? »

« J'ai vu une petite fille terrifiée, honteuse, trahie par son père et sa mère, qui partait pour l'école chaque jour en traînant un horrible secret, qui essayait de conserver un semblant de normalité dans un monde perturbé et qui devenait chaque jour de plus en plus paralysée. »

« Exactement. »

« Pas étonnant qu'elle ait eu besoin de tout contrôler ! »

« C'était l'une des rares réactions saines qui s'offraient à elle alors qu'elle subissait tout cela », avons-nous répondu, sachant que c'était vrai mais aussi qu'il était important de le souligner au moment où tant de honte et d'anxiété bouillonnaient en lui.

« Vous avez raison, répond Tom, un peu plus calme. Qu'est-ce qu'un enfant peut faire d'autre dans une telle situation ? Elle était trop petite pour se sauver de la maison. »

« Certains enfants le font. Mais ils sont tellement fragiles, à sept ou huit ans. »

« Oui. Ils sont tellement fragiles à sept ou huit ans. Mon Dieu ! s'exclame-t-il en se remettant à pleurer. C'est un miracle qu'elle ne se soit pas suicidée. »

« Oui, et cela arrive. »

« Je suis tellement content d'avoir eu cette conversation avec elle. »

« Comment s'est-elle terminée ? Sur quoi vous êtes-vous laissés ? »

« Ça s'est étonnamment bien terminé. Elle se sentait mieux ; moi aussi. Elle était capable de me regarder dans les yeux, dit-il avec un petit rire chaleureux. En fait, ce n'est certainement pas là un des points faibles de ma mère. Elle n'est pas du genre à se laisser abattre longtemps. »

« Donc, même si elle était une enfant vulnérable, elle est devenue une adulte forte et lucide ? »

« Oui. Son comportement dominateur m'a mis hors de moi un nombre incalculable de fois mais, au bout du compte, ses forces dépassent de beaucoup ses lacunes. »

« En effet, avons-nous acquiescé. En passant, qu'avez-vous découvert au sujet de sa mère à elle ? »

« Elle l'a décrite comme plutôt effacée et inefficace. Elle s'est demandé si sa tendance à tout contrôler ne venait pas en partie d'un désir de compenser le fait que sa mère ne maîtrisait pas beaucoup sa vie. Elle a aussi dit que sa sœur la plus proche en âge avait eu plusieurs épisodes suicidaires à l'adolescence et dans la vingtaine, et qu'elle pensait que sa sœur la plus jeune avait été soignée pour des périodes de dépression à divers moments de sa vie. »

« Pense-t-elle que sa mère ait été au courant de l'inceste ? »

« Elles n'en ont jamais parlé ensemble, mais elle croit que sa mère savait et qu'elle avait trop honte et trop peur pour faire ou dire quoi que ce soit. »

« C'est terriblement compliqué, n'est-ce pas ? Nos parents sont nos parents. Nous en avons besoin et nous les aimons, peu importe ce qu'ils font. Ses sentiments envers son père et sa mère doivent être très contradictoires », lui avons-nous fait remarquer, lui ouvrant une fenêtre par laquelle il pourrait voir d'autres éléments du tableau. « Elle doit être extrêmement ambivalente. »

« Comme moi », répond-il d'un air songeur, en souriant.

« Bien sûr. Comment pourrait-il en être autrement ? Pensez-vous être une personne pleine de colère ? Pensez-vous qu'il y ait un élément de vérité dans les reproches que les gens vous font, à la maison et au travail ? »

«Oh oui. Je veux dire, je vois déjà une grande différence dans la façon dont les gens se comportent avec moi depuis quelques mois, depuis que nous travaillons ensemble à résoudre mes problèmes. Je me rends compte que je me suis souvent mal conduit.»

«Pourquoi avez-vous un certain mépris pour votre sœur, celle que vous appelez la reine de la haute société, selon vous?»

«Parce qu'elle est tellement fausse.»

«Est-ce qu'elle accorde beaucoup d'importance aux apparences?»

«Ça en fait pitié, en fait. Elle a l'air de vivre dans la terreur constante que quelqu'un découvre qu'elle est un être humain. Au bout du compte, elle est superficielle et obsédée par un perfectionnisme de surface; au fond, elle est intérieurement vide.»

«Elle est la deuxième enfant de la famille.»

«Et puis?»

«Le deuxième enfant joue les thèmes ou les modèles de comportement de la mère. Les quatre enfants ont été affectés de diverses façons par vos deux parents, mais le deuxième enfant a un lien unique avec la mère.»

«Ma femme est le deuxième enfant de sa famille, mais elle était beaucoup plus proche de son père.»

«Se sentir proche de son père, ce n'est pas la même chose que de reproduire les comportements ou les thèmes de la mère. De toute façon, dans le cas de votre sœur, le lien entre son rang de naissance et son comportement est très clair.»

«Oui, vous avez raison.» Tom fixe silencieusement son génogramme, devenu plutôt complexe avec le temps, et toujours affiché sur un tableau, dans notre bureau. Plusieurs secondes s'écoulent. «Maintenant, quand je pense à ma mère, je ne la vois plus de façon unidimensionnelle, même si je suis certain que ses bonnes vieilles défenses ont repris leur place dès que j'ai quitté Québec. »

« Probablement. »

« Mais elle m'a montré une partie de sa véritable identité. Elle était très vulnérable, mais pas impuissante. Toutes ces émotions qui me semblaient négatives, auparavant, comme la peur, la douleur, la honte, la solitude et la colère, se sont exprimées et, quand je suis parti de Québec, je sentais que j'avais une relation en trois dimensions avec ma mère. »

« Et votre sœur, est-ce qu'elle ressemble à votre mère ? »

« Oui. Et mon mépris vient de... de... ». Il n'arrivait pas à trouver le mot.

« Votre solitude ? » avons-nous proposé.

« Oui. J'étais inconsciemment en colère contre ma mère, et ouvertement en colère contre ma sœur; je me sentais tellement seul, pendant qu'elles ne songeaient qu'aux apparences. Pourtant, quand je regarde le tableau dans son ensemble, au lieu d'éprouver de la colère parce que j'étais seul, je ressens de la compassion et de la compréhension pour ma mère et pour les raisons qui la poussaient à mettre l'accent sur l'image que projetait sa famille. Elle était tellement rongée par la honte et par son horrible secret. Elle faisait ce qu'une petite fille courageuse aurait fait pour survivre. Je ne me dis pas seulement: elle a fait de son mieux, passons à autre chose. Non, elle a fait de son mieux, je comprends pourquoi elle l'a fait, et sa force, son caractère, son amour et son affection étaient extraordinaires; je sais qu'elle les exprimait à sa façon, et non à la mienne. Je peux être en colère contre elle parce qu'elle a été distante, sur le plan affectif, qu'elle a été directive et perfectionniste, et simultanément être heureux de l'avoir eue pour mère et ressentir de l'amour pour elle. »

« La vie est tellement plus simple quand on l'accepte sous tous ses angles. » Tom avait réuni suffisamment de pièces du casse-tête pour avoir un aperçu du tableau dans son ensemble, ce qui est infiniment gratifiant en soi. Nous restons tous assis en silence pendant quelques secondes, le temps de digérer tout cela, puis nous lui demandons: «Et votre sœur?»

«Vous savez, nous ne vivrons peut-être jamais un moment aussi déterminant que celui que j'ai vécu avec ma mère. Si cela arrive, ce sera un cadeau du ciel. Mais si cela n'arrive pas, ma relation avec elle est quand même beaucoup moins chargée d'énergie négative, grâce au travail que nous avons fait ensemble. Je pense que je peux interagir avec elle sans me conduire aussi mal que dans le passé.»

«Donc, tout ceci a davantage à voir avec vous, personnellement, qu'avec les torts de ceux qui vous entourent?»

«Oui.»

«Et qu'est-ce que vous avez découvert au sujet de votre couple?»

«Ça, c'est le plus beau de l'affaire. Je comprends pourquoi j'ai choisi Johanne, au départ. Elle était plus douce, meilleure que moi. Je me suis permis de faire peu de cas d'elle, au début, mais elle me donnait quand même beaucoup de la chaleur et de l'affection que ma mère n'avait pu me donner. Dans le fond, cependant, elle est aussi forte que ma mère, car elle a finalement décidé que c'était assez, et elle m'a dit: «Tu apprends à gérer ta colère, ou bien...» Elle était chaleureuse, aimante et affectueuse en me disant cela; j'en ai donc conclu que j'avais une chance de sauver notre couple, même si je savais qu'elle était très sérieuse. Je savais qu'elle me soutiendrait sans réserve si je faisais l'effort de changer.»

«Vous avez choisi une personne douce, comme votre père, mais qui est également déterminée et lucide, comme votre mère.»

«Oui.»

Chapitre 13

Laisser la vie nous étonner

Ishmael se consacra à mettre cela par écrit et, ce faisant, il comprit ceci, en plus: le hasard règne dans tous les recoins de l'univers sauf dans les profondeurs du cœur humain.

David Guterson
La neige tombait sur les cèdres

*I*l est tout simplement stupéfiant de penser que nous sommes une partie intégrante, si petite soit-elle, d'un univers dans lequel, du simple fait d'appartenir à l'humanité, notre esprit peut s'élever et nos larmes couler, grâce à la voix d'un Luciano Pavarotti, d'un Paul McCartney ou d'une Ella Fitzgerald. Quel honneur que de faire partie de la race humaine, et de pouvoir nous identifier avec les Gandhi et les mère Teresa de ce monde. C'est d'une simplicité stupéfiante, comme le fait de respirer.

Comment exprimer à quel point les moments ordinaires de la vie quotidienne sont précieux? Par la poésie? La chanson? Un tableau? Par l'exemple? Un écrivain de talent peut le faire. Quelques scènes rares et inoubliables de certains films remarquables l'ont fait. Et la vie de certaines personnes, comme les meilleures prières, l'incarne sans effort.

Plus nous sommes capables d'atteindre les coins et les recoins les plus profonds et les plus intimes de notre être, plus nous pouvons savourer les côtés les plus ordinaires de la vie. L'une des grandes joies qui accompagnent la maturité est la capacité d'apprécier le simple fait d'être en vie. Et ça n'a rien de banal. Ce don ne s'acquiert pas facilement, et les gens qui le possèdent l'ont mérité. Une femme qui a vécu des tragédies incroyables au cours de son existence, et qui en est venue à saisir les nuances, le sens et les messages de la vie, affirme: «J'ai connu énormément de souffrances dans la vie, mais j'ai survécu; aujourd'hui, il suffit d'un sourire, d'une larme, d'un oiseau qui chante ou de la simple lumière du jour pour me réchauffer le cœur. Ma vie se compose de bénédictions inépuisables.»

Il est facile de parler de l'importance de s'étonner et de s'émerveiller, en toute simplicité; mais le faire réellement, et intégrer cette démarche dans sa vie, c'est une tout autre affaire. Plusieurs d'entre nous continuons de nous cramponner à l'idée qu'il est possible de tout avoir; et si ce n'est pas le cas, nous nous plaignons de notre malheur. Nous sommes nombreux aussi à tenir les autres pour acquis, tout en nous démenant pour acquérir de plus en plus de choses, n'importe quoi, en nous imaginant que cela nous rendra un petit peu plus heureux que le voisin. Une maison plus grande, peut-être? Un nouveau conjoint? Des amis différents? Une nouvelle destination vacances dont personne n'a encore entendu parler? Et nous nous lançons dans des quêtes spirituelles sans fin, comme si nos institutions avaient soudain été vidées de toute sagesse par quelque force mystérieuse.

La véritable voie de l'excellence spirituelle, à laquelle tant d'adultes aspirent de nos jours, est toute simple. Combien de fois avez-vous entendu cela? Il existe tellement de programmes de croissance personnelle, dans notre société. Tellement de paroles de sagesse, répétées si souvent qu'elles ne veulent plus rien dire! Simplifiez votre vie, simplifiez votre vie, nous répète-t-on à qui mieux mieux, mais le nombre même de messages qui nous parviennent, à la maison et au travail, est tel que l'idée de simplifier nos vies nous écrase, tout simplement parce que nous ne savons pas par où commencer! Pendant que nous roulons à toute allure sur les autoroutes, en parlant imprudemment dans nos téléphones portatifs et en étant tellement stressés que nos artères en rétrécissent, on nous encourage à «fendre du bois et à porter de l'eau». Quelle ironie!

À bord d'un vol vers Tokyo

Que se produirait-il si, pendant quarante-cinq minutes, vous éliminiez toute source de bruit, et vous contentiez d'écouter le murmure de l'univers, tout autour de vous? Nous sommes des diapasons, après tout, et chacun d'entre nous vibre à certaines résonances. Qu'est-ce que je pourrais percevoir si j'étais juste un peu plus attentif, entre autres aux perceptions de mes sens, plus déterminé et présent?

Je pourrais penser à toi et me rappeler que, lorsque tu souris, le coin de tes yeux se plisse d'une façon qui me chavire. Je pourrais remarquer que le Japonais assis de l'autre côté de l'allée pleure au moment le plus émouvant du film[1], quand David Duchovny, qui roule à bicyclette avec une religieuse sur le guidon, s'arrête devant Minnie Driver et lui dit qu'il l'aime, au beau milieu d'une piazza italienne pleine de monde. Je pourrais m'apercevoir qu'il est agréable de verser des larmes dans de tels moments, et de savoir que même à deux mille milles de la côte, au-dessus de l'océan Pacifique, dans un siège étroit, à bord d'un 747 en route vers Tokyo, de petits instants de bonheur sont possibles. Ils ne sont pas confinés à des moments, des circonstances ou des endroits particuliers.

Si je continue de faire abstraction du bruit pendant encore quelques instants, je pourrais imaginer l'océan Pacifique, 35 000 pieds plus bas, et revivre la fascination qu'il a toujours exercée sur moi, avec ses profondes eaux bleu sombre, et les miroitements du soleil à sa surface, qui varient de minute en minute, depuis l'aurore

---

1. Le titre du film est *Remember Me*.

jusqu'au crépuscule. Je pourrais me rappeler la fois où ma sœur et moi nous sommes presque noyés, dans des vagues hautes de 15 pieds, alors que nous faisions du surf sur la côte nord-ouest de Oahu, et combien elle était sincèrement heureuse pour moi la première fois que je me suis marié, à l'âge de 20 ans, et à quel point mon mariage actuel me rend heureux. Je pourrais me rappeler les vieux manoirs victoriens où habitaient les plus fortunés de mes amis, ou leurs grands-parents, juste au nord de San Francisco, là où le brouillard prend congé plus souvent qu'à son tour. Je pourrais me souvenir de l'instant incroyable, d'une magie époustouflante, lorsque, avec un ami, nous avons découvert un vieux modèle T de Ford, ou une vieille Packard, cachés dans un de ces anciens garages de bois en ruines, ensevelis sous des vignes et des branches qui n'avaient pas été taillées depuis une éternité.

Je pourrais me rappeler l'odeur de moisi à la fois douce et âcre qui émanait d'un mélange de vieille huile à moteur, de terre et de bois chauffé par le soleil, et l'humidité emprisonnée par les racines, et notre stupéfaction mêlée de terreur lorsque nous retournions une planche assez vite pour voir s'enfuir un mille-pattes, avec sa carapace d'un jaune orangé vif et ses horribles pattes rouges, une image qui s'est imprimée à jamais sur nos rétines.

Pendant un instant, je repenserais peut-être à la peine et à la peur que j'éprouvais, le cœur battant à rompre, lorsque mes parents se disputaient, tard le soir. L'instant d'après, je me retrouverais à bord de la berline Plymouth 1953 deux tons avec laquelle nous avons traversé le désert du Nouveau-Mexique, un voyage tout simplement magique que la famille a fait quand j'avais quatre ans. Puis, je pourrais sentir la pluie fraîche du printemps, entendre l'eau dégouliner sur les séquoias et le laurier, sentir la boue, et humer l'irrésistible odeur des tartes fraîchement sorties du four, que maman faisait avec les pommes golden du pommier qui poussait au fond du jardin. Les mêmes pommes que notre chien, un mélange de cocker et de berger miniature, mâchouillait philoso-phiquement, allongé sous le pommier dans la torpeur d'après-midi chauds et secs. Puis, je verrais peut-être une famille de cailles de Californie traverser la pelouse à toute vitesse pour aller se réfugier sous les hortensias, ou alors j'entendrais les petits jappements de chiots de cinq jours, lovés dans leur « nid » avec leur mère, et réchauffés par le moteur du vieux frigo dans un coin tranquille de la petite cuisine.

Je me rappellerais ensuite à quel point mon père a travaillé fort pour bâtir sa carrière et subvenir à nos besoins, à quel point il se dévouait au sein du comité de parents, ou comme entraîneur de l'équipe de base-ball, ou lorsqu'il emmenait ses fils chasser le canard, pêcher la truite ou marcher en forêt. Mais repenser à cette époque m'oblige à affronter ma réticence de toujours à accorder à ma mère une fraction du crédit qu'elle mérite pour les efforts herculéens qu'elle a faits, depuis les repas parfaitement équilibrés qu'elle préparait avec amour jusqu'aux interminables déplacements en voiture pour nous emmener à la plage. Sans oublier la gestion probablement très stressante des conflits et rivalités entre ses trois enfants débordant d'énergie, alors qu'elle était fille et épouse d'alcooliques, qu'elle traversait sa ménopause, subissait une hystérectomie et affrontait des problèmes conjugaux et ses démons personnels. Tout cela en essayant d'être la meilleure mère et la meilleure épouse possible, et en prenant les dangereux médicaments que lui prescrivaient les médecins, comme à toutes les femmes au foyer « névrosées » des années 1950, ces barbituriques, amphétamines et tranquillisants dont elle a fini par devenir dépendante.

Je me surprendrais ensuite à éprouver une reconnaissance sans bornes pour tous ces repas incroyables, toutes ces expéditions magiques à la plage, ces vacances au lac Tahœ, en Utah et au Nouveau-Mexique, vacances qui se déroulaient sans accroc parce que maman gérait tout avec la plus grande efficacité, chose que nous tenions pour acquise. Qu'elle ait fini par s'épuiser à force d'essayer de tout faire ne diminue en rien la gratitude que j'ai envers elle. Qu'elle ait eu tendance à être excessivement émotive ne lui enlève rien et ne change rien au fait qu'il a dû être très pénible, comme me l'a fait remarquer ma femme avec tact, de ne pas être prise au sérieux par son mari et ses enfants lorsqu'elle soulevait des «problèmes sans importance». Problèmes comme l'entretien de la maison, l'achat occasionnel de nouveaux meubles de meilleure qualité, ou la fissure qui est apparue dans la fondation de la maison, chose qui, après tout, mettait réellement en jeu la sécurité de tous ses habitants. Mais personne n'a prêté attention à ce «détail», du moins jusqu'à ce que mes parents meurent et que nous mettions la maison en vente.

Si je décide de rester immobile et de continuer à écouter quelques instants de plus, il se peut, puisque notre réalité et notre existence sont de bien des façons intemporelles, que je fasse un bond dans le présent, comme si j'empruntais un tunnel cosmique pour traverser l'espace. Et je m'apercevrais alors à quel point je suis reconnaissant d'avoir une femme au goût impeccable, une femme qui a su me tenir tête, qui n'a ni cédé ni capitulé lorsque sa voix intérieure lui disait que c'était la voie à suivre, une femme très féminine et forte; je songerais que nos vies se sont si bien fusionnées, à force de partager idées, activités et habitudes que, si elle mourait, le vide qu'elle laisserait ressemblerait au cratère de météore que nous avons contemplé, mon frère, ma sœur et moi, lorsque nous étions petits, dans le désert d'Arizona. Et ce vide serait aussi douloureux que le cratère était profond et large.

Le petit chien qui jappe tout le temps

Je pourrais aussi m'éveiller, par un samedi matin froid et nuageux, et voir tes cheveux ébouriffés dépasser du drap que tu as tiré sur toi pendant la nuit, puis me retourner et regarder notre petit chien, allongé sur le côté, la tête posée au bout de mon oreiller, le corps bien droit et les jambes repliées, dans une pose qui le fait ressembler à un être humain, à la petite personne qu'il est à nos yeux. Et là, par ce lugubre et banal matin d'hiver, l'image d'une petite fille me viendrait peut-être à l'esprit. Une petite fille qui se tient à la fenêtre de sa chambre, après l'école, toute triste, et qui regarde en bas, dans la rue, en espérant de toutes ses forces que le facteur lui apportera le chiot qu'elle désire tellement, et qui viendra combler sa solitude. Elle a mis toutes ses pièces de un sou, de cinq sous et de dix sous dans une enveloppe et les a expédiées à l'animalerie par la poste; elle est certaine que le chiot arrivera un jour. Mais il n'est jamais arrivé.

Quand tu t'éveilles et que nous rions de voir notre chien se coucher sur le dos et s'abandonner à la joie de faire la grasse matinée au lit, je me rappelle ce jour, il y a à peine huit ans, où je t'ai dit, comme ton méchant père avant moi: «Mais pourquoi veux-tu avoir un petit chien? Nous partons en vacances dans dix jours. Qui s'en occupera?» Tu m'as répondu que nous allions voir des chiots, un point c'est tout, et pour une raison que j'ignore, je me suis tu et j'y suis allé. Tu étais tellement forte à ce moment-là. Je me rappellerais peut-être que, lorsque nous avons ramené le chiot à la maison, notre gros chien lui a fait la vie dure, et que quelques jours plus tard il lui a accidentellement cassé une patte en se chamaillant avec lui. Quand tu t'es garée dans l'entrée, je me tenais debout, le petit chien dans les bras, sa patte arrière gauche pendant comme un bout de spaghetti. Ton cœur s'est serré pendant un instant. Tu croyais que je te dirais qu'il fallait le faire endormir.

Quand j'ai sauté dans la voiture pour qu'on se rende en vitesse chez le vétérinaire, tu as compris que j'aimais le petit chien autant que toi, même si j'avais souvent répété que «tous les petits chiens sont stupides et passent leur temps à japper». Tu l'as tenu dans tes bras tout le long du trajet. Il était légèrement en état de choc, et il gémissait doucement. Puis il s'est avéré être le plus courageux de la famille, courant partout malgré l'opération qu'il avait subie et le long bandage qui lui enserrait la patte et lui servait de plâtre. Il était et est toujours la chose la plus mignonne au monde. Quand je pense à tout ce que nous aurions manqué si tu m'avais écouté quand je grognais que «les petits chiens ne font que japper» et que «nous partions en vacances bientôt». Il a enrichi notre vie d'une façon que je n'aurais jamais soupçonnée si je m'étais donné la peine d'y penser, ce que je n'ai même pas fait. Je te remercie d'avoir eu la force de me tenir tête, et d'avoir eu la patience, la détermination et l'intuition nécessaires pour décider, quarante ans plus tard, qu'il fallait absolument aller chercher un petit chien, une fois pour toutes.

Il a été le compagnon dont tu avais toujours rêvé, et encore plus. Un exemple parmi cent : il a passé toutes ses journées couché à côté de toi pendant que tu récupérais de la terrible opération que tu as subie. Je l'ai vu grandir, et je t'ai vue le promener, le laver et le bercer dans tes bras, assise dans la chaise berceuse, le tenant sur le dos pour qu'il apprenne à faire confiance, ce qu'il a appris de façon remarquable. Et quand j'ai vu combien de tes anciennes blessures se refermaient tranquillement parce que tu as finalement eu le petit chien que tu attendais chaque jour après l'école, les larmes me sont venues aux yeux et mon cœur a bondi de joie. Et mon âme s'est élevée. Quel cadeau du ciel il a été pour nous. Les sujets d'étonnement, d'émerveillement et de stupéfaction sont tout autour de nous, en tout temps. Il suffit de s'y ouvrir.

Karl Rahner

Il existe aussi d'innombrables personnes dont la vie même suscite l'émerveillement et l'admiration. Quand nos clients n'arrivent plus à voir la bonté et la valeur de l'être humain, nous les invitons à penser à leurs héros personnels ; s'ils n'en ont pas, nous leur parlons des nôtres, en leur expliquant pourquoi nous les avons choisis. Mère Teresa, Nelson Mandela, Abraham Lincoln, Eleanor Roosevelt, Marie Curie et Albert Einstein en font tous partie.

Lorsqu'on nous répond : « Mais ces gens-là étaient exceptionnels, et ils avaient des dons particuliers », nous leur rappelons la réponse de mère Teresa[1] à un reporter qui lui demandait comment

---

1.   Petrie, A. et J. Petrie. *Mother Teresa*, Petrie Productions, 1985.

elle réagissait au fait d'être considérée, de son vivant, comme une sainte:

> Nous devons tous être des saints, peu importe notre situation. Je dois être une sainte dans la situation que Dieu m'a désignée. Il n'y a rien d'extraordinaire à cela. La sainteté n'est pas un luxe réservé à une minorité. La sainteté est tout simplement notre devoir, à vous et à moi. C'est dans ce but que nous avons été créés.

L'émerveillement et l'étonnement ne sont pas l'apanage exclusif des quelques privilégiés qui gagnent leur vie en observant les étoiles au télescope à Mauna Kea ou au mont Palomar, ou qui deviennent des leaders capables de sauver le monde. Ils sont à la portée de tous.

Ceci nous rappelle le prêtre allemand Karl Rahner, reconnu comme l'autorité ultime en ce qui a trait à la théologie catholique du XXᵉ siècle. Rahner disait que l'esprit est un «mystère indicible», mais il a aussi dit[1]:

> l'expérience spirituelle nous est donnée, même si nous n'y prêtons généralement pas attention, trop absorbés par notre vie quotidienne; il se peut aussi que nous la refoulions et ne la prenions pas suffisamment au sérieux...

Une affirmation qui n'étonne pas, de la part de cet homme dont la thèse de doctorat de philosophie originale a été rejetée parce qu'elle était trop radicale. Grâce au ton conciliateur qu'il a réussi à donner à ses écrits, et grâce à la recherche exhaustive et à l'extrême attention aux détails dont il fait preuve dans sa description de l'évolution du dogme, son message d'ouverture a pu rejoindre jusqu'aux plus conservateurs de ses pairs. Plusieurs des cardinaux présents au deuxième concile du Vatican l'ont choisi comme conseiller théologique principal et c'est à lui que l'Église doit son

---

1. Rahner, Karl. *The Spirit in the Church*, New York, Seabury Press, 1979, P. 12.

ouverture récente aux différentes religions et la croyance que tous peuvent mériter le salut de Dieu[1].

Comme bien des gens hors du commun, il n'était pas qu'un brillant penseur. Pendant la Deuxième Guerre mondiale, il était le curé d'une paroisse d'Innsbruck, en Autriche, et c'est là qu'il a vécu les treize dernières années de sa vie, à servir ses paroissiens. Au cours des années 1970, l'une de nos connaissances, un Américain qui traversait une période particulièrement éprouvante et qui avait une grande admiration pour les écrits et la pensée de Rahner, lui écrivit, en quête de réconfort. Il ne s'attendait pas vraiment à recevoir une réponse d'un homme aussi célèbre. Pourtant, quelques mois plus tard, à son grand étonnement, il en reçut une, écrite de la main même de Rahner et datée du lendemain du jour où le prêtre avait reçu sa lettre. Ce théologien brillant, ce conférencier réputé vivait ce qu'il prêchait. Malgré sa célébrité internationale et son emploi du temps chargé, on dit qu'il répondait à chacune des lettres qu'il recevait, tout en continuant d'exercer son ministère quotidien auprès de ses paroissiens d'Innsbruck.

La spiritualité est présente en chacun de nous, peu importe nos croyances, et Rahner est l'incarnation vivante de cette vérité. Dans un ouvrage intitulé *Dictionary of Modern Western Theology*, publié par les presses de l'Université de Boston, l'auteur JeeHo Kim écrit, pour résumer la théologie de Rahner sur le Christ: «[Selon Rahner]... les chrétiens peuvent apprendre des autres religions ou de l'humanisme athée puisque la grâce de Dieu... opère en eux (Schineller, 1991, p. 102). Le Christ est présent en eux et il opère dans et par l'Esprit saint.»

---

1. L'histoire citée vient directement de Richard E. Friel et d'articles provenant du site Internet de l'Université de Boston: *Dictionary of Modern Western Theology (http://www.bu.edu/wwildman/WirdWildWeb/index.htm)*. Les articles étaient de Phil LaFountain et JeeHo Kim. Une des citations vient de Schineller, J. Peter. «Discovering Jesus Christ: A History We Share», *In A World of Grace: An Introduction to the Themes and Foundations of Karl Rahner's Theology*, éd. par Leo J. O'Donovan, New York, The Crossroad Publishing Company, 1991.

Rahner a dû mettre au point un raisonnement théologique complexe pour convaincre les théologiens modernes d'une vérité toute simple, que le Christ mettait en pratique chaque jour : la religion chrétienne accueille tous les êtres humains, les prostituées comme les joueurs, les intellectuels comme les hommes saints et les mendiants. Ce raisonnement, en soi, est admirable. Aujourd'hui, le salut des non-chrétiens est une question controversée et alambiquée. Mais Rahner a présenté trois critères très clairs et très justes selon lesquels tous ont accès au salut du Christ. Pour cela, nous devons avoir les trois attitudes suivantes :

1) Un amour absolu envers son prochain
2) Être prêt à accueillir la mort
3) Avoir foi en l'avenir

L'explication de Rahner, en plus d'être élégante et de sonner juste, sur le plan de l'intuition, est intellectuellement brillante et fait preuve d'intégrité sur le plan affectif. En d'autres mots, elle est admirable.

C'est dans l'arène de la politique théologique, à défaut d'une meilleure expression, qu'il a choisi d'œuvrer. Il croyait que le message du Christ était simple et non discriminatoire, et que l'intolérance, la peur et la haine des autres n'y avaient pas leur place. Mais on ne peut pas se contenter de lancer ce message aux prélats de l'Église, qui adhèrent à des dogmes vieux de deux mille ans, et espérer que chacun y donnera spontanément son accord. N'importe quel message risque de s'embrouiller, après deux mille ans. Karl Rahner s'est servi de son intelligence, de sa conviction, de son sens du bien et de sa bonté pour tenter de modifier la course d'un paquebot au moyen d'une pagaie. Et à notre avis, il a contribué à ce que le paquebot reprenne la direction qu'il suivait à l'origine, il y a deux mille ans.

Il y a quelque chose d'admirable dans le fait qu'un homme ou une femme hors du commun réussisse à maintenir son point de vue dans ce monde, et conserve une humilité réelle tout en étant vraiment remarquable. Lorsqu'une personne fait preuve d'une respectueuse indocilité, c'est-à-dire d'une créativité et d'une capacité d'innover profondes, malgré les craintes qu'elle suscite parmi ceux qui veulent protéger l'ordre établi; et lorsque cette personne poursuit sans relâche ses efforts pour faire adopter ses innovations par l'establishment, on ne peut qu'éprouver une très grande admiration pour elle.

L'émerveillement, la spiritualité et la grandeur ne sont pas «un luxe réservé à une minorité», ils sont à la portée de chacun d'entre nous, comme l'ont affirmé ou l'ont démontré dans leur vie de tous les jours les personnes exceptionnelles citées plus haut. Entre le moment de notre naissance et celui de notre mort, nous disposons d'un espace dans lequel nous pouvons faire preuve de grandeur et nous émerveiller face à l'univers qui nous entoure, chacun à notre façon.

Avons-nous perdu la capacité de nous émerveiller?

Les deux réflexions qui ouvrent ce chapitre sont nées d'un bref moment d'immobilité marqué par l'intention consciente de percevoir ce qui nous entoure, une démarche que nous appelons depuis longtemps «Remarquer et écouter». Elle ne coûte pas cher. Elle exige très peu de notre temps si précieux. Et pourtant, si vous faisiez cette démarche chaque jour, pendant quelques minutes, surtout si vous maîtrisez le type de «voyage dans le temps» décrit ci-dessus, imaginez quelle profondeur pourraient atteindre votre amour et votre appréciation de la vie, de vos proches et, surtout, de votre conjoint.

Depuis des années, nous constatons un lien entre la capacité de ressentir de l'admiration et de l'émerveillement devant l'univers et la capacité d'avoir une vie spirituelle. Nous avons partiellement perdu notre aptitude à nous laisser émerveiller, et c'est l'un des changements les plus tristes qui aient marqué la fin du XXe siècle en Amérique. Plusieurs s'inquiètent de ce que notre matérialisme excessif et notre isolement, exacerbés par l'informatique, les jeux vidéo et nos horaires dangereusement chargés, sont en train de détruire notre âme. Il est vrai que nous semblons parfois désabusés, insensibles et indifférents aux petites tragédies et aux petites victoires qui nous entourent. Peut-être est-ce dû à l'accent mis par les médias sur le sensationnel – et les événements négatifs sont habituellement plus sensationnels que les événements inspirants. Peut-être est-ce dû à la surstimulation, qui émousse la capacité de réagir du cerveau. Ou peut-être est-ce dû à une combinaison de ces facteurs.

Il se peut aussi que tous ces facteurs de stress nous aient fait perdre la capacité de distinguer certaines différences subtiles que les gens percevaient dans le passé. L'aptitude à distinguer entre un téléfilm et une pièce de théâtre de Molière, entre la déception et la tristesse, entre la culture japonaise et la culture chinoise, entre l'eau pure et l'eau polluée. Nous tenons la vie pour acquise. En nous dépêchant de traverser une intersection bondée pour nous rendre au travail, nous passons à côté du sacré sans même nous en apercevoir, comme Karl Rahner l'a sous-entendu. Nous n'acceptons plus le caractère ordinaire de la véritable spiritualité. Atteindre la profondeur par l'intermédiaire de la simplicité, comprendre que plus les choses sont complexes, plus elles se simplifient, est un paradoxe qui nous est devenu étranger.

La faillite spirituelle et la grâce spirituelle

La spiritualité est la capacité de se laisser ravir par la complexité et l'immensité du ciel étoilé pour, le moment d'après, s'émerveiller de la puissance et de l'élégance d'un virus qui s'est métamorphosé et a évolué sur des millions d'années. La spiritualité est également la capacité de lâcher prise face à la brutalité occasionnelle et exceptionnelle qui fait inévitablement partie de notre vie. Avoir l'esprit curieux, l'œil perçant et l'ouïe fine, voilà ce qui nous permet d'entrer en relation avec le monde qui nous entoure, et non seulement sur le plan physique. Lorsque nous prêtons attention à la vie qui grouille autour de nous, nous percevons une foule de messages.

Dans le livre *Les 7 comportements gagnants des ados*, nous avons décrit deux femmes diamétralement opposées, qui illustrent parfaitement la différence entre la faillite spirituelle et la puissance prodigieuse de l'esprit et de la grâce. Nous vous présentons leur portrait, en espérant que le contraste entre ces deux femmes vous permettra de saisir une autre facette du caractère magique des relations humaines.

La dame des médias[1]

«Je leur ai botté le derrière!» s'écria Sandra Hart en avril 1995, en jubilant. Cadre supérieure bien connue dans le monde des relations publiques, Sandra Hart venait d'être arrêtée par la police de Minneapolis, qui la soupçonnait d'avoir conduit sa voiture en état d'ébriété avant de se garer et de tomber endormie ou de perdre conscience. Le juge Myron Greenberg étudia son cas et déclara qu'à son grand regret, il devait annuler la poursuite pour des raisons techniques. Hart cumulait une longue liste d'arrestations et de jugements pour ivresse au volant, mais elle affirmait que toutes ces fautes remontaient aux années 1970. Son dossier démontrait le contraire. Elle fut arrêtée pour ivresse au volant en 1981, 1983, 1984, 1988, deux fois en 1990 et à nouveau en 1993. Commentant la décision prise à contrecœur par le juge, elle s'écria: «Je leur ai botté le derrière! Je n'ai pas eu peur. Deux choses jouaient en ma faveur: Dieu était de mon côté, de même que le système judiciaire.»

Avait-elle perdu l'esprit? Les nazis croyaient que Dieu était de leur côté. Les membres du Ku Klux Klan croient que Dieu est de leur côté. Les Américains ont cru que Dieu était de leur côté lorsqu'ils ont voulu soumettre le Viêt-nam à coups d'obus. Et voilà que cette femme croit que Dieu est de son côté? Lorsqu'un parent assène une gifle à son petit et le blesse à un œil, il justifie souvent

---

1. Halvorsen, Donna. «Judge Faults Arrest, Drops Charges in High-Profile Drunken-Driving Case», *Minneapolis StarTribune*, 20 avril 1995, B1.

son geste en disant agir pour le bien de son enfant. Pour certains, cette explication peut d'abord sembler plausible mais, en y réfléchissant bien, nous savons qu'il n'en est rien. Aucune étude, aucune expérience, aucune sagesse ne peut affirmer que cette violence est source de bien. Nous, les humains, avons cette fâcheuse habitude de croire que de toute évidence ce que nous faisons est bien... «Cela va de soi, voyons...» puisque nous le faisons! Nous pouvons être passablement narcissiques.

Il y a plus étrange encore. Nous avons souvent tendance à prendre en pitié, à plaindre et à protéger une personne qui agit avec cruauté. Nous nous disons que, pour agir de la sorte, elle doit avoir terriblement souffert. Notre âme compatissante livre donc bataille à notre esprit de sagesse... et l'emporte.

Lorsque nous présentons l'affaire Sandra Hart à des intervenants professionnels dans le cadre de séminaires de formation sur les dynamiques agresseurs-victimes, leur première réaction est l'étonnement et le dégoût. Mais en répondant à nos questions et en fouillant un peu plus, les participants découvrent souvent que leur réaction profonde n'est pas nécessairement identique à leur réaction publique. Les personnes en colère contre l'autorité, les lois ou les bureaucrates, leurs parents ou le gouvernement se réjouiront peut-être secrètement que cette femme ait agi de la sorte. Les personnes qui abusent des drogues ou de l'alcool – mais oui, certains psychologues, psychiatres, travailleurs sociaux et thérapeutes sont aux prises avec ces dépendances – pourront éprouver le désir inconscient de protéger cette femme qui souffre de la même dépendance qu'eux. Et les gens qui, enfants, ont été intimidés et blessés par un parent négligent ou qui les maltraitait, voudront peut-être passer cette femme à tabac, motivés par la peur intrinsèque d'être de nouveau blessés, ou peut-être voudront-ils plutôt la protéger, transférant sur elle leur pitié.

Aux dernières nouvelles, Sandra Hart a été reconnue coupable de sa dixième accusation d'ivresse au volant en décembre 1999 (quelle honte que l'État ait laissé traîner cette affaire aussi longtemps) et finalement condamnée à une peine de prison en janvier 2000.

La grâce au sein d'un quartier pauvre de Los Angeles[1]

En 1990, des inconnus circulant à bord d'une voiture tirèrent à bout portant sur le fils de Myrtle Faye Rumph. À peine quelques heures plus tard, ses parents et amis avaient tout mis en branle pour se venger. Surveillant les allées et venues des gens du quartier, ils étaient sur le qui-vive, prêts à abattre les meurtriers. Myrtle Faye est intervenue, leur expliquant qu'elle ne voulait pas qu'on venge son fils; elle désirait plutôt faire un geste à sa mémoire. Sans argent et sans aide gouvernementale, elle mit sur pied un centre de jeunes auquel elle donna le nom de son fils. Un endroit où les adolescents pouvaient se rassembler et obtenir du soutien, en toute sécurité, à l'abri de la violence et de la mort qui étaient leur lot quotidien. Lorsque Myrtle Faye fut à court d'argent, elle vendit sa maison pour maintenir les services du centre qu'elle avait créé. Cinq ans plus tard, le budget annuel du centre avait atteint 200 000 $ et il accueillait 125 jeunes par jour. Dans un article paru dans le *Los Angeles Times*, Myrtle Faye résume son action en ces mots: «Il n'était pas question de tourner en rond et d'attendre les subventions avant de faire quelque chose. C'est à nous, la communauté noire, que revient la responsabilité de changer notre destin. C'est ce que je tente de faire.»

L'auteur de l'article mentionne que Myrtle Faye n'avait ni «le profil ni la scolarité» typiques des fondateurs de tels centres. Elle avait abandonné ses études secondaires pour soutenir sa famille; plus tard, cette mère chef de famille s'était établie à Los Angeles avec un maigre billet de cinq dollars en poche! Quelle femme remarquable! Depuis 1995, chaque fois que nous racontons son histoire, nous devons retenir nos larmes pour nous rendre jusqu'au bout. Cette femme est un modèle admirable. Nous lui sommes

---

1. Corwin, Miles. «Mother Turns Grief, Grit to Memorial for Slain Son», *Los Angeles Times*, 29 octobre 1995, A27-A28.

reconnaissants; sa sagesse est si grande, son humilité si profonde. Nous sommes forcés d'admettre que nous avons bien du chemin à parcourir avant d'atteindre sa grandeur spirituelle et affective. Ce sont les Myrtle Faye qui nous rappellent que nous sommes, tout à la fois, des êtres limités et sans limites. Sans ces personnes-phares, sans doute serions-nous égarés. L'histoire de Myrtle Faye Rumph est l'un des exemples les plus frappants de véritable pouvoir qui ait été rapporté dans la presse récente. Et sa vie est rien de moins qu'une invitation à nous dépasser. (Pour en savoir davantage, ou aider Myrtle Faye, rendez-vous au http://www.wootencenter.org.)

Les petites choses

Nous oublions parfois que c'est la façon dont nous choisissons d'interpréter le monde qui détermine ce que nous en percevons. Notre interprétation du monde repose en grande partie sur ce à quoi nous choisissons de donner de l'importance, à tous les instants. L'univers est vaste. Qu'est-ce que je verrai en m'éveillant? Tu déposes toujours ta veste sur le bord de l'évier, dans la salle de lavage, lorsque tu rentres à la maison. Vais-je interpréter ce geste comme une tentative de me rendre la vie difficile? Comme un manque de respect flagrant pour les valeurs d'ordre et de propreté qui sont les miennes? Suis-je encore à ce point narcissique? Ou suis-je capable de voir ce geste comme l'une des différences qui nous distinguent? Et d'aimer ce qui te rend différent de moi, sachant bien que si nous n'étions pas différents, nous ne pourrions pas avoir de véritable relation de couple? Lorsque je m'éveillerai, demain matin, et que je verrai que tu as oublié de sortir les poubelles, vais-je me mettre à pleurer et à grincer des dents, ou vais-je plutôt repenser à l'agréable soirée que nous avons passée ensemble, en me rappelant à quel point tu es un partenaire merveilleux, tout en m'apprêtant à faire face aux défis de la journée?

Jour béni dans le comté de Tipperary

Il y a quelques années, lorsque nous sommes allés travailler en Irlande, nous avons vécu une expérience magnifique. C'était au cours d'un exercice que nous avions déjà animé maintes et maintes fois, mais qui s'est déroulé de façon légèrement différente, assez en tout cas pour le rendre inoubliable. À la fin d'une longue journée au cours de laquelle nous avions présenté des données troublantes sur les familles en difficulté, nous avons demandé à tous les participants de noter trois petites choses qui leur donnaient du plaisir. Aux États-Unis, ces petites choses vont du stylo à pointe fine au son d'une Harley-Davidson rugissant sur la route, en passant par le fait de jouer avec un chiot, de marcher sur la plage, le soir, avec son amoureux, de lire un bon livre ou de savoir que le disque dur de notre ordinateur est parfaitement en ordre. C'est un exercice tout simple et pourtant, au fil des ans, nous avons vu des groupes de médecins et d'avocats, de chauffeurs de camion et d'infirmières, de travailleurs sociaux et de cadres se mettre à pleurer sans retenue pendant que chaque homme et chaque femme lisaient leur liste, nerveusement mais fièrement, au milieu d'un silence attentif.

Les choses que nous aimons en disent davantage sur nous qu'à peu près n'importe quoi d'autre. C'est pourquoi nous demandons aux participants d'écouter respectueusement, puis de lire leur liste sans rien expliquer ni justifier. Ce que nous aimons, voulons ou apprécions n'exige aucune justification. C'est ce que nous sommes. La liste n'est rien de plus qu'un miroir de nos préférences. Chaque personne énumère donc trois choses qu'elle aime, puis cède la parole à la suivante.

Lorsqu'on fait l'exercice avec respect, attention et empathie, il est presque impossible de ne pas être profondément ému par la liste de chaque personne. Il en découle une atmosphère de vulnérabilité et de confiance où chacun se sent fier d'être unique, tout en étant capable d'apprécier les autres et de s'en rapprocher. Chaque homme et chaque femme ont l'occasion de vivre pendant un court moment un paradoxe magique: ils se sentent simultanément distincts des autres et en lien avec eux. Je suis unique, si bien que personne ne me comprendra jamais; pourtant, je me reconnais dans ton âme, si bien que je ne serai jamais seul.

L'exercice s'est donc poursuivi, chaque personne attendant nerveusement son tour, et chacune écoutant avec empathie la liste des autres. Nous étions fatigués. L'un de nous était malade depuis plusieurs jours, et avait besoin de se reposer. C'était notre première visite en Irlande, où nous avions des ancêtres. C'était un retour au pays, mais nous avions du travail à faire et nous devions présenter nos conférences aussi professionnellement que possible. Nous étions inquiets de la réception qu'on nous ferait, sachant que l'année d'avant un conférencier américain avait été mal accueilli. Pendant que les participants lisaient leur liste à tour de rôle, et que cette longue journée tirait à sa fin, nous nous sommes aperçus que nous étions entrés en relation avec une ascendance que nous n'avions jusque-là connue que par l'intermédiaire de livres. Nous partagions les peines et les joies de gens dont nous avions craint qu'ils ne nous aiment pas, et nous avions forgé des liens intimes avec un groupe d'êtres humains merveilleux, d'une autre nationalité. Au moment où la quatre-vingt-cinquième personne lisait sa liste, nous avons senti des larmes couler sur nos joues et, lorsque nous avons regardé autour de nous, nous avons vu couler des larmes sur les joues de quatre-vingt-cinq autres personnes. Nous avions tous été profondément touchés par cette expérience, et ce fut le couronnement parfait de cette journée mémorable.

Vous vous demandez peut-être ce que les Irlandais nous ont dit aimer ? Eh bien, ils ont énuméré des choses comme les stylos à pointe fine, jouer avec un chiot, marcher au bord de l'océan avec son amoureux, lire un bon livre, pêcher tranquillement sur un lac, s'asseoir près d'un bon feu par une soirée froide, l'odeur du café frais le matin, les gros nuages joufflus, une bonne discussion, le cinéma, la voile, une maison bien propre, une couette de duvet, des chevaux, de bons amis, les relations sexuelles, les pâtisseries françaises... Vous savez, le genre de petites choses qui nous rendent tous heureux.

Pour quelqu'un qui a été isolé pendant une grande partie de sa vie, une simple promenade avec un bon ami peut constituer l'une des expériences les plus agréables au monde. Un homme qui sort de prison aura l'impression de vivre le paradis sur terre en prenant une bonne bouffée d'air frais. La chaleur du soleil sur notre peau, au début de l'été, peut nous rendre complètement euphoriques, surtout si l'hiver a été long et dur. Autrement dit, il faut parfois expérimenter la privation pour vraiment apprécier les choses importantes de la vie, les petites choses. En tant que psychologues, l'une de nos plus grandes joies consiste à voir des gens qui n'apprécient pas grand-chose et qui sont victimes de diverses dépendances se transformer en personnes qui apprécient ce qui les entoure et qui découvrent leur dimension spirituelle. Nous ne disons pas qu'il faut faire exprès de se priver, ou briser notre existence dans l'espoir d'en venir un jour à apprécier les subtilités de la vie. En fait, lorsque nous ne nous engourdissons pas au moyen de comportements dépendants ou compulsifs, la vie comporte suffisamment de douleur et de privations naturelles pour que nous devenions reconnaissants des petites choses qui ont tant d'importance. À la condition cependant d'être adultes.

Comme il vous plaira...

Il est essentiel de savoir ce qui nous plaît et nous déplaît. Si vous avez l'occasion de rendre visite à une personne qui souffre de dépression, vous aurez une bonne idée de ce que nous voulons dire. L'environnement de cette personne reflétera son état mental: peu de tableaux ou d'affiches sur les murs, ni fleurs ni objets décoratifs dans la maison, rien qui exprime son identité. Peut-être certains de ces éléments seront-ils présents, mais la maison sera négligée, comme si la personne qui y vit n'était que de passage, en voyage d'affaires, et n'avait pas le temps d'aménager les lieux à son goût. Ce que nous aimons, ce que nous désirons et la façon dont nous exprimons notre être dans notre espace de vie constituent des aspects essentiels de ce que nous sommes.

Dans certaines familles, on accorde peu d'importance à l'esthétique, et encore moins aux goûts individuels de chaque personne. Un enfant aimerait que sa chambre soit peinte d'une certaine couleur, mais les parents ne tiennent pas compte de son désir. Maman achète pour cinq dollars de fleurs pour décorer la table, et papa réagit comme si elle venait d'acheter le Taj Mahal. Dans d'autres familles, l'identité et l'esprit de chaque personne sont considérés comme des cadeaux du ciel devant être respectés et alimentés pour le mieux-être de tous. On accepte et on valorise le fait qu'un enfant préfère une certaine couleur, par exemple, parce qu'on considère cette préférence comme une expression de sa volonté propre. Et la volonté est perçue comme une manifestation de l'esprit et de l'identité de chacun, plutôt que comme de l'effronterie ou une attitude de défi. Lorsqu'un bébé aperçoit un hochet dans son berceau, et qu'il tend sa main minuscule pour s'en emparer, son cœur bondit d'excitation. Car il fait beaucoup plus que saisir un jouet: il s'élance à la découverte de l'univers, où il pourra apprendre, évoluer et élargir ses horizons. Et décorer un nouvel appartement, c'est exprimer, renforcer et clarifier son identité et son esprit. Au fur et à mesure que nous découvrons ce que nous aimons, et que nous explorons l'univers, à la recherche de tout ce qu'il y a à découvrir et à expérimenter, notre moi intérieur s'approfondit et s'épanouit. Si nous ne savons pas ce qui nous plaît, et que nous ne vivons aucun plaisir, cela indique très clairement une souffrance intérieure.

Les relations de couple
sont incroyablement faciles à vivre

On entend souvent dire que ce que l'on aime, chez l'autre, peut aussi, à la limite, nous déplaire. Par exemple, tel homme dira que sa femme le rend fou à force de se soucier des moindres détails de la décoration mais, dans le même souffle, il lui fera des compliments sur la façon dont elle tient la maison. Une femme se plaint que son conjoint soit trop rationnel, mais elle admire son succès en tant qu'avocat. L'appréciation des choses est un acte complexe, qui devient de plus en plus profond et simple au fur et à mesure que nous acquérons de la profondeur.

Lorsque nous recevons des couples en thérapie, nous demandons à chacun des conjoints de bien examiner ce qui les frappe le plus l'un chez l'autre, puis nous nous interrogeons ensemble sur ces caractéristiques.

Le fait de s'interroger est une chose merveilleuse, qui semble pourtant tellement simple. Je me demande comment je me sens quand je te vois te débattre bravement avec telle ou telle difficulté. Je me demande comment tu te sens. Je me demande pourquoi cette chose en particulier est difficile pour toi, alors qu'elle est facile et naturelle pour moi. Je me demande si elle te pose encore plus de difficulté que je ne le crois. Je me demande si cette difficulté te permet d'évoluer dans des directions que je n'imagine même pas. Je me demande ce qui arriverait si je te confiais mes interrogations.

Et c'est là que ça se corse. Tant que je te regarde et que je te vois te débattre avec une difficulté, il s'agit d'une chose. Mais si je te confie mes interrogations, alors je te dévoile les difficultés que j'éprouve avec toi. Et il est bien plus facile de te dire que j'admire tes efforts que de te dire ce qui m'irrite chez toi. Mais, au fait, ce n'est pas vrai. C'est tout aussi risqué parce que, d'une façon ou de l'autre, je me dévoile tout autant. Je devrais peut-être tout simplement m'asseoir à bonne distance, ne prendre aucun risque et me contenter de t'encourager de façon magnanime, avec des phrases comme: «Je sais que tu es capable», «Je suis sûr que tout va bien se terminer» ou «Ne t'en fais pas.» Mais qu'arriverait-il si je te disais: «Je te vois te débattre, et ça me perturbe. Je ne sais pas quoi te dire. Ta détermination m'émeut comme je n'ai jamais été ému avant.» Ça, c'est une tout autre histoire. Soudainement, nous sommes tous les deux complètement stupéfaits, mais pour des raisons à la fois très différentes et inextricablement liées. Ça, c'est vraiment stupéfiant.

Chaque fois que je dévoile ma vulnérabilité à un autre être humain, je cours le risque de me faire blesser. Et il n'y a pas le moindre doute que l'on devient vulnérable lorsqu'on dit à quelqu'un qu'on l'aime beaucoup et qu'on serait malheureux sans lui.

Et si je lui dis qu'il a un troublant pouvoir sur moi, mais que je me sens moi-même puissante et aimante, et que j'ai l'espoir d'être aimée en retour, en sachant qu'il est libre de ne pas m'aimer, alors nous touchons au merveilleux de façon presque indescriptible.

C'est une pure joie pour nous que d'entendre un homme dire à sa femme qu'elle est ce qu'il a de plus précieux au monde, et qu'il apprécie tout ce qu'elle fait et tout ce qu'elle est, qu'elle embellit sa vie et qu'elle est devenue sa grande amie. Qu'il apprécie sa nature extravertie, son aptitude à aller au-devant des gens et à réaliser des choses, son sourire et son sens de l'humour, sa sensibilité aux émotions des autres, le fait qu'elle lui tienne tête et l'affronte lorsqu'elle le juge nécessaire, et qu'elle soit sexy. Il est tout aussi extraordinaire d'entendre une femme dire à son mari qu'elle apprécie sa force, son savoir-faire et son expérience du monde, sa nature réfléchie, qui équilibre son caractère extraverti à elle, sa profondeur, son sens de l'humour – qu'elle admire depuis toujours –, sa puissance et sa douceur. Qu'elle n'aime pas les hommes faibles et passifs, et qu'elle ne le juge ni faible ni passif.

Plusieurs couples nous ont confié qu'il leur arrive souvent de se tourner vers leur conjoint et de lui dire spontanément: «Je t'aime et je t'estime.» Ravi de cette remarque, l'autre prend le temps de savourer ce moment de bonheur et, tôt ou tard, il fera à son tour le même genre de commentaire. Ils ne font pas cela parce qu'ils ont lu dans un livre, ou entendu dans un atelier, que c'était une bonne chose. Ils pensent ce qu'ils disent et ils éprouvent le besoin de le dire parce qu'ils ont vécu les déceptions de la vie, qu'ils acceptent ce que la vie a à offrir et qu'ils savent à quel point elle est fragile et combien fugitif est le moment qui passe.

Un jour, un homme nous a raconté qu'il avait eu, dans le passé, l'habitude de diminuer les gens qui appréciaient certaines choses, surtout s'il s'agissait des petites choses qui enrichissent tellement la vie. Il ressemblait un peu à Ebeneezer Scrooge à cet égard. Tout n'était que «connerie» à ses yeux. Les adultes qui prennent plaisir à lire les bandes dessinées dans les journaux du week-end ou qui se tiennent par la main en se promenant dans le parc étaient des «cons», tout comme les romans policiers et les rêvasseries au sujet de l'avenir n'étaient que «conneries». «Des adultes qui se tiennent par la main. Qu'est-ce que c'est "quétaine"! Ils devraient avoir honte!» s'exclamait-il. Ou encore, sur un ton dégoûté: «Mais on s'en fout de la couleur de ta voiture. Une voiture, c'est un moyen de se déplacer du point A au point B. Allez, achète-la, qu'on sorte d'ici.»

Puis il s'est mis à subir perte sur perte. Il a d'abord perdu un bon ami, qui en a eu assez d'entendre ses critiques et ses commentaires négatifs. Puis, le cancer lui a enlevé un poumon. Ensuite, sa mère, puis son père, sont décédés. Sa femme a demandé le divorce, parce qu'il était trop difficile à vivre. Finalement, il est passé à un cheveu de mourir dans un accident de voiture, et il a subi une convalescence douloureuse et très longue.

La vie l'a non seulement mis à genoux mais l'a amené au seuil de la mort; c'est là qu'il a compris, pour la première fois, qu'il n'y a pas de différence notable entre la vie et la mort, qu'elles sont une seule et même chose; et pour la première fois, il est devenu capable d'apprécier les petites choses de la vie. Des années plus tard, en parlant de son deuxième mariage, il a dit avec simplicité et sincérité: «Notre relation est tellement merveilleuse. Certains jours, je m'éveille et je dois presque me pincer pour m'assurer que je ne rêve pas. Je me sens tellement reconnaissant de sa simple présence, à mes côtés, nuit après nuit. Je me sens plein de gratitude en pensant à la passion qui nous unit, à nos disputes, à nos rires, à nos larmes et à toutes les petites choses anodines que nous prenons plaisir à partager. Il y a dix ans, il m'était impossible d'apprécier ce genre de choses. J'ai finalement une idée de ce qu'est la vie.»

Un vieil homme subit un arrêt cardiaque et passe le plus clair des cinq dernières années de sa vie au lit, après avoir été actif et fonceur, et s'être sans cesse mesuré à de nouveaux défis pendant les soixante-quinze années précédentes. La vie lui a-t-elle joué un sale tour ou lui a-t-elle fait un cadeau subtil ? Est-ce qu'elle le punit de ses péchés passés ou est-ce qu'elle lui donne une occasion unique de laisser s'épanouir les recoins cachés de son âme, ceux qu'il a négligés pendant sa vie active ? Après avoir passé toute sa vie à craindre l'abandon, une femme dépendante vit les cinq dernières années de la vie de son mari dans la terreur, horrifiée à l'idée qu'il meure et qu'elle se retrouve seule à jamais. Quand il meurt, elle le pleure, bien sûr, mais elle trouve enfin la paix, même si elle est seule. Elle a dû subir la chose qu'elle craignait le plus au monde avant de pouvoir commencer à vivre avec dignité.

Dans le cadre de notre travail, nous avons rencontré des Américains, des Mexicains, des Canadiens, des Anglais, des Écossais, des Irlandais, des Sud-Africains, des Japonais, des Chinois, des Français, des Norvégiens, des Suédois, des Indiens, des Polonais, des Russes, des Thaïlandais, des Allemands et des gens de bien d'autres nationalités. La liste des petites choses qui rendent les êtres humains heureux s'allonge à l'infini...

... le craquement de la neige sous nos pas par une glaciale nuit de pleine lune, les sous-vêtements de finette, les colibris, le chardonnay, Paris la nuit, la côte de Kohala à Hawaï, l'air sec du désert, l'orchestre de Dave Matthews, les violents orages d'été, les ruisseaux de montagne, plein de poivre frais moulu sur ma salade, le rire d'un enfant, nager dans l'eau froide, mon chat, avoir les dents propres, un maquillage réussi, des relations sexuelles pleines de sensualité par un après-midi chaud, une bonne pièce de théâtre, Bangkok, la peau douce, le chocolat, les tapis de Turquie, lire le *London Times* le dimanche matin, les labradors, les parquets, des draps frais, les oranges, un orchestre symphonique, le lever du soleil dans le désert, les perroquets, La Mecque, les dim sun, les glaciers...

Chapitre 14

Savoir gérer ses peurs, sa douleur, sa honte et sa solitude

J'éprouve face à la solitude ce que certaines personnes éprouvent face au caractère sacré d'une église.
Elle me donne la lumière de la grâce.
Je ne ferme jamais la porte derrière moi sans me dire que je pose un acte de charité à mon égard.

Peter Hoeg
Smilla et l'amour de la neige

Honte et douleur devant l'entrée de la maison

*V*ous êtes dehors, en train de déneiger l'allée qui mène à la maison, quand votre mari ouvre la porte du garage, sort les poubelles et va les déposer au bord du trottoir pour la collecte hebdomadaire. En revenant vers la maison, il vous aperçoit et une vague d'anxiété l'envahit. Il court vers vous et vous dit, sur un ton à la fois dur et pleurnicheur: «Pourquoi ne jettes-tu pas la neige par là?», en indiquant d'un geste autoritaire l'endroit qui se trouve entre les conifères rampants et l'érable que vous avez planté cinq ans plus tôt. «Si tu continues de l'entasser là, tu vas écraser les conifères!»

On dirait qu'on vient de vous injecter de l'adrénaline pure directement dans l'aorte : votre tension artérielle grimpe en flèche, votre cœur bat à rompre, votre respiration s'accélère et vous avez au ventre une colère comme vous n'en avez jamais ressenti. Vous faites volte-face, le fusillez du regard et lui criez : «Veux-tu bien te la fermer!» Vous ne parlez jamais de cette façon, vous dites-vous, horrifiée. Sous votre regard meurtrier, vous le voyez se ratatiner et battre en retraite.

Peur et solitude dans la salle à manger

C'est jeudi soir et vous êtes en train de souper tranquillement avec votre conjointe. La semaine achève, et il est temps. Elle a été longue et particulièrement difficile. Vous n'êtes ni l'un ni l'autre en grande forme et vous êtes contents de vous retrouver ensemble, tranquilles, pour la première fois de la semaine. Vous discutez paisiblement de vos projets pour le week-end. Soudain, vous vous rappelez avoir promis à un de vos bons amis que vous et votre femme iriez à la première de la pièce de théâtre amateur dans laquelle il joue. La première a lieu demain soir, annoncez-vous à votre femme. Vous l'aviez totalement oublié et vous espérez contre toute attente qu'elle vous regardera en souriant, et dira avec enthousiasme : «Super! Je suis tellement contente qu'on y aille! C'est tellement excitant pour lui!» Mais, la connaissant, vous savez qu'il y a très peu de chances qu'elle réagisse ainsi.

Pour commencer, c'est une introvertie qui refait le plein d'énergie en faisant de petits travaux dans la maison, toute seule, et non pas en sortant et en se mêlant aux gens. Ensuite, vous venez tout juste de vous dire l'un à l'autre que vous êtes fatigués et que vous avez hâte de passer un week-end tranquille ensemble. Finalement, en tant qu'extraverti qui a passablement bien développé son côté introverti, au moment même où vos paroles ont passé vos lèvres, vous vous êtes dit : « Tu aurais dû dire : "Oh non! Je viens juste de me rappeler que j'ai promis à Robert d'aller à la première de sa pièce demain soir. Que dirais-tu si j'y allais et que je rentrais tout de suite après ?"» Mais il y a un côté de vous qui veut toujours faire plaisir à tout le monde, et c'est lui qui a eu le dessus. Il est trop tard maintenant pour retirer vos paroles, et l'atmosphère est tendue.

«Quoi? s'exclame-t-elle, déjà en colère. Mais veux-tu bien me dire à quoi tu as pensé? Je suis épuisée!» Elle se lève de table et se précipite hors de la salle à manger en criant: «Tu n'as aucune considération pour moi! Je n'en reviens pas!» Lorsque vous entendez claquer la porte de la chambre à coucher, vous sentez une bouffée d'anxiété vous envahir. Comme vous êtes fatigué, vous n'arrivez pas à vous calmer. Votre peur s'intensifie. Vous avez l'impression que votre mariage est soudain chose du passé. Le fossé qui vous sépare est intolérable. Au lieu de laisser retomber la poussière, ce qui vous permettrait à tous deux de vous calmer, vous vous dirigez vers la chambre. La porte est verrouillée. Votre peur s'amplifie encore. Vous êtes en état de trop-plein émotif.

Vous vous mettez à frapper sur la porte et, en désespoir de cause, vous essayez de raisonner avec elle, d'une voix que vous espérez assez forte pour qu'elle vous entende, de l'autre côté. Mais elle vous crie: «Arrête de crier! Laisse-moi tranquille! J'ai besoin de respirer!» Comme vous êtes dans un état très émotif, en entendant «J'ai besoin de respirer!», vous comprenez: «Je me suis enfermée ici pour pouvoir appeler une de mes collègues, celle qui est divorcée et qui n'arrête pas de dire à quel point elle s'amuse à sortir et à coucher avec toutes sortes d'hommes séduisants.» Vous passez aussitôt du trop-plein émotif à la colère.

«Ouvre immédiatement cette porte! Je suis sérieux! OUVRE!» Et vous frappez de plus en plus fort, jusqu'à ce que le jambage de la porte éclate.

«Là, tu dépasses vraiment les bornes! Je m'en vais!» hurle-t-elle.

Les émotions qui se cachent derrière la colère

Arrêtons-nous un instant et reprenons notre souffle. Des scènes comme celles qui précèdent surviennent tous les jours, d'un bout à l'autre du pays, chez des médecins, des avocats, des plombiers, des maçons, des vendeurs de drogue, des prostituées, des enseignants, des psychologues, etc. Elles prouvent deux réalités fondamentales :

1. La violence et la rage naissent de nos peurs, de notre douleur, de notre honte et de notre sentiment de solitude, ou d'une combinaison de ces quatre émotions.

2. La violence et la rage résultent non pas de ce qu'une autre personne fait, mais de ce que nous ne faisons pas.

C'est pourquoi, pour plusieurs personnes, ce chapitre est sans doute le plus important de tout le livre. La peur, la douleur, la honte et la solitude sont des émotions essentielles, car elles sont présentes aussi bien dans les liens les plus intimes entre deux partenaires que dans les blessures les plus profondes qu'ils s'infligent l'un à l'autre. Comme il arrive très souvent dans le domaine des relations humaines, ces émotions primaires donnent lieu à un paradoxe intense. On dit que l'intimité la plus profonde, entre deux personnes, se situe sur le plan de leur vulnérabilité. Nous avons dit la même chose en affirmant que « l'intimité la plus profonde survient au niveau de nos faiblesses ».

Être vulnérable, par opposition à perdre toute maîtrise

Mais cette affirmation exige une nuance importante car, pour vivre une intimité véritable au niveau de nos faiblesses, il faut être très fort. La force étant bien sûr la capacité de vivre nos émotions tout en les maîtrisant suffisamment pour les empêcher de déborder et de submerger tous ceux qui nous entourent. Il y a donc une énorme différence entre une personne qui éprouve une peine terrible, qui pleure à chaudes larmes et sanglote à fendre l'âme, mais dont on sait qu'elle pourra se maîtriser, et une personne qui pleure sans retenue et dont on a peur qu'elle craque soudainement. Il est difficile d'expliquer la différence entre les deux, surtout lorsqu'on ne dispose que de quelques secondes devant les micros des médias. En effet, elles sont en apparence identiques, surtout aux yeux des gens dont l'intelligence affective est limitée.

«Lorsqu'elle venait s'asseoir près de moi, j'avais un mouvement de recul intérieur. Je me disais que c'était tout simplement parce que je suis un homme (et tout le monde sait que les hommes ne sont pas censés être à l'aise avec les émotions), mais ce n'était pas cela. Je m'éloignais, car je savais qu'elle n'avait pas de limites intérieures. J'avais l'impression qu'elle répandait ses tripes sur moi et sur le plancher; et il aurait fallu que je reste calme et que j'absorbe tout cela, sinon je me faisais accuser de ne pas être capable d'intimité. Bon Dieu! Je suis tellement content d'en avoir parlé avec un thérapeute. Oui, il y avait quelque chose qui clochait de mon côté, mais ce n'était pas ce que je croyais. Le problème, c'est que je doutais de mes propres perceptions.»

Plus nous devenons à l'aise avec la beauté et la complexité des différents éléments qui composent notre personnalité, plus il nous devient facile de distinguer entre le comportement qui vient d'être décrit et celui qui suit. «C'était pendant le petit déjeuner, un samedi matin, raconte un homme. Je lui lisais un article de journal à haute voix. Il s'agissait d'une histoire émouvante, et mes lèvres se sont mises à trembler lorsque j'ai repris mon souffle et l'ai regardée pendant un instant. Ses yeux étaient pleins de larmes. Je me suis arrêté. Quand elle s'est mise à parler, sa voix s'est cassée et les larmes ont coulé sur ses joues. "Mon père était tellement cruel, a-t-elle dit. Je ne sais pas ce qui ne tournait pas rond chez lui. Et ma mère, à ce jour, n'a jamais voulu l'admettre. Quand j'étais petite, il me faisait des remarques méchantes et narquoises, sans la moindre raison. J'étais une gentille petite fille qui essayait tout le temps de bien faire. Mais il me disait des choses comme: 'Tu te penses tellement intelligente mais je sais, moi, ce qui en est.' Je regardais alors ma mère dans les yeux, dans l'espoir d'y voir un signe, n'importe lequel, indiquant que ce qu'il venait de dire était mal, mais elle se contentait de regarder les pommes de terre qu'elle était en train d'éplucher et de me dire: 'Viens m'aider. Je suis débordée, comme d'habitude.'"»

Et l'homme de poursuivre: «Au cours de toutes ces années que nous avons passées ensemble, je ne me suis jamais senti étouffé ou englouti par ses émotions; elle est remarquablement ouverte, mais elle ne perd pas la maîtrise d'elle-même.

Elle est vulnérable, mais sans être dépendante. C'est vraiment l'une des choses que j'admire et que j'apprécie le plus chez elle. Elle m'a tant appris. Je lui en suis très reconnaissant.»

Être ému et «craquer», ce n'est pas la même chose

Bien des gens diraient sans doute que les deux femmes dont nous venons de parler ont «craqué», confondant ainsi le fait d'être ému et celui de perdre la maîtrise de ses émotions. Comme dans l'histoire qui suit, où la confusion de l'homme frôle le comique: «Je suis venu à un cheveu de craquer, pendant la réunion des vendeurs, quand cet enfoiré s'en est pris à moi et m'a blâmé du mauvais rendement de l'entreprise au troisième trimestre. Les deux vice-présidents et tous les vendeurs assistaient à la réunion. J'avais l'impression de mesurer à peu près deux pouces de haut, même si c'est moi qui ai fait le plus de ventes!»

«Vous avez presque craqué?» lui avons-nous demandé.

«Oui. J'ai senti mes lèvres se mettre à trembler et ça m'a tout pris pour ne pas perdre la maîtrise de mes émotions.»

«Qu'est-il arrivé ensuite?»

«Je me suis calmé et je leur ai dit: "Mes ventes sont les meilleures de toute l'équipe. Je pense que nous pouvons rétablir notre rendement si nous examinons ce qui se passe réellement dans le marché."»

Nous avons pensé: «Il a parfaitement bien réagi!» Et nous lui avons demandé, l'air étonnés, mais sans sarcasme: «Mais pourquoi dites-vous que vous êtes passé à un cheveu de craquer?»

«Vous savez bien: j'ai presque pleuré.»

En d'autres mots

La peur, la douleur, la honte et le sentiment de solitude sont des émotions normales et saines. Elles sont aussi très puissantes. Lorsqu'elles ne sont pas contenues, ou qu'elles ne sont ni identifiées ni reconnues, elles peuvent conduire à la rage et à la violence ou à un comportement extrêmement manipulateur et étouffant. Lorsqu'elles sont intégrées et contenues, cependant, elles permettent d'accéder aux plus profonds niveaux d'intimité qu'on puisse imaginer. Les gens qui ne peuvent saisir cette nuance ont de la difficulté à distinguer entre leurs propres réactions et celles des autres et ont tendance à mettre toutes les réactions affectives dans une seule catégorie, à se laisser submerger même par les émotions saines, les leurs comme celles des autres, ou à ne pas pouvoir distinguer entre les émotions «excessives» et celles qui sont exprimées avec honnêteté et grâce.

Découvertes importantes au sujet des émotions

Si on lui soumettait les scènes survenues devant la maison ou dans la salle à manger, Daniel Goleman[1] dirait sans doute que les cerveaux des protagonistes ont été affectivement détournés. John Gottman[2] y verrait des exemples de trop-plein émotif. Et le docteur Redford Williams, de l'Université Duke, auteur du livre *Anger Kills*[3], penserait à l'augmentation du taux de cortisol chez ces personnes, et à ses méfaits sur leurs artères coronaires. Mais peu

---

1. Goleman, Daniel. *L'intelligence émotionnelle*, Paris, Éditions Robert Laffont, 1997.

2. Gottman, John M. *Why Marriages Succeed or Fail*, New York, Simon & Schuster, 1994.

3. Williams, Redford et Virginia Williams. *Anger Kills: Seventeen Strategies for Controlling the Hostility That Can Harm Your Health*, New York, Harper Perennial, 1994.

importe l'angle sous lequel on considère ces scènes, elles sont néfastes, pour chacune des personnes concernées comme pour les couples. Gottman a étudié le couple pendant des années ; ses recherches démontrent que tous les échanges ayant lieu lorsqu'on est en état de trop-plein émotif sont dommageables pour la relation. Les couples vraiment harmonieux ont trouvé des moyens de se calmer et de calmer l'autre, ce qui leur permet de réduire au minimum la fréquence et l'intensité de ces épisodes. Mais certains ne savent même pas ce qui leur arrive avant, pendant et même après des scènes de ce genre.

Dans leurs cours de biologie et de psychologie, les étudiants apprennent que les émotions se concentrent dans une région du cerveau appelée système limbique, ou cerveau reptilien, parce qu'il a le même degré de complexité que le cerveau des reptiles. Ce dernier leur sert à réagir rapidement aux stimuli de leur environnement, et guère plus. Si vous voulez en savoir plus long sur le fonctionnement du cerveau, procurez-vous le livre de Goleman intitulé *L'intelligence émotionnelle*, et lisez la section sur le cerveau et les émotions. Vous y trouverez des explications claires, complètes et tout à fait fascinantes.

En un mot, lorsqu'un événement-stimulus se produit – vous apercevez un serpent à sonnette en position d'attaque à cinq pieds de vous, votre mari critique le travail exténuant que vous venez de faire, vous croyez que votre femme est sur le point de vous quitter... –, un feu roulant de réactions s'enclenche aussitôt. L'information est rapidement acheminée aux zones visuelles ou auditives du cortex cérébral, de sorte que vous voyez ou entendez ce qui est en train de se produire. Puis elle est transmise au système limbique, où elle est «ressentie» sous forme d'émotion, comme la peur ou la honte. Elle irradie ensuite dans le cortex cérébral, la partie la plus évoluée du cerveau, celle qui nous permet de réfléchir, contrairement au serpent et, du moins peut-on l'espérer, de tempérer notre réaction en fonction de la situation. Goleman a remarqué qu'une autre réaction, plutôt intrigante, s'ajoute à cette séquence: une petite portion de l'événement-stimulus atteint directement le système limbique, ce qui signifie que nous réagissons au serpent à sonnette, pour reprendre l'exemple de Goleman, une fraction de seconde avant de le «voir»! En fin de compte, tout ceci signifie que:

- Nous réagissons très rapidement à ce qui se produit autour de nous.

- Nous ressentons ce que nous devons ressentir, que nous l'admettions ou pas.

- Dans la plupart des cas, l'*homo sapiens*, parce qu'il possède un néocortex en plus d'un système limbique, a le privilège de choisir la façon dont il réagira aux événements.

- Ne pas avoir conscience de nos émotions ou en avoir une conscience trop aiguë sont deux attitudes qui peuvent l'une comme l'autre nous mettre dans le pétrin.

- Les émotions s'expriment de façon non verbale; l'importance des mots est presque nulle.

- Si le cerveau enregistre les émotions, le corps, lui, les ressent.

- Nous éprouvons des émotions en permanence. Aussi, lorsque nous disons: «Je ne ressens rien en ce moment», cela signifie que nous n'avons pas conscience de ressentir quelque chose en ce moment.

La peur, la douleur, la honte et le sentiment de solitude sont des émotions bénéfiques, tant qu'elles ne sont pas excessives

La peur

La peur nous rend sages. L'absence complète de peur nous fait poser des gestes stupides. Être courageux, c'est être capable de faire des choses qui nous font peur, parce qu'elles doivent être faites, tout en sachant à quel point elles nous effraient au moment où nous les faisons. Regardez bien les premières scènes du film *Il faut sauver le soldat Ryan*, et vous comprendrez parfaitement ce que nous voulons dire. Si vous faites semblant de n'avoir peur de rien, parce que la peur était ridiculisée ou mal vue quand vous étiez enfant, ou que personne, dans votre famille, n'a jamais admis avoir peur devant vous, vous continuerez de vous brûler la main sur le rond de la cuisinière, de vous faire blesser encore et encore en vous engageant dans des relations toujours semblables, ou d'exprimer votre peur sous forme de colère ou de rage.

Quand j'étais petit, je m'amusais à collectionner les serpents. Un jour, avec un copain, nous poursuivions un lézard d'une espèce rare le long d'un ravin; nous étions tellement excités que nous en avons oublié tout le reste. Le lézard s'est glissé sous un gros rocher, au milieu du ravin, et au moment où nous tendions la main pour l'attraper, nous avons entendu le terrifiant son du serpent à sonnette. Au moment même où il allait frapper, nous avons bondi sur le côté, hors de sa portée. Nous avions autour de six ans et, s'il nous avait atteints, nous en serions certainement morts. Depuis ce jour, et il y a quarante-neuf ans de cela, chaque fois que je vais marcher dans les montagnes arides qui bordent la côte, je ressens juste assez d'anxiété pour m'empêcher de faire quelque chose de stupide que je regretterais pour le reste de ma (probablement courte) vie. Il faut dire, cependant, qu'en enfant typique issu d'une famille d'alcooliques, il m'a fallu plusieurs décennies avant d'apprendre à me protéger des serpents humains qui se sont présentés sur mon chemin.

La douleur et la peine

Nous ressentons de la peine ou de la douleur lorsque nous avons été blessés, ou que nous sommes sur le point de l'être. Elles sont donc essentielles à la bonne santé affective et physique. Dans les familles où la peine est ignorée, niée, minimisée ou rabaissée, les enfants en viennent à perdre cette source d'information souvent essentielle à leur survie. Par exemple, lorsqu'on minimise la souffrance causée par une relation malsaine, et qu'on cherche à justifier les mauvais traitements qu'on subit, on met sa vie en danger. Si vous avez grandi dans un «système familial qui niait la souffrance», vous risquez d'avoir de la difficulté à comprendre comment et pourquoi vous vous retrouvez sans cesse dans des situations douloureuses, et la réaction vitale nécessaire pour pouvoir vous sortir de ces situations vous fera défaut. Si vous posez la main sur l'élément d'une cuisinière, mais que vous niez votre douleur physique, vous ne retirerez probablement pas votre main tant qu'elle ne sera pas brûlée au troisième degré. La douleur est bénéfique. Elle nous aide à nous mettre à l'abri de nouvelles blessures.

La honte

La honte nous permet de devenir responsables; le sentiment de responsabilité nous rend capables d'humilité; l'humilité nous donne accès à la spiritualité, et cette dernière nous permet d'acquérir un pouvoir sain et équilibré. L'agresseur peut se définir comme une personne qui ne connaît pas la honte. Le fait d'avoir une bonne estime de soi ne signifie pas que nous n'éprouvions aucune honte, mais que nous pouvons ressentir un sentiment de honte approprié. La honte est le sentiment d'être imparfait, d'avoir des défauts, et tous les humains en ont. Aussi ressentons-nous tous de la honte de temps en temps. Et c'est ce qui nous permet de corriger certains de nos défauts. «Je fais souvent des remarques sarcastiques sur les gens, en me trouvant drôle. Mais l'autre jour, Jean Tremblay me l'a reproché devant tout le monde, et je me suis senti très gêné. Ça m'a blessé, aussi. Sur le coup, j'étais très en colère contre lui et j'ai eu envie de me venger en lui disant quelque chose de blessant, mais maintenant que j'y ai réfléchi, je pense que c'est moi qui dois changer, et non pas lui. Il avait raison, au fond.» Voilà un exemple de ce qu'un sentiment de honte approprié peut donner.

Le psychologue Gershen Kaufman[1] affirme que lorsque nous nous sentons honteux, nous nions notre droit de compter sur les

---

1. Kaufman, G. *Shame, The Power Of Caring*, Cambridge, Schenkman Publishing Company, 1980.

autres; selon lui, la honte débouche donc sur le sentiment d'être «coupé du troupeau» ou «différent». Lorsqu'on nous juge pire que les autres ou meilleur que tout le monde, nous nous sentons souvent honteux. Évidemment, la honte se manifestera différemment si on se fait constamment dire qu'on est le meilleur de tous. Dans ce cas, on risque de devenir arrogant, prétentieux, gâté et narcissique, ce qui est tout le contraire de l'humilité et du véritable pouvoir. L'une des pires humiliations qu'on puisse infliger à quelqu'un, c'est de faire comme si cette personne n'existait pas. C'est pourquoi les gens réagissent souvent de façon violente, ou très intense, lorsqu'une personne importante à leurs yeux ne leur prête aucune attention. C'est aussi pourquoi les comportements passifs-agressifs peuvent être tellement destructeurs.

La solitude

Comme la solitude engendre un sentiment très désagréable, plusieurs se demandent pourquoi on la considère comme une émotion positive. Nous sommes, comme les loups et les singes, des animaux sociaux; cela nous a permis de survivre sur cette planète beaucoup plus longtemps que si nous avions erré chacun de notre côté, en quête de nourriture, coupés les uns des autres. C'est l'aspect désagréable de la solitude qui nous pousse à nous regrouper, et qui nous permet de survivre. Des études récentes montrent que les gens bénéficiant d'un bon système de soutien vivent plus longtemps et luttent avec plus de succès contre des maladies graves que les gens affectivement isolés. Si le sujet vous intéresse, lisez le livre publié par le cardiologue Dean Ornish, du Centre médical de l'Université de Californie à San Francisco, intitulé *Love and Survival*[1]. L'auteur y cite la plupart des grandes études décrivant le rôle important que jouent nos relations sur notre santé physique.

Lorsque nous ne possédons pas les règles inconscientes nécessaires pour créer des relations interpersonnelles complexes, nous

---

1. Ornish, D. *Love and Survival: The Scientific Basis for the Healing Power of Intimacy*, New York, HarperCollins, 1998.

finissons par nous bâtir une coquille qui nous met à l'abri de toute blessure. Malheureusement, cette coquille nous empêche elle-même d'entrer en relation avec les autres, et nous devenons de plus en plus isolés et agités. Nous nous retrouvons alors pris dans un cercle vicieux. Pour nous libérer de ce piège, nous devons reconnaître que nous nous sentons seuls, puis admettre que la solitude est en fait plus nocive et plus douloureuse que les blessures qu'on risque de subir en essayant d'établir des relations valables avec les autres.

L'art de se rassurer soi-même

Dans un livre intitulé *The Search for the Real Self: Unmasking the Personality Disorders of Our Age*[1] (En quête du moi véritable: les troubles de la personnalité à notre époque), le psychiatre James Masterson propose une liste universelle et intemporelle énumérant les capacités du moi véritable. Ce sont ces capacités qui distinguent les personnes mûres, intactes et bien intégrées des personnes moins évoluées, qui ont souvent subi de sérieuses blessures psychologiques. La liste comprend entre autres la «capacité de profondément ressentir un vaste éventail d'émotions», la «capacité d'être seul» et la «capacité de calmer les émotions douloureuses». L'incapacité de calmer ses propres émotions joue un rôle dans de nombreux problèmes de santé mentale, mais nulle part autant que dans le cas des dépendances et des problèmes liés au manque de maîtrise des pulsions, particulièrement les problèmes de rage.

Lorsqu'une femme entre dans une colère terrible et qu'elle lance une coupe de cristal à la tête de son mari, c'est parce qu'elle n'a pas réussi à se calmer ou à se réconforter elle-même.

Quand une autre femme critique son mari et qu'il en est tellement blessé qu'il refuse obstinément de lui parler pendant des jours, et quand sa blessure est toujours aussi fraîche trois jours après

---

1.   Masterson, James. *The Search for the Real Self: Unmasking the Personality Disorders of Our Age*, New York, The Free Press, 1988.

la remarque de sa femme, il s'agit souvent d'un problème lié à l'incapacité de se réconforter soi-même.

L'aptitude à se calmer et à se réconforter a des racines aussi bien biologiques que comportementales. Le début des années 1970 a vu naître, dans les programmes de maîtrise et de doctorat en psychologie, un tout nouveau champ d'étude, celui de la physiologie du nouveau-né. Nous avons alors appris qu'il y a de très grandes différences individuelles entre les nourrissons : exposés aux mêmes stimuli, certains restent calmes et imperturbables tandis que d'autres sursautent et se mettent à pleurer. Certains semblent capables de se calmer automatiquement, alors que d'autres ont besoin de beaucoup d'aide de la part de leurs parents avant de retrouver leur calme.

Lorsqu'une personne atteint l'âge adulte, il est très difficile de dire dans quelle mesure sa «capacité de se calmer» est acquise et dans quelle mesure elle est d'origine physiologique. Nous savons que les personnes ayant subi plusieurs traumatismes pendant leur enfance, ou qui en ont subi un seul, mais d'une extrême gravité, sont susceptibles de souffrir du syndrome de stress posttraumatique, dont les symptômes sont désormais bien connus. Ils comprennent entre autres l'hyperréactivité aux stimuli qui évoquent le traumatisme original, l'insensibilité affective, des flash-backs intenses, la dépression et une augmentation généralisée de la sensibilité affective. Nous savons aujourd'hui que de tels traumatismes peuvent modifier les caractéristiques neurochimiques du cerveau, de sorte que ces modifications deviennent plus ou moins persistantes. C'est aussi ce qui explique l'efficacité de certains médicaments dans le traitement du syndrome de stress posttraumatique.

Il faut également savoir que la dépression clinique peut exacerber les émotions désagréables comme l'anxiété, la tristesse, la honte et la douleur; et que, parfois, les gens souffrant de problèmes de rage apparemment intraitables voient leur situation s'améliorer de beaucoup lorsqu'ils prennent l'un des antidépresseurs de type ISRS (inhibiteur sélectif de la recapture de la sérotonine), comme Prozac ou Celexa.

Mais il ne faut pas se méprendre. Les hommes qui, dans une crise de rage, battent leur petite amie ou envoient un automobiliste dans le décor, ne sont pas nécessairement victimes du syndrome de stress post-traumatique ni de dépression clinique. En fait, plusieurs d'entre eux ne souffrent pas de ces problèmes. Enfin, n'oublions pas qu'on peut aussi bien engendrer une personne incapable de calmer ses émotions en la traitant en bébé, en la gâtant, en la mettant en présence d'adultes qui maîtrisent mal leurs pulsions, ou en la poussant régulièrement au-delà des limites naturelles de son âge, pour ne donner que quelques exemples.

Stratégies de réconfort
La santé physique

Les deux émotions le plus souvent en cause, et de loin, dans les problèmes entre les êtres humains, sont la honte et la peur de l'abandon, comme dans les deux premiers exemples de ce chapitre. C'est lorsque nous nous sentons attaqués, sur le plan psychologique, ou que nous craignons de perdre des personnes importantes pour nous, que nous risquons le plus de «perdre les pédales».

Si vous avez de la difficulté à vous calmer ou à maîtriser vos émotions, nous vous invitons fortement à faire le point sur votre santé physique, incluant votre état neurophysiologique et votre régime alimentaire.

L'irritabilité peut résulter d'un manque de sérotonine, de déséquilibres hormonaux, de carences alimentaires ou de troubles du métabolisme, comme l'hyperthyroïdie. Il arrive que nous ayons du mal à nous calmer parce que nous buvons trop de café ou que notre tension artérielle est trop élevée. Certains suppléments à base d'herbes aromatiques peuvent causer divers problèmes, comme la fatigue et des troubles de la mémoire. Le ginseng fait grimper la tension artérielle de certaines personnes et les rend nerveuses. Nous mentionnons ces facteurs physiques en premier car, lorsque vient le temps de comprendre certains troubles affectifs, on les examine bien souvent en dernier. Et il y aurait moyen d'éviter beaucoup de douleur et de peine si on les considérait en tout premier.

Notre façon de penser

L'un des chapitres d'un livre que nous avons publié il y a treize ans s'intitulait: «Vous êtes ce que vous pensez (parfois)». Les thérapeutes qui utilisent les thérapies cognitives comportementales et les chercheurs qui les ont mises au point savent que notre vision du monde peut énormément influencer la façon dont nous vivons et gérons nos émotions. Il a récemment été prouvé que les personnes atteintes de troubles obsessifs compulsifs graves arrivent à gérer leurs comportements en maîtrisant mieux leurs pensées, grâce à la thérapie cognitive comportementale. Mais ce n'est pas tout: cette technique modifie l'activité du cerveau, de la même façon que les médicaments psychotropes! En d'autres mots, la chimie de notre cerveau influence notre façon de penser et, dans certains cas, notre façon de penser peut modifier la chimie de notre cerveau.

Martin Seligman, ex-président de l'American Psychological Association et auteur du best-seller *Learned Optimism*[1], est l'un des nombreux experts qui ont su vulgariser la thérapie cognitive comportementale et la mettre à la portée du grand public. Il explique comment corriger les pensées négatives qui maintiennent tant de gens, indéfiniment, dans leur rôle de victimes. Pour certain, l'adversité est rapidement perçue comme un défi à affronter, qu'ils arriveront tôt ou tard à relever, quitte à subir des pertes tragiques et à entreprendre une nouvelle vie. Pour d'autres, l'adversité est tout aussi rapidement vue comme une nouvelle preuve de ce que «on bûche toute sa vie et puis on meurt».

---

1. Seligman, Martin E. P. *Learned Optimism: How to Change Your Mind and Your Life*, New York, Alfred A. Knopf, 1991.

Plusieurs clients nous ont dit, au fil des ans, que des événements qu'ils sont tout à fait capables de gérer les auraient jetés dans le désespoir à peine quelques années plus tôt. Ils attribuent une bonne part de ce changement aux modifications qu'ils ont apportées à leur façon de voir la vie et le monde. «on bûche toute sa vie et puis on meurt» n'est qu'une façon parmi d'autres de percevoir un monde imparfait où tout le monde vit des événements douloureux et injustes. Et si on le veut, on trouvera d'innombrables preuves, selon le point de vue d'où l'on se place, que la vie est aussi misérable qu'on le pense. Évidemment, les événements correspondent en général à nos attentes. Mon point de vue sur le monde me servira donc, en fait, à me donner précisément la vie misérable dont je me plains. Et si je me plains et me lamente chaque fois que je rencontre un écueil, les seules personnes qui pourront m'endurer seront soit des victimes, comme moi, soit des agresseurs. De toute façon, les uns comme les autres ne feront que me rendre la vie encore plus intolérable.

Mais si je change de point de vue, «on bûche toute sa vie et puis on meurt» devient soudain: «La vie est un mystère merveilleux qui déborde de problèmes quotidiens, de frustrations, de tragédies, de misère insupportable, de joie délirante et de l'excitation sans fin qu'on ressent en se levant le matin, en rencontrant des gens, en aimant ses proches – et en les détestant parfois –, et en continuant de croître et d'acquérir de la maturité jusqu'au jour de sa mort.» C'est ce qui distingue les gens qui ont confiance et qui espèrent même au cœur de situations apparemment désespérées, de ceux qui en sont incapables. Et ceci nous amène à vous parler d'une autre source de réconfort: nos liens avec les autres.

Nos liens avec les autres

Les êtres humains étant essentiellement des animaux sociaux, toute rupture des liens qui nous unissent aux autres constitue une importante source de détresse. De même, le fait d'entretenir des liens vraiment sains avec les autres est l'une de nos principales sources d'espoir et de confiance. Uri Bronfenbrenner, le réputé psychologue spécialiste du développement humain rattaché à l'Université Cornell, a mené une étude à grande échelle sur les adultes qui ont vécu de graves traumatismes pendant l'enfance. Il en a conclu, en résumé, qu'une seule chose distingue ceux qui «s'en sont sortis», sur le plan psychologique: il y avait au moins une personne, pendant leur enfance, qui «les aimait à la folie».

Comme nous l'avons dit plus haut, avoir des relations vraiment intimes avec les autres augmente notre résistance à toutes sortes de problèmes, dont les maladies physiques. Dean Ornish note qu'un nouveau champ d'étude, appelé «psychoneuroimmunologie», se penche maintenant sur les effets des facteurs sociaux sur le système immunitaire des animaux. Dans son analyse de ce que les psychologues appellent les «relations d'objet», il souligne que[1]:

> ...bien souvent, la façon dont les adultes entrent en relations avec les autres ne diffère pas beaucoup des modes de relations qu'ils ont appris pendant leur enfance. Si vous avez grandi dans une famille où l'amour, le soutien affectif et l'intimité étaient rares, vous êtes plus susceptible d'être méfiant et soupçonneux dans vos relations présentes avec les autres.

Bien sûr, l'inverse est tout aussi vrai. Si, en grandissant, vous avez été aimé de façon saine par les membres de votre famille, vous êtes plus susceptible d'être «ouvert et confiant dans vos relations actuelles». Il poursuit en énumérant plusieurs études qui ont démontré une réalité étonnante: le fait de ne pas jouir d'un réseau de soutien solide et intime constitue un plus grand risque, sur le plan de la santé physique, que le fait de fumer!

En fin de compte, le soutien et l'amitié d'autres êtres humains comptent parmi les «agents de réconfort» les plus puissants dont

---

1. *Op. cit.* 46, p. 39.

nous disposons. Il est particulièrement important, pour les hommes, qu'une bonne partie de ce soutien leur vienne de relations non sexuelles et non amoureuses, car le fait de combler tous ses besoins d'intimité au moyen d'une relation amoureuse est à la fois risqué et source de stress supplémentaire.

Avant de clore ce chapitre, rappelons que la majorité de la population nord-américaine meurt de maladies causées par le mode de vie: manque d'exercice, mauvaise alimentation, tabagisme, consommation d'alcool ou de drogues, stress et, par-dessus tout, manque de véritable soutien affectif. Réduire ces facteurs de risque permet non seulement d'accroître notre espérance de vie, mais aussi de nous réconforter. Et lorsqu'on est capable de se donner du réconfort, de façon saine, on a de bien meilleures chances de vivre un jour une relation amoureuse vraiment épanouie!

Chapitre 15

Assumer sa part de responsabilité

> *Mon Dieu, donnez-moi la sérénité d'accepter les personnes
> que je ne puis changer, le courage de changer la personne
> que je peux changer, et la sagesse de savoir que cette
> personne, c'est moi.*

Anonyme

Tu es toujours...

*I*maginez le scénario suivant. Votre mari est presque toujours
en retard. Vous n'avez jamais manqué un avion, mais vous avez
vécu tellement de courses précipitées vers l'aéroport, dans un état
de stress indicible, que vous en avez l'estomac rongé par l'acidité. Il
vous est arrivé tellement souvent d'arriver à l'opéra vingt minutes
après le début de la représentation que vous avez cessé, il y a très
longtemps, de vous imaginer calmement assise dans votre siège en
attendant le lever du rideau.

Il vous est arrivé tellement souvent d'attendre la fin du
premier acte dans le foyer du théâtre, en regardant la pièce sur un
écran de télévision en noir et blanc, en circuit fermé, que les
placiers vous lancent des sourires compatissants et entendus, et que
vous êtes convaincue qu'ils font des blagues sur vous, dans votre dos.

Vous êtes mariés depuis dix ans, et ça fait dix ans que vous roulez comme des fous sur l'autoroute en criant l'un contre l'autre, ou figés dans un silence glacial tellement tendu que vous avez l'impression que votre voiture est entourée d'une espèce de champ magnétique. Vous pensez savoir que vous n'êtes pas le seul couple où l'un des conjoints est ponctuel, et l'autre pas, mais vous avez beaucoup de difficulté à imaginer qu'un autre couple, quelque part dans le monde, vive ce problème de façon aussi aiguë que vous. Vous avez essayé tous les trucs possibles et imaginables, vous êtes même allée jusqu'à partir sans lui, à quelques reprises, mais il y a eu bien peu d'amélioration au cours de ces dix longues et pénibles années.

Le pire, c'est que vous vous sentez tellement... tellement... tellement trahie lorsqu'il est en retard. Vous avez l'impression qu'il le fait exprès, pour vous faire souffrir... S'il vous aimait, ce qui n'est sûrement pas le cas, il verrait à quel point ça vous met hors de vous, et il changerait. Il s'aperçoit sûrement de l'anxiété qu'il vous cause, et qui transparaît dans votre voix et sur votre visage. Il sait sûrement à quel point ses retards vous affectent, puisqu'il voit les colères terribles dans lesquelles ils vous mettent. Au fond, il doit secrètement vous détester. Il doit vous mépriser. Et ce qui rend les choses encore plus difficiles, c'est que vous l'adorez et êtes convaincue qu'il est ce qui est arrivé de mieux dans toute votre vie.

En ce moment, vous êtes assise dans la voiture, dans le stationnement en face de son bureau, à attendre qu'il émerge de l'édifice. C'est jeudi, et vous avez prévu aller à la représentation de 18 heures, au cinéma, pour éviter les foules du week-end. Des centaines d'images défilent dans votre cerveau, et des centaines de pulsations d'énergie chaotiques se bousculent dans votre corps. Vous sentez qu'il se prépare à affronter une autre de vos effroyables disputes.

Puis, quelque chose se produit. Votre point de vue change, et vous voyez votre mari sous un autre jour: c'est un pourvoyeur responsable et travaillant, un excellent père de famille, un amant merveilleux et un être humain qui a ses faiblesses, comme vous et comme tout le monde. Vous imaginez ce qu'il est en train de faire, et comment il doit se sentir. Vous le voyez se dépêcher, dicter une dernière courte lettre, signer un dernier contrat, dans l'intention de le mettre à la poste en se rendant au cinéma, et passer un dernier appel, pour pouvoir ensuite consacrer toute son attention à la soirée que vous allez passer ensemble.

En l'espace de quelques secondes, votre pouls, votre tension artérielle et l'activité de vos ondes cérébrales diminuent, pour atteindre des niveaux acceptables. Dans quelques secondes, ils auront encore baissé, et les vaisseaux sanguins périphériques de vos mains, de vos pieds et de vos membres se dilateront; vous éprouverez alors, dans tout votre corps, une agréable sensation de chaleur et de détente. Vingt minutes après l'heure convenue, vous voyez votre mari passer les grandes portes vitrées de l'élégant immeuble où il travaille. Il fait un effort vaillant pour avoir l'air joyeux, mais il ne réussit pas tout à fait à masquer sa profonde anxiété. Il saute dans la voiture et vous donne un petit baiser sur la joue en disant: «Je suis vraiment désolé d'être en retard. J'ai dû terminer ce contrat pour pouvoir le mettre à la poste en allant au cinéma.»

La maman et le sac à main...

Plusieurs des femmes adultes avec lesquelles nous avons travaillé avaient le même problème avec leur mère. Le cas le plus dramatique est celui d'une femme d'environ quarante-cinq ans, très compétente, qui assumait d'énormes responsabilités au travail. Elle a entrepris une thérapie avec nous pour «régler certains problèmes» dans ses relations avec sa mère. À mesure qu'elle nous raconte son histoire, il devient évident que sa mère de soixante-dix ans exerce un incroyable pouvoir sur ses quatre enfants. Notre cliente nous explique que personne, dans la famille, n'a jamais affronté la mère, car elle possède une arme secrète: si elle juge que l'un des enfants mérite d'être «puni», elle peut passer des mois sans lui adresser la parole. Cette façon de priver volontairement quelqu'un d'amour est une arme toute-puissante et c'est l'un des moyens les plus cruels qu'on puisse utiliser pour se donner du pouvoir au sein d'une famille.

Quelques années avant d'entrer en contact avec nous, notre cliente suit un atelier d'affirmation de soi dans l'entreprise où elle travaille comme cadre. Après plusieurs semaines, l'animateur de l'atelier lui dit qu'elle est prête à affronter l'un des problèmes qu'elle vit avec sa mère. Cette dernière a l'habitude de fouiller dans le sac à main de sa fille, comme s'il lui appartenait, chaque fois qu'elles se voient. Elle fait même des commentaires sur ce qu'elle y trouve, suggère à sa fille d'y faire le ménage de temps en temps, et ainsi de suite. Inutile de dire que notre cliente se sent chaque fois envahie, diminuée, humiliée et en colère.

Forte des techniques qu'elle vient d'apprendre, elle fixe un rendez-vous à sa mère, un midi, au restaurant. Pendant le dîner, elle se lève pour aller passer un coup de fil et fait exprès de laisser son sac sur son siège. Quand elle revient, elle trouve sa mère en train d'en examiner le contenu. Elle respire alors profondément, se calme et dit à sa mère: «Maman, j'ai quelque chose à te dire.» Sa mère s'arrête un instant et la regarde. «J'ai l'impression que tu ne respectes pas ma vie privée quand tu fouilles dans mon sac à main comme tu le fais là. J'aimerais que tu ne le fasses plus.»

Sa mère, légèrement surprise, lui répond, sur la défensive: «Mon Dieu! Tu fais encore une tempête dans un verre d'eau. Tu sais pourtant que j'agis pour ton bien.»

Notre cliente rétorque alors: «Je ne veux quand même pas que tu fouilles dans mon sac. Ça me dérange beaucoup.»

«Eh bien, je pense que nous devrions changer de sujet. Il commence à faire vraiment beaucoup trop chaud ici», répond sa mère, en s'adressant à elle comme si elle était petite fille.

Et ça s'est arrêté là. Quelques jours plus tard, la sœur de notre cliente lui apprend que sa mère est tellement bouleversée qu'elle se pense au bord de l'attaque cardiaque, et qu'elle a des crises de larmes depuis quelques jours! Selon notre cliente, c'est toujours ainsi que les choses se passent, et c'est pourquoi personne ne veut jamais affronter la mère directement. L'humiliation, les comportements défensifs et les crises qui en résultent n'en valent pas la peine. Quatre mois après l'incident, la mère de notre cliente ne lui a toujours pas reparlé, et elle se sent abandonnée, honteuse, sans défense et en colère.

Elle se joint alors à l'un de nos groupes de thérapie pour femmes. Pour la première fois de sa vie, elle découvre ce que c'est que d'appartenir à une famille saine. Les femmes sont à l'écoute les unes des autres, évitent de donner trop de conseils, rient et pleurent ensemble, le tout dans des conditions sécurisantes, puisque le groupe est encadré par une responsable, ni autoritaire ni manipulatrice. Après quelques mois, notre cliente a établi des liens assez solides et authentiques avec le groupe pour se sentir capable de faire une nouvelle démarche auprès de sa mère. La clé, cette fois-ci, consiste à utiliser la force de son propre amour envers sa mère, et à lui accorder le bénéfice du doute: à sa façon à elle, elle veut vraiment son bien, au fond, lorsqu'elle fouille dans son sac à main.

Les êtres humains ont toujours une raison d'agir comme ils le font, même lorsque leurs gestes ne sont pas les plus équilibrés au monde. Notre cliente doit donc se dire que sa mère, comme tout le monde, veut être aimée et respectée. Et que si elle réussit à prendre le contrôle de la situation, sans créer d'affrontement direct, sa mère devrait bien réagir (une technique éprouvée auprès des enfants qui font des crises). Nous aidons notre cliente à s'exercer à se comporter de façon aussi respectueuse, assurée et adulte avec sa mère qu'avec ses collègues. Elle doit simplement raffiner sa tentative précédente d'affirmation de soi, en y ajoutant un élément important: affirmer son amour pour sa mère au moment où elle réglera en douceur la question du sac à main.

Elle s'exerce encore et encore, avec le soutien du groupe, auquel elle confie sa peur d'échouer et de voir sa mère refuser de lui parler pendant six mois, puis elle annonce finalement qu'elle est prête. Elle invite sa mère à dîner chez elle. Le dos tourné à l'îlot central de la cuisine, elle prépare des sandwichs. Lorsqu'elle se retourne, elle aperçoit sa mère, de l'autre côté de l'îlot, en train d'examiner le contenu de son sac à main!

Elle prend note de l'émotion qu'elle ressent, se calme puis, d'un mouvement souple, ininterrompu et fluide, elle contourne l'îlot d'un pas joyeux, se dirige vers sa mère, lui prend le sac, gentiment mais fermement, tout en lui disant d'une voix joyeuse, sans aucune méchanceté ni mauvaise humeur: «Oh, maman, il y a longtemps que je ne laisse plus personne fouiller dans mon sac à main...» Simultanément, elle va déposer son sac sur l'une des plus hautes tablettes de la bibliothèque, et sans interrompre ses mouvements ni son discours, elle s'approche de sa mère, lui passe un bras autour des épaules et lui dit: «...Tu es la meilleure maman du monde, et je t'aime. Viens, on va prendre un bon dîner ensemble.»

Et le problème ne s'est plus jamais reproduit. Sa mère a presque fondu sur place, parce que sa fille a adroitement réussi à simultanément faire deux choses: elle a clairement empêché sa mère de fouiller dans son sac et elle a clairement affirmé à cette femme de soixante-dix ans qu'elle était bonne et méritait d'être aimée. Une femme qui n'avait jamais reçu le type de reconnaissance susceptible de traverser les défenses très rationnelles qu'elle s'était données lorsqu'elle était enfant. Il faut dire que ses parents, des fermiers d'origine scandinave, étaient surmenés et qu'ils jugeaient les gestes d'affection inappropriés. La semaine suivante, notre cliente s'est présentée à la réunion du groupe avec le maintien et la maîtrise de soi typiques des femmes vraiment adultes.

L'art de l'équilibriste

Lorsqu'un couple consulte le conseiller en divorce Jim Maddock[1], il leur dit d'entrée de jeu qu'ils «réussiront» leur démarche si, une

---

1. Communication personnelle, 2000.

---

fois que le divorce sera officiel et qu'ils se retrouveront chacun de leur côté, la seule question qu'ils se poseront, chacun pour soi, sera: «Qu'est-ce que j'ai fait pour contribuer à l'échec de ce mariage?» Pour la plupart des gens, le divorce est un processus douloureux et angoissant, parce qu'il affecte le psychisme jusque dans ses replis les plus intimes. Notre besoin de défendre notre ego est alors aussi fort, sinon plus, que notre besoin de défendre ce à quoi nous croyons avoir droit dans le règlement du divorce. Le défi que propose le docteur Maddock est donc colossal. Si les deux conjoints acceptent de le relever, ils en tirent des avantages incommensurables.

David Schnarch utilise une thérapie conjugale et sexuelle qui ne repose pas sur des techniques ou des comportements sexuels, comme certaines thérapies plus anciennes, mais sur la notion de différenciation psychologique. Et il obtient d'excellents résultats. Il affirme que[1]:

> Les personnes qui sont bien différenciées peuvent se mettre d'accord avec les autres sans avoir l'impression de «se perdre elles-mêmes», et elles peuvent être en désaccord sans se sentir aliénées ou amères. Elles sont capables de garder des liens avec les gens qui ne sont pas d'accord avec elles, sans cesser de «savoir qui elles sont». Elles n'ont pas à se retirer de la situation pour conserver leur identité.

Nous pensons aussi qu'il est préférable de consacrer notre énergie à la préservation de notre identité, plutôt que de concentrer toute notre attention sur notre partenaire (ce qui de toute manière ne donne aucun résultat). Dans un livre publié en 1988, intitulé *Adult Children: The Secrets of Dysfunctional Families*[2], nous définissions l'intimité comme suit:

1. Schnarch, David M. *Passionate Marriage: Sex Love and Intimacy in Emotionally Committed Relationships*, New York, W. W. Norton, 1997, p. 56.
2. Friel, John C. et Linda D. Friel. *Adult Children: The Secrets of Dysfunctional Families, Deerfield Beach*, Florida, Health Communications, 1988, p. 133.

La capacité d'être en relation avec quelqu'un sans y sacrifier notre identité.

Et ce n'est pas une mince affaire que de rester ce que nous sommes tout en étant proche de quelqu'un d'autre. D'un côté, il est passablement facile de protéger notre identité en ne nous engageant pas vraiment dans la relation, mais la relation en souffrira. C'est d'ailleurs pourquoi l'attitude défensive et le repli sur soi comptent parmi les «quatre cavaliers de l'Apocalypse», ou pires ennemis du couple, selon Gottman (p. 49). Ces stratégies de préservation de l'identité sont efficaces, mais elles nous tiennent à distance de l'autre, et elles peuvent devenir de redoutables techniques de manipulation. De plus, lorsqu'on y recourt régulièrement, on ne peut avoir de véritable identité.

D'un autre côté, il est facile de sacrifier notre identité au profit de la relation, mais il faut voir quel genre de relation en résultera. Si, comme l'a écrit Rilke, «l'amour, ce sont deux solitudes qui se touchent, s'accueillent et se protègent l'une l'autre», peut-on alors vraiment parler d'amour? Si je me perds dans l'autre, je n'existe plus; si je n'existe plus, l'autre ne peut avoir de relation avec moi; en fait, la relation n'existe même plus! L'art d'équilibrer la relation, comme le sous-entend la citation de Schnarch et la nôtre, consiste donc à préserver notre identité tout en alimentant simultanément la relation, et le faire avec probité. C'est ici qu'entre en jeu la question essentielle de la responsabilité personnelle.

La responsabilité personnelle

Une femme qui vit un mariage malheureux tombe tout à coup amoureuse d'un autre homme. Elle se sent tellement seule et vide, avec son mari, et elle a tellement peur de briser le fragile équilibre qui règne entre elle, lui et leurs enfants qu'elle finit par se convaincre que d'avoir une aventure est le moindre de deux maux, l'autre étant le divorce. Plus elle s'engage dans cette aventure, plus il lui devient difficile de concilier ses deux relations de couple. Jusqu'au jour où son château de cartes, en équilibre précaire, s'effondre autour d'elle. Lorsque son mari lui demande de but en blanc si elle a un amant, elle le regarde dans les yeux et y lit une peur profonde. Mais au moment où elle avoue sa liaison, elle se rend compte que le pire tort qu'elle lui a fait a été de lui mentir, sachant bien qu'il soupçonnait quelque chose. En lui mentant, elle lui a enlevé sa dignité, et la possibilité de réagir à la réalité plutôt qu'à des histoires inventées de toutes pièces.

Il nous arrive à tous de nous embrouiller dans des pièges que nous fabriquons nous-mêmes. Plusieurs personnes trompent leur conjoint sans trop comprendre comment cela a pu se produire. La véritable question est alors celle-ci: «Maintenant que nous avons constaté et ressenti les terribles dégâts causés par ce genre de trahison, comment allons-nous gérer nos problèmes de couple à l'avenir?» La femme qui est prête à évoluer, sur le plan de l'intégrité et de la probité, acceptera un énorme risque: celui de faire son bilan personnel de l'expérience. Ensuite, son premier geste consistera à présenter des excuses à son mari, sans tenter de se justifier, pour avoir faussé la réalité à ses yeux, et par le fait même avoir porté atteinte à sa dignité. Puis elle le laissera exprimer son état de choc, son indignation, sa profonde douleur, son sentiment d'avoir été trahi et ses peurs. Le fait d'avouer son aventure égalise les forces en présence, de la même façon que de la garder secrète lui donnait un pouvoir excessif et injustifié. Une fois qu'elle a mis cartes sur table, elle peut continuer à agir avec probité, soit en mettant fin au mariage, si elle a l'impression que la situation est sans espoir, soit en mettant fin à sa liaison, de façon à pouvoir se consacrer à sauver son mariage, à lui donner une autre chance, libre des entraves de l'autre relation.

Mais peu importe l'issue de son mariage, une chose est certaine: si cette femme devient véritablement responsable et intègre, elle n'acceptera plus jamais de gérer indirectement ses problèmes de couple en ayant une aventure secrète. Elle ne pourra plus envisager ce genre de solution, puisqu'elle a constaté de ses propres yeux à quel point elle est destructrice.

Lorsque nos clients font une démarche de responsabilisation personnelle, nous leur suggérons de visualiser la scène suivante: ils se trouvent dans une pièce dont chacun des coins est percé d'une porte. Ils se mettent alors à peindre le plancher, à partir du centre, vers la porte de leur choix. S'ils choisissent de devenir responsables, ils se retrouveront face à la porte qui donne sur l'honnêteté et l'ouverture avec leur conjoint, de sorte qu'ils n'auront pas d'autre choix que de résoudre les déceptions et le mal-être qu'ils ressentent dans leur relation de couple, clairement et respectueusement, avant de songer à entamer une autre relation amoureuse.

Pour reprendre notre exemple, si l'homme est vraiment adulte, il réussira à faire le deuil de sa relation, si profonde ait-elle été, parce qu'il sait que la vie se compose d'une multitude de deuils. Ce n'est pas la rupture, mais le manque de cohérence, d'honnêteté et d'intégrité qui le rend fou. Et c'est le fait que sa conjointe n'assume pas ses responsabilités qui l'emprisonne dans une relation douloureuse. Un homme adulte est capable d'accepter que sa relation avec sa partenaire prenne fin, si cette dernière lui dit clairement et sans détour ce qu'elle ressent. Si au contraire elle tente de préserver une fausse dignité en étant malhonnête, il se débattra avec le manque de respect implicite que comporte cette malhonnêteté. Ce qui engendre une douleur encore plus difficile à surmonter que celle de la rupture.

Être responsable de nos actes ne signifie pas que nous devions constamment nous blâmer pour toutes nos faiblesses. En tant que thérapeutes, nous aidons les gens à comprendre qu'ils ont acquis des défenses, des tactiques de manipulation, des dépendances et des comportements autodestructeurs lorsqu'ils étaient enfants, dans le but de se protéger de situations douloureuses, à une époque où ils n'étaient pas capables de se protéger de façon saine. Ce qui leur permet de s'accepter eux-mêmes et de se pardonner, puis de surmonter la honte qu'ils éprouvent face à leurs faiblesses. Cependant, comme le souligne le thérapeute américain Lyndel Brennan[1]:

---

1. Communication personnelle, 1995.

Accepter ses propres faiblesses, ou celles des autres, ne signifie pas qu'on doive fermer les yeux sur ces faiblesses. Nous pouvons nous accepter avec tous nos défauts, mais nous devons aussi accepter de mûrir et de surmonter nos faiblesses, au fur et à mesure que nous en devenons capables. Nous pouvons pardonner à quelqu'un de nous avoir fait du mal, mais nous pouvons aussi nous attendre à ce qu'il règle ses problèmes et qu'il cesse de nous faire du mal.

Cultiver l'intégrité, la probité et la responsabilité

Jean Piaget[1] a dit que les enfants en apprennent davantage sur l'empathie en jouant dans un carré de sable qu'en nous écoutant leur en expliquer les règles et en tentant de les mémoriser. Dans nos conflits avec les autres, nous constatons directement les conséquences de notre comportement sur eux, et les effets de leurs actes sur nous. Je t'enlève ton jouet et je ris de te voir pleurer jusqu'à ce qu'un enfant plus grand ou plus rapide que moi me l'enlève et que je me mette à pleurer à mon tour. Je te mens et je trahis mon engagement envers toi, et cela brise la confiance que tu as en moi ; puis une autre personne me ment et trahit son engagement envers moi, et cela brise ma confiance en elle. Ces expériences nous permettent d'agir avec respect, non seulement parce que les règles l'exigent, mais parce que nous avons une compréhension profonde, sur le plan intellectuel et affectif, des raisons qui sous-tendent ces règles.

Cela signifie-t-il que je devrai tuer quelqu'un avant de comprendre qu'il est mal de commettre un meurtre ? Évidemment pas. Il y a moyen de généraliser à partir des expériences de la vie, et le cerveau humain est parfaitement capable d'extrapoler à partir d'un cas sans gravité pour imaginer un cas extrême. Si quelqu'un me blesse avec des mots et tente de tuer mon esprit à force de

---

1.   Piaget, Jean. *La naissance de l'intelligence chez l'enfant*, Neuchâtel, Delachaux et Niestlé, 1968.

négligence affective, je peux me faire une très bonne idée de ce que doit ressentir la personne battue à coups de bâton à qui on menace d'enlever la vie.

Nous croyons que tous les êtres humains naissent avec le sens de l'empathie et de l'éthique, même ceux qui deviennent violents à l'âge adulte. Cette conviction vous semble peut-être chimérique, compte tenu de la violence qui règne dans la société d'aujourd'hui. Mais nous avons vu des agresseurs apparemment irrécupérables finir par se responsabiliser et retrouver leur dignité. Nous avons travaillé auprès de personnes tellement dominées par leurs compulsions sexuelles qu'elles ne croyaient jamais pouvoir vivre une relation monogame, sur le plan sexuel, avec leur partenaire. Nous les avons aussi vues guérir de leurs problèmes, choisir la responsabilité plutôt que la trahison et finalement devenir monogames.

Le sens des responsabilités est un choix. C'est une qualité qui se cultive. Et bien que la responsabilité entraîne la perte de certaines «libertés», elle nous apporte aussi des bénéfices incommensurables, et c'est pourquoi il vaut la peine de devenir responsable.

Il est essentiel de savoir qu'il faut apprendre l'intégrité, la probité et la responsabilité dans notre propre foyer avant de pouvoir les exercer hors de nos murs et dans le monde qui nous entoure. Imaginez le petit garçon qui entend cet échange entre sa mère et son père: «Tu m'as blessée en disant cela, et ça ne m'a pas plu.» «Tu as raison. Je suis désolé. J'ai dépassé les bornes en te faisant ce commentaire.» Jour après jour, année après année, le petit garçon voit ses parents se tenir debout, se disputer sans détours et avec respect, avouer leurs fautes sans essayer de se justifier à tout prix, laisser l'autre faire des erreurs sans constamment le prendre à partie, prendre des risques, agir en fonction de leurs principes plutôt que de se contenter de les énoncer, s'apprécier et s'aimer mutuellement et prendre plaisir à être ensemble. Une fois devenu un homme, ce petit garçon mènera automatiquement sa vie avec intégrité et probité, du moins la plupart du temps.

Certains d'entre nous n'ont pas eu de bons modèles de responsabilité en grandissant. Pour acquérir intégrité et probité, ils doivent commencer par faire le courageux bilan de ce qu'ils sont et des conséquences de leurs actes sur les autres. Parfois, la vie nous invite à faire un tel bilan; parfois, elle nous met au pied du mur et nous oblige à le faire. C'est le cas de cet homme qui a été emprisonné pour avoir involontairement tué un autre homme dans une bagarre entre ivrognes. Pendant des années, il s'est débattu farouchement et amèrement, plein de colère contre ceux qui l'ont mis en prison, et encore plus en colère, au fond, contre ceux qui l'avaient blessé lorsqu'il était enfant. Plus il était en colère, moins les autorités voulaient lui accorder une libération conditionnelle. Un jour, à l'âge de quarante-deux ans, il a finalement cessé de se débattre. Il a suivi le programme de réhabilitation pour alcooliques de la prison, pour la troisième fois. Cette fois, cependant, il le fit volontairement, non pas parce qu'on avait brisé son âme, mais parce qu'elle exigeait finalement d'être entendue... Après avoir été endormie pendant tant d'années, elle revenait finalement à la vie.

À la fin du programme de réhabilitation, il a entrepris une démarche de reconnaissance systématique de sa responsabilité face à tous ceux qu'il avait blessés au cours de sa vie. Sans qu'aucun tribunal le lui ait suggéré ou ordonné, il a commencé à offrir réparation pour le mal qu'il avait fait, ou à s'engager par contrat à le faire dès qu'il sortirait de prison et trouverait du travail. Ces contrats, il ne les avait établis qu'avec lui-même. Personne d'autre n'était au courant. À sa sortie de prison, il est venu nous voir pour que nous l'aidions à persévérer dans son comportement responsable et à guérir les vieilles blessures qui s'étaient accumulées depuis sa douloureuse enfance. De tous les hommes que nous avons rencontrés, c'est l'un des plus remarquables et celui qui s'approche le plus de la sainteté, à notre avis.

Après deux ans de consultations intermittentes, il est arrivé un jour avec plusieurs vieilles feuilles de papier jaunies et froissées. Il nous a alors expliqué qu'il s'agissait des contrats de réparation qu'il avait rédigés en prison. Il n'en avait jamais parlé à personne, et il avait vécu pauvrement pour économiser l'argent nécessaire pour respecter ses engagements ou les réaliser en travaillant bénévolement. Il nous apportait ces contrats pour rendre honneur, formellement, aux gens qu'il avait blessés et pour nous faire part de ses gestes. Il voulait que nous soyons témoins, en privé, de ce qu'il avait fait. Il espérait que son âme trouverait enfin la paix. Notre bureau s'est rempli de chaleur, de lumière et de larmes, ainsi que d'un sentiment de dignité et d'honneur d'une profondeur que nous n'avons jamais retrouvée depuis. Il savait que cette «cérémonie» devait se dérouler en privé, puisqu'il avait fermé toutes les autres portes, et que c'était la seule qu'il pouvait passer.

Au-delà des rôles de victime et d'agresseur

Le pouvoir est quelque chose d'intrigant. Certains le désirent plus que tout au monde alors que d'autres en ont peur et le fuient. On entend dire que le pouvoir nous corrompt et pourtant, si nous en étions complètement dénués, nous ne serions que des victimes sans défense. Nous considérons qu'il faut rechercher le juste milieu, en ce qui a trait au pouvoir comme à toutes les autres réalités humaines. Autrement dit, les problèmes surviennent lorsqu'on a trop de pouvoir, ou trop peu, ou qu'on dispose du mauvais type de pouvoir.

Nous avons connu une femme qui était persuadée qu'elle se désintégrerait et ne serait plus que honte si elle admettait être victime de quoi que ce soit. Mais si nous n'admettons jamais notre vulnérabilité, nous sommes condamnés à être soit des victimes soit des agresseurs; car nous sommes tous vulnérables devant les forces que nous ne maîtrisons pas. La femme la plus puissante au monde peut malgré tout être victime du cancer ou d'un ouragan. Un homme croyait qu'il ne pourrait jamais se libérer de son statut de victime, être heureux ou satisfait, ce qui est en soi un formidable piège, tant que la société ne reconnaîtrait pas légalement les torts qu'il avait subis en lui offrant une réparation quelconque. Certaines injustices sont tellement horribles ou délibérées qu'elles exigent réparation. Mais le fait que vous ayez été maltraité pendant votre enfance et que vous vous sentiez victime de quelque chose n'oblige pas votre employeur à vous payer pour agresser vos collègues.

Peut-être le savez-vous déjà: la plupart des gens emprisonnés dans un rôle de victime ou d'agresseur ne s'en rendent pas compte. Nous réinterprétons toutes nos expériences après les avoir passées au travers de nos filtres intérieurs. Lorsqu'un thérapeute dit: «Je pense que vous disposez de beaucoup de ressources et de forces que vous n'utilisez pas», le client peut interpréter cette phrase et comprendre que: «Le thérapeute a pitié de moi et il trouve que je ne fais pas grand-chose de ma vie.» L'avion est en retard et le préposé à la billetterie n'y peut rien, puisqu'il n'est ni pilote ni mécanicien, mais l'agresseur qui se cache sous les vêtements de la victime prend la réaction du préposé comme un affront personnel et lui dit: «Vous savez très bien que vous pourriez m'aider si vous le vouliez. Si j'étais riche ou célèbre, vous vous organiseriez pour que l'avion soit ici à temps!» Un homme invite un de ses collègues à aller souper; son collègue refuse, car il a déjà rendez-vous avec quelqu'un d'autre. Le premier, un agresseur déguisé en victime, réagit avec colère et l'accuse de refuser son invitation parce qu'il ne l'aime pas. Ne comprenant guère pourquoi il fait tout ce cinéma, son collègue risque d'être sur ses gardes la prochaine fois qu'il l'abordera, ce qui confirmera son impression erronée que cet homme ne l'aime pas.

La victime

Les personnes qui endossent le rôle de victime éprouvent un profond et intense sentiment d'impuissance; elles se retrouvent alors en position d'attente constante, attendant d'obtenir ce qu'elles veulent ou ce dont elles ont besoin, attendant que les autres changent, attendant que leur vie s'améliore. Ce qui peut ressembler à de la patience, de leur part, est en fait un jeu de croyances, d'émotions et de comportements qui expriment tous la même chose, avec une force incroyable: «Il y a quelque chose que je mérite ou dont j'ai besoin, mais je ne l'obtiendrai que si quelqu'un lit dans mes pensées et décide de me le donner. Je suis incapable de me donner cette chose à moi-même.» Si vous mettez en doute la justesse de ce raisonnement, vous ferez face à une résistance insurmontable de la part de la victime, résistance qui prendra la forme d'arguments rationnels. Un homme affirmera: «Je ne peux rien faire pour régler cet horrible problème, au travail, puisque mon patron est un incroyable salaud et que j'ai déjà demandé une mutation mais qu'il n'y a aucun poste d'ouvert en ce moment.» Et une femme vous dira: «Mon conjoint ne cesse de me faire des remarques désagréables, en public, mais il n'y a rien que je puisse faire. Je lui ai déjà demandé des centaines de fois d'arrêter et ça ne donne rien. Il ne m'écoute pas quand je lui parle.»

Même un prisonnier politique enfermé dans une cellule de 2,5 mètres sur 2,5 mètres peut faire des choix, chaque jour. Il peut courir sur place le lundi, commencer à écrire le roman dont il rêve depuis toujours le mardi, harceler ses geôliers le mercredi, prier pour eux le jeudi, faire des redressements assis le vendredi, manger le samedi, jeûner le dimanche, méditer le lundi, pleurer le mardi, s'enrager le mercredi, raconter sa vie aux autres prisonniers le jeudi, et ainsi de suite. Les gens qui conservent leur capacité de faire des choix, même dans des circonstances apparemment désespérées, arrivent à survivre; ceux qui endossent le rôle de la victime, cependant, renoncent à leur liberté de choisir pour s'enfermer dans une certaine sécurité, refusant d'assumer leurs responsabilités et préférant rester affectivement «enfants». Demandez à une victime si elle aimerait que les choses changent; elle affirmera avec véhémence que c'est ce qu'elle souhaite le plus au monde. Votre question, qui laisse entendre qu'elle veut peut-être continuer à stagner dans la vie, pourra même la vexer. Mais lorsqu'on examine son comportement, au-delà de ses protestations, tout ce que l'on voit, c'est une personne qui choisit de rester prise au piège, pour une raison quelconque.

Admettre que nous tenons le rôle de la victime – que nous sommes paralysés par la conviction que nous sommes impuissants – est une tâche herculéenne. Il est douloureux, gênant et angoissant d'abandonner la misérable sécurité dont jouit la victime car, pour plusieurs, elle est devenue un véritable style de vie. Mais elle peut aussi devenir, dans bien des cas, un ex-style de vie. Un jour, une femme nous a dit qu'elle avait décidé de bannir de son discours les mots «Si seulement...» et «Mais...», surtout lorsqu'elle parle de ses difficultés. Cette simple décision prouve qu'elle a pris conscience de son état de victime, et fait ses premiers pas chancelants dans la vie adulte.

L'agresseur

Jim Maddock et Noel Larson[1] ont été les premiers à affirmer que l'enfant qui grandit dans une famille malsaine et qui, une fois adulte, se trouve coincé dans le rôle de l'agresseur, a appris à se protéger en se coupant de ses émotions. Ce qui est tout à fait logique. Si votre père vous bat ou que votre mère vous étouffe avec le récit de tous ses malheurs, au lieu d'en discuter avec d'autres adultes, l'une des façons les plus fonctionnelles d'assurer votre survie sera de vous couper de tout cela. Ce qui donne rapidement lieu à des phrases comme: «On m'a fait assez de mal. Je ne me ferai plus jamais blesser. Je n'ai pas peur. Rien ne me fait peur! Je ne souffre pas. Rien ne peut me faire souffrir! Je n'ai pas honte. Je n'ai rien fait de mal – c'est toi qui as mal agi! Je ne suis pas seul. Je n'ai besoin de personne! Je ne suis pas triste. La vie est dure, c'est tout. La tornade a fait des morts? Secouez-vous un peu!»

---

1. Maddock, James W. et Noel R. Larson. *Incestuous Families: An Ecological Approach to Understanding and Treatment*, New York, W. W. Norton, 1995.

Lorsque nous nous dissocions trop de nos émotions, nous devenons des agresseurs, tout simplement parce que nous bloquons notre aptitude à ressentir les émotions les plus délicates. Nous devenons alors incapables d'empathie envers les autres, ce qui se traduira par des phrases comme: «Mais voyons donc! Je blaguais, ne prends donc pas les choses aussi à cœur!»

Alors que la victime est persuadée de ceci: «Peu importe ce que je ferai, je n'obtiendrai jamais ce que je veux», l'agresseur a la conviction suivante: «Tant que je serai "fort" et que j'éviterai de m'en faire pour "les autres", j'obtiendrai ce que je veux, sans avoir à être vulnérable ni responsable.» En d'autres mots, tant que je serai en colère, je serai en sécurité. La colère devient synonyme de sécurité. Je deviens donc «le dur de la famille». Celui qui ne se plaint pas quand il se casse le bras. «Se casser un bras, ce n'est pas la fin du monde! Pas question que je me laisse paralyser par la peur quand j'ai un discours à prononcer. Allez, on fonce! Même si je te fais de la peine avec mes taquineries, je n'ai aucune raison d'être mal à l'aise. Allez, ce n'est pas grave!»

Ce qui peut porter à confusion, c'est que certains éléments précis des rôles de victime et d'agresseur sont très sains. Il est sain d'abandonner la partie face à ce que nous ne pouvons maîtriser, tout comme il est souvent sain de «se secouer» et de «foncer» lorsque notre anxiété nous pousse à abandonner. Autrement dit, il ne faut pas perdre de vue la question des extrêmes. Le fait de toujours agir en dur pose problème, car cela nous empêche d'accéder à un vaste éventail d'expériences. Comme nous l'avons souligné plus tôt, l'intimité la plus profonde survient au niveau de notre vulnérabilité, mais seulement si nous sommes fondamentalement forts et équilibrés. Jouer au dur en tout temps nous empêche de partager des moments ineffables, de verser des larmes au début du second mouvement de la *Cinquième Symphonie* de Beethoven, ou au moment où notre partenaire comprend à quel point on l'a empêchée de se sentir importante pendant son enfance.

Si je suis constamment dure et invulnérable, mon amoureux ne me verra jamais pleurer pendant des funérailles. Il ne me verra jamais admettre que je suis triste et honteuse de m'être emportée contre le chauffeur de taxi, sur la route de l'aéroport. Il ne sentira pas la profondeur de ma peine quand notre cadette aura terminé ses études et qu'elle sera sur le point de quitter la maison pour voler de ses propres ailes. Même si je suis une très bonne personne – et c'est probablement le cas, puisque la plupart des gens sont bons –, ni mon amoureux ni mes amis ne pourront avoir avec moi des relations aussi profondes que nous le souhaiterions, eux comme moi. Ironiquement, parce que je suis compétente et que je me soucie d'eux, mais en gardant mes distances, mes proches seront aux prises avec toutes sortes de difficultés dans leurs relations avec moi. Ils voudront une intimité plus grande entre nous, mais ils auront peur que je tombe dans l'autre extrême et que je devienne faible et incompétente.

Selon Maddock et Larson[1], les gens piégés dans un rôle d'agresseur sont en fait plus fragiles, moins résistants, que ceux qui endossent le rôle de la victime, même si à première vue cela semble n'avoir aucun sens. Mais arrêtons-nous un instant et réfléchissons à cette affirmation. Qu'est-ce qu'indiquent ces coups, ces remarques cinglantes et cette attitude défensive, sinon une effroyable terreur à l'idée d'être abandonné ou de perdre quelqu'un ? Les gens qui s'enragent contre leur conjoint et finissent par le frapper ne sont pas forts. Et, en général, ils ne sont pas foncièrement mauvais non plus. Lorsqu'une femme annonce à son mari qu'elle retourne aux études, et qu'il réagit en la frappant, c'est habituellement parce qu'il est terrifié à l'idée de la perdre. Soit qu'il l'imagine tomber amoureuse d'un de ses camarades de classe, soit qu'il craigne, de façon plus diffuse, de perdre son pouvoir absolu sur elle, et qu'elle le quitte. L'agression a beaucoup à voir avec la peur, et la seule façon de sortir de ce cercle vicieux consiste à prendre de la maturité et à commencer à utiliser le mot «et».

---

1. *Ibid.*

Comme vous pouvez le constater dans la table des matières, nous avons intitulé la troisième partie de cet ouvrage : «Le mot "et" est un mot lourd de sens». Rappelez-vous cette phrase chaque fois que vous vous perdrez dans le dédale de vos émotions. Arrêtez-vous et souvenez-vous que, dans la plupart des cas, le chemin du retour ne se trouve qu'à quelques degrés de l'endroit où vous êtes. Vous pouvez vous battre, vous débattre et vous justifier jusqu'à ce que les poules aient des dents. Vous pouvez cracher, frapper et gueuler contre la vie elle-même. Il est bien de savoir affronter les difficultés et de faire preuve de force. Et si l'endurance, le culot et la capacité de tolérer énormément d'inconfort font partie de vos forces, tant mieux, conservez-les. Mais assurez-vous d'ajouter le mot «et» à votre discours... Si vous y arrivez, vous pourrez dire des choses comme :

> Je suis forte **et** je suis capable de pleurer quand j'assiste à des funérailles, parce que j'ai besoin d'exprimer ma peine... Le fait que ma femme retourne aux études me fait peur **et** je suis capable de lui en parler sans pour autant «être faible» ou «craindre qu'elle cesse de me respecter parce que je n'aurai plus aucun pouvoir sur elle». Je peux faire toutes ces choses sans rien perdre de mon identité **et** en acquérant une plus grande liberté. Je peux me libérer de mes démons, parce que si je mets ma colère de côté pendant un moment, tout ce monde d'émotions que j'ai nié et refoulé pourra enfin s'épanouir et renaître, et je pourrai moi-même m'épanouir et renaître.

Qui a raison?
«Je pense que nous ne voyons pas les choses de la même façon, c'est tout.»

Sentir qu'on a de la valeur est l'un des éléments les plus importants de toute relation de couple réussie. Et avoir l'impression que nos idées ou nos émotions n'ont pas d'importance est l'une des choses les plus destructrices qui puisse arriver. Mais comment réagissent les conjoints qui s'entendent à merveille lorsqu'ils sont en désaccord? Ils choisissent l'une des solutions les plus utiles et les plus efficaces qui soient, en admettant tout simplement: «Nous ne voyons pas les choses de la même façon, c'est tout.» Cela permet de «tenir son bout» sans chercher à avoir le dernier mot ou à «gagner».

Même si l'on éprouve le besoin primitif d'«avoir raison», il s'agit d'une attitude très destructrice pour toute relation de couple. Comme nous l'avons répété tout au long de ce livre, on finit pas disparaître si l'on s'incline constamment devant l'autre, et on se transforme en tyran si l'on ne s'incline jamais devant l'autre. Un jour, l'un des couples avec lesquels nous travaillons était au beau milieu d'une dispute lorsque les deux conjoints se sont présentés pour leur séance de thérapie. Ils devaient décider s'ils iraient tous deux au même séminaire professionnel, ou si l'un des deux ne devrait pas plutôt assister à un autre séminaire, de façon à recueillir davantage d'information. En surface, leur différend portait sur la façon la plus judicieuse d'utiliser les fonds de l'entreprise et de prendre soin de leur relation. Autrement dit, sur la façon la plus efficace de procéder. Au fond, cependant, la véritable question était de savoir qui était meilleur ou plus intelligent que l'autre, qui avait le meilleur jugement, qui avait raison et qui avait tort.

Finalement, c'est la femme qui a dénoué la dispute en disant d'un ton calme, déterminé, sans colère ni condescendance, et sans se lamenter: «Je pense que nous ne voyons pas les choses de la même façon, c'est tout.»

Son mari s'est arrêté au beau milieu de sa diatribe, il l'a regardée d'un air surpris et presque joyeux et lui a demandé: «Qu'est-ce que ça veut dire, ça?» Puis il a souri et, avant qu'elle puisse lui répondre, il a ajouté: «Ok, ok. Tu as raison. Il y a plusieurs façons de voir la situation. Tu as raison.»

En faisant mine d'être estomaquée, elle a déclaré, en riant: «Mon Dieu! Mon mari me donne raison sur quelque chose! Il faut faire une croix sur le calendrier! C'est un miracle!»

Il a alors éclaté de rire.

«Cela prouve que, même si vous êtes totalement en désaccord sur quelque chose, votre jugement à tous deux peut tout de même être valable», leur avons-nous fait remarquer.

Il a souri à nouveau: «Oui, et je me sens beaucoup mieux. C'est beaucoup plus facile de cette façon.»

Bien sûr, on ne peut pas utiliser cette stratégie dans toutes les situations. Parfois, il faut discuter de nos différences d'opinions jusqu'à ce qu'on atteigne un compromis quelconque. Parfois, l'un des deux a vraiment raison, et il fait bien de ne pas céder. Mais de toute façon, il faut se rappeler que si les deux personnes ne se sentent pas valorisées – si elles n'ont pas toutes deux l'impression que l'autre accorde de l'importance à ce qu'elles pensent et ressentent –, alors le couple sera en difficulté.

Dans *Take Back Your Marriage*[1], le psychologue Bill Doherty, également auteur de *The Intentional Family* et de *Take Back Your Kids*, décrit un certain nombre de méthodes extrêmement utiles pour redonner du lustre à une relation fanée, et même à une relation qui semble vouée à l'échec. Il commence par analyser les nombreux facteurs qui nuisent aux relations de couple, dont le fait d'accorder la priorité aux enfants, et de reléguer le mariage au dernier rang, ce qui constitue aussi, selon nous, l'un des sept grands pièges dans lesquels tombent les parents. Dans les ouvrages de Bill Doherty, le mot «intentionnel» revient souvent. C'est un mot que nous aimons beaucoup, parce qu'il évoque notre capacité de choisir, ce que nous pouvons nous pousser à faire. Lorsqu'on a l'intention consciente de faire quelque chose, il y a de bonnes chances que cela

---

1. Doherty, William, J. *Take Back Your Marriage: Sticking Together in a World That Pulls Us Apart*, New York, Guilford Press, 2001.

se réalise. Lorsqu'on est volontairement attentif à certaines choses, il est probable qu'on les remarquera. Ce mot signifie que nous possédons liberté de choix et libre arbitre. Il signifie que nous sommes responsables de nos actes et de notre vie. Il exprime la même chose que August Wilson[1], dans *Two Trains Running:* «Nous devons répondre de nos actes.»

---

1.   Wilson, August. *Two Trains Running*, New York, Penguin Books, 1993.

Chapitre 16

Sortir gagnants de nos déceptions

*« À notre avis, votre manuscrit ne mérite pas d'être publié.
Il est diffus et incomplet; ni l'intrigue ni les personnages
n'évoluent beaucoup. »*

Lettre de refus expédiée à William Faulkner

Non, on ne peut pas tout avoir, et c'est très bien ainsi

Le psychologue Stephen Gilligan raconte une aventure très intéressante qui lui est arrivée à l'âge de dix-neuf ans, quand il était étudiant en psychologie. Il participe alors à un petit atelier de cinq jours donné par Milton Erickson, le psychiatre et hypnothérapeute de renommée internationale, à son domicile, en Arizona. Le jeune Gilligan tient énormément à plaire à Erickson, dans l'espoir qu'il l'invitera à revenir suivre ses cours. Aussi Gilligan consacre-t-il toutes ses soirées à la rédaction d'une fable, puis il prend son courage à deux mains et la lit devant tous les participants. Comme Erickson utilise beaucoup les métaphores et les histoires dans le cadre de son travail, Gilligan, très nerveux, attend une réaction positive de la part de cet homme qu'il idolâtre. Mais quand il termine sa lecture, la seule réaction d'Erickson est le[1]...

---

1. Gilligan, Stephen. «Getting to the Core», *Family Therapy Networker*, janvier / février 2001, 22 ff, (Family Therapy Networking Washington, D.C.), p. 24.

... silence. Erickson me regarde un long moment, ne dit rien, puis se détourne et se met à parler d'autre chose, de façon presque nonchalante. Il ne m'accorde aucune attention pendant tout le reste de la réunion. Je suis totalement démoli.

Au moment où tout le monde quitte la pièce, Gilligan demande, d'une voix tremblante: «Alors, quelle est votre réponse?»

«Quelle est la question?» rétorque Erickson.

«Puis-je revenir et suivre vos cours?»

Gilligan écrit que le visage d'Erickson s'est alors épanoui et qu'il a répondu, en souriant: «Mais bien sûr. Pourquoi ne me l'as-tu pas demandé avant?»

Cette histoire est tellement évocatrice, elle exprime tellement de choses en si peu de mots qu'elle nous en donne le frisson. Gilligan s'en est servi dans un article pour montrer à quel point il est important que les thérapeutes «partent du plus profond d'eux-mêmes pour tendre la main à leurs clients». Il a aussi souligné le fait que la réaction d'Erickson aux tentatives qu'il a faites pour lui plaire a «démoli ses prétentions».

Nous aimons cette histoire pour plusieurs raisons. Entre autres parce qu'elle illustre la valeur incommensurable de la déception, une condition incontournable de la croissance personnelle. Si Erickson avait dit: «J'aime ta fable. Elle ressemble beaucoup à celles que j'utilise en thérapie. Tu as bien fait tes devoirs, petit», qu'est-ce que Gilligan aurait appris?

Le psychanalyste

Le narcissisme fait partie de la nature humaine. Mais c'est ce que nous en faisons qui détermine la profondeur et la sérénité de notre vie. Adam Gopnik révèle certains des éléments de sa longue psychanalyse dans un article publié par le journal *The New Yorker*.

Cette histoire, l'une des plus touchantes que nous ayons lues, commence ainsi[1]:

> ... l'une des dernières fois qu'un psychanalyste né en Allemagne, et ayant été en contact direct avec Freud, a passé deux périodes de quarante-cinq minutes, chaque semaine, pendant six ans, à analyser les problèmes d'un New-Yorkais névrosé et créatif, dans une petite pièce décorée d'affiches de Motherwell, sur Park Avenue.

Gopnik décrit ensuite, en termes sobres et élégants, l'une des relations les plus subtiles et les plus fines dont nous ayons eu l'honneur d'être témoins. Il a réussi de façon troublante à dépeindre les paradoxes et l'ironie inhérents à son désir de donner à ses écrits la structure et le style propres à la relation qui se déroulait entre lui et son psychanalyste. Il termine son histoire passionnante en décrivant sa déception mêlée de colère lorsque son mentor de longue date a prononcé les paroles de sagesse qui mettaient fin à l'analyse, des paroles que Gopnik attendait depuis longtemps et qui se sont avérées d'une simplicité déroutante: «Rétrospectivement, la vie comporte bien des aspects valables.»

Après le décès de son psychanalyste, Gopnik écrivit un texte plein de tendresse[2]:

> Il est à l'intérieur de moi. Dans les moments de crise ou de panique, j'ai parfois l'impression que son costume de lainage est drapé sur mes épaules, même au mois d'août. Et parfois, dans des moments ordinaires, j'ai presque l'impression d'être lui.

Le pouvoir d'assumer les déceptions

La puissance d'évocation des histoires racontées plus haut vient du fait qu'elles mettent en scène une expérience universelle: nous

---

1. Gopnik, Adam. «Man Goes to See a Doctor», *The New Yorker*, 24 et 31 août 1998, p. 114.

2. *Ibid.*, p.121.

sommes tous des êtres humains vulnérables qui veulent désespérément entrer en relation avec les gens que nous valorisons «parce
que nous en avons besoin». Nous nous fichons bien que le petit
génie de la classe nous aime ou pas. Ce que nous voulons, c'est que
le leader nous aime. Nous n'avons pas besoin que tous les adultes
nous aiment. Mais nous voulons que notre père nous aime. Nous
sommes essentiellement des êtres très puissants et très «grands»,
qui recèlent en eux une «petite» personne qui veut obtenir la béné-
diction d'une créature plus grande. C'est pourquoi la définition que
Friedrich Schleiermacher donne de Dieu nous plaît tout particulièrement:

> ...l'être sur lequel nous pouvons ultimement compter...

Quand nous avons la certitude qu'une personne plus puissante
que nous – papa, maman ou notre thérapeute – nous apprécie, nous
pouvons dès lors nous faire confiance et devenir moins dépendants
des autres.

Mais pour les humains, ce «besoin d'avoir besoin des autres»
ne disparaît jamais complètement. Et nous devrons donc toujours
faire face à des déceptions. Ou je suis tout-puissant, et je n'aurai
plus jamais besoin de rien ni personne, ou je ne suis pas tout-puissant
et, peu importe l'étendue de mon pouvoir, j'aurai toujours besoin
de quelque chose. Voilà la difficulté ultime inhérente à notre
narcissisme.

L'autre difficulté, c'est que, dans notre désir d'être aussi
remarquables que les gens que nous idéalisons, nous ne nous apercevons pas, du moins au début, que la véritable grandeur se dissi-
mule toujours sous une humilité authentique, comme l'a si
élégamment exprimé le psychanalyste autrichien Wilhelm Stekel[1]:

> L'homme immature est prêt à mourir noblement pour
> une grande cause. L'homme mature est prêt à vivre
> humblement pour une grande cause.

---

1. Stekel, Wilhem. Cité dans le *Time*, 18 juin 2001, p. 66.

La force d'assumer les déceptions, c'est cette petite fille qui ne remporte pas la compétition de natation, et que ses parents soutiennent, mais sans la prendre en pitié et sans en faire tout un plat. La vie continue. Elle ne ressent pas l'euphorie dont elle a rêvé. Elle n'a pas gagné. Mais elle n'est pas une perdante non plus! La vie ne fait que... que continuer? J'espérais tellement avoir un moment de gloire, et si je ne peux l'avoir en gagnant, je veux au moins l'avoir en perdant! Mais mes parents ne sont pas là à me prendre en pitié et à me consoler! Ils ne m'aiment pas! Ah, mais c'est cela! S'ils ne m'aiment pas, ça fait de moi quelqu'un de spécial! Je peux me complaire dans mon malheur. Mes parents ne m'aiment pas! Je le dis au monde entier! Mes parents ne m'aiment pas!

Bien sûr, ses parents l'aiment. Aussi doit-elle faire un choix: accepter qu'elle ne peut pas avoir tout ce qu'elle veut, ou devenir amère, en colère et déçue parce que la vie est «injuste». En fait, la vie est parfois réellement injuste. Et il y a assez d'injustices sur terre pour nous tenir occupés jusqu'à la fin de nos jours, si nous décidons de les relever toutes. Mais quel genre de vie mènerions-nous alors? Nous serions à coup sûr malheureux. Mais cela comporte peut-être un avantage... On peut alors devenir un poète torturé, rongé par la souffrance et l'angoisse existentielle, qui noircit des cahiers entiers de sa vision sombre et cynique de la vie. Ou tout simplement obtenir plus que sa part de pitié de son entourage; ça, c'est un avantage intéressant, surtout pour les personnes qui sont en manque de liens avec les autres.

Mais il y a une autre possibilité: que la petite fille finisse par admettre que ses parents l'aiment vraiment, que tout va bien, même si elle n'a pas remporté la compétition de natation, et que, en écoutant le murmure de l'univers, tout autour d'elle, elle apprenne quelque chose qu'on ne peut apprendre d'aucune autre façon. Ça, ce serait vraiment extraordinaire!

La déception, c'est ce que nous éprouvons lorsque nous nous apercevons, en grandissant, que notre père ou notre mère n'est pas parfait. Mais elle se transforme en enrichissement quand nous leur ouvrons notre cœur, notre esprit et notre âme et que nous aimons malgré tout. On s'enrichit aussi lorsqu'on accepte de «vivre humblement pour une grande cause», alors qu'on avait prévu de «mourir noblement pour une grande cause», pour citer Stekel. Cet enrichissement s'observe aussi dans l'immense différence qui sépare le fait de dépendre de l'évaluation des autres et celui d'accepter de bonne grâce les compliments légitimes qu'on nous fait. Cet enrichissement paradoxal est également ce qui nous rend capables d'apprécier toute l'élégance de ces mots de Shakespeare[1]:

> Mes joies abondantes
> Exubérantes dans leur plénitude, tentent de se dissimuler
> Dans des gouttes de chagrin

Les lettres de rejet comme celle que nous avons citée au début de ce chapitre sont monnaie courante pour les écrivains. William Faulkner en a reçu près d'une douzaine avant qu'un éditeur accepte le manuscrit de ce qui allait devenir son plus célèbre roman, *Le bruit et la fureur*. Le manuscrit du *Traité du zen et de l'entretien des motocyclettes* de Robert Pirsig a été refusé 121 fois avant d'être publié; plus de trois millions d'exemplaires de ce livre ont été vendus à travers le monde. John Steinbeck, l'un des plus grands écrivains modernes, a expliqué comment il affrontait la difficulté d'écrire et la déception qui pouvait en découler:

> Lorsque je me sens incapable d'écrire cinq cent pages, un terrible sentiment d'échec m'accable et j'ai la certitude que je ne pourrai jamais y arriver. Ça se produit chaque fois. Puis, tranquillement, j'écris une page, puis une autre. Tout ce que je peux me permettre d'envisager, c'est une seule journée de travail. J'élimine même l'idée de réussir un jour à terminer un livre.

---

1. Shakespeare, William. *Macbeth*, c.1605.

Le célèbre roman *Autant en emporte le vent*, de Margaret Mitchell, a été refusé par deux douzaines d'éditeurs, qui affirmaient entre autres: «Le public ne s'intéresse pas aux histoires de la guerre de Sécession[1].»

Richesse et superficialité

Vouloir quelque chose plus que tout au monde, passer à un cheveu de l'obtenir, puis le voir nous glisser entre les doigts au dernier moment est l'une des expériences les plus enrichissantes qui soient. Nous disons aux couples qu'ils doivent apprendre à «cultiver leurs déceptions». Ce qui n'a rien à voir avec le fait de saboter volontairement le bonheur de l'autre. Ce serait de la pure méchanceté, ou pire. Non, ce que nous voulons dire, c'est que les profondeurs de la vie sont pleines de mystère et de sources d'étonnement. La vie est à la fois lumière et pénombre. Embrasser la profondeur et la richesse de l'expérience humaine, c'est aussi nous colleter avec les recoins obscurs de notre être et avec le côté apparemment sombre de la vie.

L'un des paradoxes de la nature humaine, c'est que plus nous essayons de nier le côté difficile de la vie, plus nous risquons de faire notre malheur et celui des autres. La poétesse, actrice et auteure de pièces de théâtre Maya Angelou, une des finalistes du prix Pulitzer, a ceci de particulier qu'elle est un des écrivains américains dont les livres ont été le plus souvent interdits. Cette femme a décrit ce qu'elle a vécu lorsqu'elle a été violée à l'âge de huit ans, et sa franchise a fait peur à bien des gens. Dans une entrevue qu'elle accordait récemment, elle expliquait:

> Les parents disent très souvent à leurs enfants: «Je n'ai jamais rien fait de mal.» Ils font non seulement semblant qu'il n'y a pas de cadavre dans le placard, mais qu'il n'y a même pas de placards dans la maison. Quand j'ai su que j'étais l'un des écrivains les plus souvent interdits aux États-Unis, j'ai eu de la peine pour les enfants et

---

1. Ces faits et citations sont tirés de www.rejectionslips.com/wisdom.html.

pour les parents. Ils n'auraient lu que dix pages de mon livre, et ils n'auraient pas pu ne pas comprendre. J'ai écrit sur le viol et, de nos jours, le viol est omniprésent et de plus en plus fréquent. Le fait de ne pas lire sur le sujet ne le fera pas disparaître[1].

C'est en laissant notre intérieur s'épanouir que notre vision de la vie devient véritablement tridimensionnelle. En effet, l'être humain n'est ni entièrement bon ni entièrement mauvais: il naît bon mais imparfait. Nous acceptons donc la tragédie comme un aspect de notre vie sur lequel nous n'avons aucun contrôle. Néanmoins, grâce à notre désir inné de connaître et de comprendre, nous apprivoisons de plus en plus ce qui nous entoure. C'est d'ailleurs pourquoi nous sommes dotés de cerveaux aussi imposants. De réflexion en réflexion, nous parvenons à accepter cette ironie du sort: plus nous découvrons le monde qui nous entoure, plus nous réalisons l'étendue de notre ignorance. On a souvent entendu des gens dire des choses comme «on bûche toute sa vie et puis on meurt», pour différentes raisons. Cependant, certaines personnes dont le développement intérieur est peu avancé le croient vraiment... Malheureux et tout à fait inutile.

Le monde est rempli de paradoxes et d'injustices; c'est pourquoi nous devons nous incliner et admettre que nous sommes bien petits face à la vie. Ce faisant, nous puisons à la source de la déception la «force de grandir». Pour l'être humain, la plus grande déception, c'est que nous mourrons tous un jour, apogée d'une succession de «petites morts» survenues au cours de notre vie. Le déménagement d'un ami; la perte d'un emploi; l'échec à obtenir, dans une pièce de théâtre, le rôle que l'on croyait gagné d'avance... des événements qui nous laissent une impression de vide et de douleur retentissante lorsque nous nous heurtons à une réalité qui ne ressemble pas à ce que nous avions imaginé.

---

1. Une entrevue de Jane Ammeson avec Maya Angelou pour le *Northwest Airlines WorldTraveler*, mai 2001.

Dans nos relations amoureuses, cette réalité à laquelle nous nous heurtons prend souvent les traits de notre partenaire. Une femme peut désirer que son conjoint s'intéresse à ses chevaux. Il est possible qu'il le lui promette, mais qu'il ne le fasse jamais. Au fond de lui, il se dit: «Elle aimerait que je m'occupe de ses chevaux, mais elle se fiche de m'accompagner en camping sauvage. À quoi bon?»

Après un moment, elle commence à le harceler à ce sujet, puis elle le sermonne. Et le harcèle de nouveau: «J'aimerais vraiment que tu t'intéresses à mes randonnées équestres. Tu sais, c'est important pour moi.»

Et lui de rétorquer: «Et le camping sauvage, c'est important pour moi.»

«Tu sais très bien que je ne peux pas faire de camping sauvage», répond-elle aussitôt. «J'ai une peur atroce des serpents, je suis terriblement allergique à l'herbe à puce et je meurs de froid dès qu'il fait moins de dix degrés Celsius. J'aimerais vraiment t'y accompagner, mais c'est impossible.»

Il y réfléchit et se dit: «D'accord, c'est peut-être vrai, mais je crois tout de même que cette relation de couple n'est pas équilibrée. J'ai l'impression qu'elle obtient tout ce qu'elle désire. J'attends qu'elle m'accompagne en camping sauvage depuis notre mariage, il y a de cela quatre ans.»

Quand on s'obstine ainsi, c'est souvent parce qu'on croit que, si l'on n'obtient pas ce que l'on attend de l'autre, la relation sera moins satisfaisante qu'elle ne l'a déjà été. Parfois, c'est le cas. Toutefois, dans de nombreuses situations, c'est tout le contraire. Si l'homme reconnaissait les risques physiques liés au camping sauvage pour sa conjointe et acceptait l'idée qu'elle ne puisse jamais l'accompagner, une foule de choix se présenterait à lui. Il pourrait la quitter et trouver une femme qui aimerait faire du camping avec lui. Il pourrait demeurer avec elle et ne jamais manifester d'intérêt pour ses randonnées équestres. Il pourrait rester avec elle, apprendre à apprécier le camping sauvage sans elle et ne pas l'accompagner dans ses randonnées équestres, non pas pour la punir mais parce qu'il n'en a vraiment pas envie. Dans cette situation, la différence entre les réactions punitives et les réactions non punitives est évidente. Il pourrait également poursuivre la relation, apprendre à monter et, ce faisant, établir avec sa conjointe des liens encore jamais ressentis au sein de leur relation. Nous avons toujours le choix.

La vie peut être une source abondante de joies. Notre seule limite, c'est notre perception du monde. Certaines personnes croient qu'elles devraient tout obtenir et tout de suite. D'autres sont persuadées qu'elles n'auront jamais ce qu'elles veulent. Chacun d'entre nous désire quelque chose de toutes ses forces. Au cours des élections présidentielles de l'an 2002, aux États-Unis, la moitié de la population américaine voulait désespérément que Al Gore l'emporte. Ces millions de personnes abasourdies n'ont rien pu faire d'autre que d'écouter le discours de défaite de leur candidat, discours qui s'est terminé sur un ton exceptionnellement gracieux. Tellement, en fait, que s'il avait parlé et agi de la même façon pendant les débats qui ont précédé les élections, il aurait peut-être été élu:

> En ce qui concerne la lutte qui prend fin ce soir, je crois sincèrement, comme mon père avant moi, que, peu importe à quel point il est difficile de perdre, la défaite tout autant que la victoire sert à ébranler notre conscience et à faire jaillir le meilleur de nous.

La vie, la mort et la déception

Les religions et la littérature, écrite et orale, nous enseignent les bienfaits de la déception pour la maîtrise de soi et la croissance personnelle. La Bible, le Talmud, le Coran, les mythologies grecque et romaine, la sagesse spirituelle des Premières Nations, la psychologie freudienne et les livres de nombreux auteurs constituent autant de sources affirmant que les enjeux et les difficultés, les rituels d'initiation et d'éveil ont tous une importance capitale dans notre recherche du sens de la vie et de la maturité.

Un homme dit: «Je mérite d'obtenir ce que je désire de la vie. Je mérite d'être bien traité par autrui; d'être reconnu pour mon bon travail; d'être aimé; de voir les responsables porter le blâme en cas d'échec.» Bien sûr, il est exact de croire que nous méritons certaines choses de la vie. Par contre, lorsque nous avons un sens exagéré de ce qui nous est dû, nous perdons la raison, allant jusqu'à croire qu'une force étrange nous veut du mal dès que les événements ne tournent pas comme nous l'aurions souhaité. L'incapacité de différencier entre la réalité et nos désirs peut entraîner des sentiments de tristesse profonde et de trahison continuelle. L'adulte incapable de faire cette différence peut devenir exigeant, égocentrique et manipulateur parce qu'il s'imagine avoir droit au bonheur permanent, chose impossible pour quiconque.

Lorsqu'un adulte a une fausse perception de ce qu'il est en droit d'attendre de la vie et des autres, nous l'invitons à affronter sa déception pour y voir plus clair. Une fois la déception acceptée, la frustration, la peur et la tristesse disparaissent et la vie devient plus pleine, satisfaisante et sereine. Aussi intelligents, bien nantis, rusés ou puissants que nous soyons, la vie nous offre toujours l'occasion de croître grâce à nos déceptions. Elles constituent certains des principaux fils qui tissent nos vies. Sans ces fils, notre existence perdrait de sa netteté et de son éclat.

Regardez dans les yeux d'une femme très âgée. Une femme qui a affronté les difficultés de la vie, s'est délectée de tous ses plaisirs et en est venue à accepter la profondeur et la dureté de la vie comme le pardon et les concessions qu'elle exige. Comme un livre d'histoire, les rides de son visage rappellent peurs d'enfant, premières amours douloureuses, maternité, disparition de ses proches, amour au-delà de toute imagination, occasions ratées, risques justifiés, pertes assumées avec grâce et dignité, tolérance et sagesse acquises avec pureté. Elle est sereine, car ses yeux, bien que fatigués, brillent de tout ce qu'ils ont vu et mémorisé, et son esprit est plein et prêt à affronter le prochain défi. Elle est la preuve vivante qu'il est bénéfique d'affronter les déceptions avec patience et courage. Même au sein d'une société de haute technologie en rapide évolution, nous pouvons encore ressentir, au fond de nous, un respect mêlé de crainte lorsque nous rencontrons une personne âgée qui a su mener une bonne vie. Peu d'expériences nous apportent autant.

Il est très émouvant de voir une personne très âgée trouver la grâce, et enfin accepter les déceptions qu'elle nie depuis de si nombreuses années. Nous connaissions un vieil homme qui a vécu une existence difficile et solitaire, forgée durant la crise économique des années 1930. Sa solitude s'était accrue à la suite d'un mariage difficile et de l'abandon par ses enfants, qu'il avait blessés profondément dans leur jeunesse. Il avait toujours refusé de prendre conscience des raisons obscures qui l'avaient poussé à être absent des anniversaires et des grands événements de la vie de ses enfants, créant un gouffre silencieux entre lui et ceux qu'il avait enfantés et élevés.

Un jour, quelques années avant sa mort, cet homme était dans la maison de sa fille et observait toute une bande d'amis venus faire une fête surprise à son petit-fils pour son anniversaire. Même parmi trente adolescents fêtant bruyamment, ses larmes ont été remarquées et accueillies avec autant de chaleur que l'avaient été les invités du petit-fils. L'homme est resté peu de temps à la fête, car il se fatiguait rapidement, mais cela importait peu. Le cadeau qu'il désirait faire et recevoir avait été offert et accepté. C'était suffisant.

À l'exception de la peur de mourir qui étreint la plupart d'entre nous pendant la quarantaine, rien n'est plus douloureux que les déceptions subies au fil des ans. Un homme voit son premier mariage se terminer dans une telle souffrance et une telle peine qu'il se demande si la douleur se dissipera un jour. Une femme perd son premier enfant à la suite d'une fausse couche et a l'impression que son âme même s'est déchirée. La carrière dont on croyait qu'elle nous rendrait parfaitement heureux, à jamais, s'avère avoir ses mauvais côtés. Sur le coup, l'idée d'avoir à tout recommencer nous démoralise. Et pourtant, accepter et affronter ces pertes de la vie courante nous permet d'apaiser notre peur de la mort et de pouvoir enfin vivre plus paisiblement que nous ne l'aurions cru possible.

Un homme puéril est tourmenté par d'incessantes angoisses chaque fois qu'il découvre l'imperfection du monde, rempli d'êtres humains imparfaits. Il vilipende ou idéalise chacune des personnes qu'il rencontre. Celles qu'il idéalise doivent tôt ou tard répondre à son pénible besoin de perfection. Encore et encore, il se trouve des idoles qu'il démolit inconsciemment presque aussitôt, avide de déceler leurs failles. Chacun de ses héros finit par tomber en disgrâce, et ajouter à ses déceptions. S'il était adulte, il verrait les limites des autres, en ressentirait une certaine déception, accepterait leurs failles, abandonnerait sa quête de la perfection et pourrait reconnaître leurs qualités. De cette manière, il pourrait voir son héros comme un être humain possédant valeur et dignité. Et lui-même serait plus réaliste et saurait mieux apprécier les bons côtés de l'autre. Ce faisant, il pourrait envisager l'idée de sa propre mort avec un peu plus de sérénité.

Il n'est donc pas toujours avantageux pour nous d'obtenir immédiatement le bonheur que nous désirons. En effet, certaines personnes mettent tellement d'énergie à se débattre et à lutter contre les difficultés qui surviennent à un certain niveau de leur existence qu'il leur est impossible de passer au suivant, plus calme et plus limpide. Affronter nos déceptions, ce n'est pas afficher un sourire permanent sur notre visage, ni cacher notre douleur bien au fond de nous pour conserver une aura de grâce malgré nos blessures invisibles. En fait, il est assez courant d'apprécier ce que nous ne possédons pas. De la sorte, nous passons à un niveau plus profond de l'existence, abandonnant les combats superficiels où nous nous empêtrons. Une fois que nous y parvenons, la vie semble soudain plus simple, plus éclatante, plus profonde, plus riche et plus complexe, tout à la fois.

L'homme, la femme et la mer (p. 45) raconte l'histoire d'un homme et d'une femme qui, après avoir fait face aux frustrations et déceptions engendrées par l'autre, ont été récompensés par un brillant éclair de vulnérabilité mutuelle. Leur amour a grandi de façon étonnante. Pendant longtemps, l'homme a cru que sa relation avec cette femme était vouée à l'échec, à moins qu'elle ne se laisse fléchir et aille nager avec lui dans l'océan. Mais il a vu leur relation se transformer et devenir l'amour de toute une vie justement parce qu'elle ne l'a pas fait. Leurs confrontations ont eu un résultat inattendu et imprévu, prouvant que la vie est parsemée de chemins tortueux qui nous font croître et nous apportent le bonheur par des moyens jamais présagés. Cependant, pour ce faire, nous devons prendre des risques et chercher à atteindre ce que nous désirons, nous battre avec acharnement, puis lâcher prise pour faire place à quelque chose d'encore mieux.

Au fur et à mesure que chacune de nos déceptions nous amène à découvrir une paix véritable, l'inéluctabilité de notre propre mort devient moins terrifiante, et nous pouvons profiter pleinement de la vie.

Cinquième partie

Quelle est votre histoire?

Cinq nouvelles, écrites sur une période de deux ou trois ans, m'ont coûté neuf dollars et cinquante cents, en pièces de dix sous, pour louer une machine à écrire «payante» au sous-sol d'une bibliothèque et finir mon court roman en seulement neuf jours.

Ray Bradbury
1993, Introduction de l'édition du quarantième
anniversaire de *Fahrenheit 451*

Chapitre 17

Keola Beamer

He lei keakea noho maila I ka mauna
Ka mauna ki'eki'e I luna ku kilakila
Kilakila 'o luna 'o I ke ao.

– Nona Beamer[1]

Keola Beamer

*N*ous connaissons un homme qui aime beaucoup la musique de Keola Beamer, le maître de la guitare hawaïenne slack key. Dans le texte de la pochette de l'un de ses CD, l'artiste écrit[2]:

> Je tiens un journal des événements qui surviennent dans ma vie. Au cours des années, je me suis aperçu que les mots ne me permettaient pas de rendre toute la profondeur de mes expériences. J'en ai conclu que ce sont des instruments plutôt primitifs. Depuis, la musique me sert à communiquer ces émotions.

---

1. « The soft white lei encircles the crest of the mountain, the mountain high above, standing in great majesty, majestic on high, veiled in clouds. » Une description du Mauna Kea, la montagne blanche, par Nona Beamer, tiré du livret du CD *Mauna Kea: White Mountain Journal*, par Keola Beamer, Dancing Cat Records, Windham Hill Records, BMG Distribution, New York, 1997.

2. *Ibid.*

Notre ami a un passé qui explique la raison de son attirance pour ce type de musique, bien qu'il l'ait oubliée pendant un long moment. Sa mère est née en 1914 et a grandi dans un minuscule ranch peu prospère, dans l'Ouest. Son grand-père était un homme bon. Toutefois, il était alcoolique et, comme tant d'autres, il était ami avec tous sauf avec sa femme. Cette dernière a travaillé jusqu'à l'épuisement, prenant soin de leur foyer pendant que son mari travaillait en ville. La mère de notre ami a pleuré en lui racontant comment, quand elle était enfant, elle s'asseyait avec sa mère et l'écoutait parler de l'un de ses rêves: aller à Hawaï.

En 1935, Webley Edwards a commencé à diffuser une émission intitulée *Hawaii Calls*, en direct de l'hôtel Moana. La grand-mère et la mère de notre ami écoutaient le son des vagues caressant la plage de Waikiki et elles s'évadaient, en pensée, loin de leur vie dure et triste. Cela se passait dans les années 1930, et la mère n'avait aucune des notions de psychologie qui sont aujourd'hui à la portée de tous. Elle ne savait pas à quel point il est dévastateur pour un enfant, même un enfant assez grand, d'avoir à supporter le fardeau d'un parent triste et fatigué. Et la mère de notre ami a hérité des rêves de sa propre mère, où Hawaï était synonyme d'une vie meilleure et d'un grand amour. Mais la grand-mère, usée par le travail, mourut relativement jeune et ne vit jamais Hawaï.

Lorsque notre ami était enfant, sa mère lui disait combien elle aimait Hawaï et espérait un jour visiter cet endroit. Chaque semaine, elle écoutait *Hawaii Calls*. À quarante-quatre ans, elle put enfin s'y rendre et pleura à chaudes larmes durant tout le long vol au-dessus du Pacifique. Notre ami éprouvait des sentiments confus, et se sentait envahi par l'attrait des Îles, comme toute sa famille. Certains thèmes s'incrustent ainsi imperceptiblement dans nos vies et se transmettent de génération en génération. Enfant, il est souvent allé à Hawaï avec sa famille. Une fois adulte, il est parti mener sa propre vie, réaliser d'autres rêves et élucider d'autres mystères.

Durant son enfance, il a été submergé par la tristesse de sa grand-mère et ses rêves d'un grand amour. Il ne l'a pourtant jamais connue, car elle est morte avant sa naissance. Il ne savait pas que la tristesse de sa mère était un héritage de sa grand-mère. Il était en transe: les vents alizés, le parfum léger d'une banane fraîche qui remontait à son enfance; une chaleur humide sans être oppressante; et cette damnée musique hawaïenne. Il a continué sa vie, convaincu que ce chapitre était bel et bien terminé.

Il s'est marié, a eu des enfants et a même visité Hawaï. Cette fois, tout était clair: il était accompagné de l'amour de sa vie et ils étaient adultes. Plus de confusion. Lui et sa femme ont trouvé un endroit qui les emballait tous deux, malgré leurs différences. C'était magique. Beaucoup de temps s'est écoulé avant qu'ils y retournent. Il y avait les enfants à élever, les carrières à assurer et tant d'endroits à visiter dans ce monde immense. Leurs enfants devenus adultes, notre ami et sa femme ont commencé à penser à leur retraite, même s'ils avaient encore plusieurs années de travail devant eux.

Un jour, leur fille adulte leur a fait parvenir un petit cadeau, un CD de Keola Beamer. Ce n'était pas grand-chose, mais elle crut que ça leur plairait. Lui et sa femme adorée ont écouté cette musique qui a eu l'effet d'une brise apaisante et agréable dans leur vie mouvementée et bien remplie. Alors qu'ils se rendaient en voiture à leur résidence secondaire, par un après-midi d'été, une émouvante vague de tristesse, de joie, de soulagement et d'exotisme l'a submergé. Il s'est tourné vers sa femme et a senti la chaleur de leur relation, bercée par des mélodies polynésiennes envoûtantes. Il a souri, puis s'est dit que Keola Beamer devait sûrement être inspiré par une histoire aussi, sinon plus, intéressante.

Quel que soit votre moyen d'expression, écriture, chanson, peinture ou sculpture, nous vous encourageons à découvrir votre histoire et à la partager avec les personnes qui vous sont chères.

Chapitre 18

Ray Bradbury

Nous avons reçu le don de la vie, et avec lui la responsabi-
lité de voir, de connaître, de croire et de célébrer !
Nous sommes témoins !
Nous devons nous émerveiller chaque jour de notre vie et en
remercier le ciel !
Comment peut-on rater un spectacle aussi merveilleux ? ! ?
La vie n'a de sens que par la vie et la création !

Ray Bradbury, 1999
Discours prononcé devant la Fondation de la
bibliothèque du comté de Hennepin

Ray Bradbury

À l'occasion du cinquantième anniversaire de Rich (le frère de John C. Friel), nous faisions du lèche-vitrine à Laguna Beach avec notre sœur et son mari quand nous avons remarqué une file d'attente devant une petite librairie. Curieux, nous avons gravi le petit escalier menant à un centre commercial. Là, sous le chaud soleil de la Californie du Sud, était assis Ray Bradbury. Il autographiait des exemplaires de *Fahrenheit 451*, le célèbre livre dans lequel il avait magistralement dénoncé les méfaits de la censure et dont c'était le cinquantième anniversaire. Nous en avons offert un à Rich et en avons acheté un pour nous, tout en jasant un peu avec cet homme aux cheveux blancs, jeune de cœur, énergique, enthousiaste, joyeux et distingué.

Six ans plus tard, nous écoutions la radio publique du Minnesota, en nous rendant au travail. Des larmes ont roulé sur nos joues quand nous avons entendu le discours remarquable que Ray Bradbury a prononcé devant la Fondation de la bibliothèque du comté de Hennepin. C'est avec émotion, charme et sensibilité qu'il a expliqué plusieurs des influences les plus déterminantes de l'orientation et de l'étendue de sa prolifique carrière. Celui qui a écrit *Chroniques martiennes*, *La foire des ténèbres*, *Le vin de l'été*, *La brousse* et *Fahrenheit 451* avait également été invité à passer une année en Irlande avec John Huston et son équipe pour rédiger le scénario de *Moby Dick!* Il avait commencé à écrire à vingt ans et, au moment de son discours, il avait publié plus de cinq cents nouvelles, romans, pièces et poèmes.

Si cet homme a su nous captiver, à ce moment précis, ce n'est pas uniquement à cause de sa chaleur, de son sens de l'humour, et des innombrables choses qu'il a réalisées au fil des décennies. Nous avons aussi été impressionnés par la profonde force de caractère qu'il lui a fallu pour vivre les expériences de jeunesse qu'il s'est rappelées, des expériences du genre de celles qui marquent quelqu'un pour la vie. Son souvenir le plus ancien: les moqueries de ses camarades de classe, à l'école primaire, parce qu'il collectionnait les bandes dessinées mettant en vedette le héros de science-fiction Buck Rogers. Ray disait qu'il «appartenait au futur».

Malheureusement, il a succombé aux railleries et a détruit sa collection. Après avoir vécu une période de dépression et de désespoir, il a réalisé qu'il n'y avait qu'une solution possible: recommencer sa collection de bandes dessinées *Buck Rogers* et vivre de nouveau dans le futur!

Sa deuxième expérience marquante s'est passée alors qu'il avait douze ans. À l'époque, il demeurait à Waukeegan, en Illinois. Le cirque était venu en ville au moment même du décès de l'un de ses oncles les plus proches. L'un des personnages du cirque, M. Électrico, s'était lié d'amitié avec Ray après lui avoir touché le bout du nez avec son épée électrostratique en ordonnant: «Tu vivras éternellement!» En route pour la veillée funèbre, après les funérailles, Ray a soudain prié son père d'arrêter la voiture. Aussitôt, il en est descendu, préférant aller rejoindre M. Électrico plutôt que d'assister à la veillée funèbre. Ils ont passé la soirée assis près du lac, à discuter des «philosophies», et Ray en a été transformé. Il s'est placé près de l'orgue à vapeur et a pleuré en écoutant l'envoûtante chanson *Beautiful Ohio*. «J'ai su que quelque chose d'important venait de se produire. Trois semaines après, j'ai commencé à écrire des nouvelles, et j'ai continué à le faire chaque jour depuis soixante-cinq ans...»

Par la suite, il a correspondu avec M. Électrico, qui était en fait un ancien pasteur défroqué de Cairo, en Illinois. Des années plus tard, alors qu'on allait diffuser un film inspiré de *La foire des ténèbres*, l'équipe de Disney a demandé à Ray Bradbury s'il voulait bien trouver M. Électrico, ce que Ray a accepté avec plaisir. Mais personne n'a pu retrouver la trace de l'homme qui avait littéralement électrifié sa carrière d'auteur. Ray a plus tard affirmé que c'était là l'une des plus grandes déceptions de sa vie.

Célébrer l'électricité qui jaillit de la vie, voilà à quoi se résume la carrière de Ray Bradbury. Il y a plus de 15 ans, un grand musée américain, The Smithsonian Institution, lui a demandé de rédiger un script pour le spectacle donné au planétarium, que Ray a décrit comme un somnifère. Il leur a dit qu'un planétarium devrait ressembler à une synagogue ou à une église, un endroit où l'on trouve l'inspiration plutôt que simplement de l'information. Selon lui, si l'on intéressait les gens aux mystères de l'univers, ils se rendraient d'eux-mêmes à la librairie pour acheter des livres et étudier. Il écrivit pour ce spectacle un script de vingt-huit pages, intitulé *The Great Shout of the Universe* (*Le grand cri de l'univers*). Mais on le lui a retourné avec vingt-huit pages de critiques et de corrections. Ray est parvenu à convaincre le Smithsonian de résilier son contrat, puis il a offert son spectacle au planétarium de Los Angeles. Avec James Whitmore comme narrateur, le spectacle a eu un énorme succès, jour après jour, pendant quinze ans. Il a dit du *Grand cri* qu'il présente «les mystères qui se cachent au cœur de toute chose, mystères que nous ne pouvons comprendre mais que nous devons admirer et célébrer».

Nos origines et nos motivations font partie du «grand cri» que chacun d'entre nous lance du plus profond de soi. Partager des événements de notre passé avec notre conjoint, nous montrer curieux et écouter réellement et attentivement notre partenaire, voilà ce qui peut électriser nos relations amoureuses «jusqu'à ce que la mort nous sépare».

Annexe A

Enfance et réservoir affectif[1]

*L*es brillants travaux d'Erik Erikson ont ouvert la voie à des décennies de recherches sur tous les aspects du développement, mais d'abord et avant tout sur le développement de l'identité personnelle. Erikson affirme que notre capacité d'atteindre une intimité mature et durable demeure très limitée tant que nous n'avons pas une bonne idée de ce que nous sommes. Cette affirmation a également suscité de nombreuses recherches.

Avoir une identité, cela signifie s'être défini, se connaître, mettre réellement en pratique les valeurs et les croyances auxquelles nous adhérons, et adopter les comportements et le mode de vie qui en découlent. Notre identité, c'est ce que nous aimons et détestons, ce sont les risques que nous sommes prêts à prendre, ce en quoi nous croyons, autant en matière de religion que dans les domaines de la philosophie, de la politique et des sciences. L'identité inclut nos comportements sexuels et nos émotions face à la sexualité, nos choix professionnels, notre niveau de satisfaction ou d'insatisfaction quant à ces choix ainsi que notre désir de fonder ou non une famille; notre décision de pratiquer ou non notre religion; le choix entre le mariage et l'union libre; et ce que nous faisons de nos

---

1.   *Op. cit.* 52, adaptation.

temps libres. L'alcoolisme, la cocaïnomanie, l'obsession sexuelle et la pratique excessive d'un sport font également partie de notre identité, puisqu'il dépend de nous de vaincre ces dépendances ou de nous y asservir.

Même au sein d'une famille très équilibrée, la tâche de grandir et de se doter d'une identité personnelle clairement définie n'est pas de tout repos. En effet, c'est entre dix-huit et trente-deux ans, environ, que nous définissons notre identité d'adultes autonomes. Cette étape de notre développement se déroulera plus ou moins bien selon que nous avons ou non relevé les défis posés par les quatre étapes précédentes, surmonté les difficultés et acquis les compétences propres à chacune. Les quatre étapes menant à la crise d'identité sont les suivantes :

De la naissance à 18 mois	Confiance / méfiance
De 18 mois à 3 ans	Autonomie / honte et doute
De 3 à 6 ans	Initiative / culpabilité
De 6 à 18 ans ou plus	Compétence / infériorité

Ces étapes correspondent à ce que Erikson appelait les crises psychosociales, et que d'autres qualifient d'accomplissements. Chacune repose sur les étapes précédentes. Par conséquent, si les fondations sont peu solides ou presque inexistantes, la structure tout entière le sera. Et si nous n'avons pas tout à fait réussi une ou plusieurs des étapes que nous avons traversées plus tôt dans notre vie, il nous sera plus difficile d'évoluer et de devenir adultes.

Dans la réalité, ces crises, ou étapes, ont des frontières moins précises qu'en théorie. On les a classées en fonction de la première fois où les tâches qui y sont associées occupent une place prédominante dans nos vies. Au fil de votre lecture, vous songerez sans doute que nous devons faire face pendant toute notre vie aux tâches et défis propres à chaque étape, et non seulement lorsque nous les affrontons pour la première fois. Il est important de se souvenir que chaque étape ainsi que les compétences acquises au cours de chacune s'incorporent aux étapes suivantes. Par exemple, les questions de confiance et d'autonomie jouent un rôle important à l'étape Initiative / culpabilité. Cependant, nous pouvons toujours acquérir dans le présent, de façon adaptée à notre âge, des compétences associées à des étapes passées. Ainsi, on peut apprendre à prendre des initiatives sans devoir régresser au stade de bébé nourri au sein ou réapprendre à marcher.

Les étapes du développement sont énumérées ci-dessous. Chacune est suivie d'une courte liste des caractéristiques qu'aurait un adulte ayant suffisamment bien accompli chaque étape pour pouvoir passer à la suivante.

Confiance et méfiance:
de la naissance à dix-huit mois

En tant qu'êtres humains, notre premier défi consiste à acquérir une confiance de base face au monde en général. Plus précisément, nous devons acquérir le sentiment que nous pouvons nous fier aux autres, que le monde est fondamentalement sécuritaire et que nous sommes en mesure d'y survivre. Si nos besoins essentiels (nourriture, abri, affection et contacts physiques) sont comblés pendant notre petite enfance, il est probable que nous aurons confiance en l'avenir, et ce, même si nos besoins ne sont pas toujours comblés sur-le-champ.

Pour devenir confiant, le jeune enfant ne doit pas nécessairement devenir le patron de la maisonnée, ni exiger et obtenir tout et tout de suite. Bien sûr, lui dire qu'il doit attendre quelques minutes que le souper soit prêt ou qu'il ne peut pas obtenir tout ce qu'il souhaite au magasin ne mettra pas en péril sa confiance. En fait, lorsque nous donnons à nos enfants de façon excessive, nous nuisons à l'établissement de leur confiance, puisque nous les préparons à vivre dans un monde qui n'existe pas. Dans le monde réel, personne n'obtient tout ce qu'il désire quand il le désire. C'est au cours de cette première étape que nous faisons face pour la première fois à l'un des aspects les plus importants de notre développement, sur lequel nous devrons continuer de travailler pendant toute notre vie: comprendre qu'il n'est jamais bon d'obtenir trop ou trop peu de ce dont nous avons besoin.

Les mauvais traitements physiques ou affectifs flagrants, la négligence et l'abandon sont tous des facteurs qui entraînent chez l'enfant une méfiance fondamentale envers le monde. Il s'agit là de facteurs extrêmes, mais il en existe également de plus subtils: les soins irréguliers (le gardiennage ou la garderie n'en sont pas nécessairement) ainsi que la tension et le stress des parents qui se traduisent par une incapacité à s'occuper de leurs enfants, à être spontanés ou à l'aise avec eux. Les trop nombreux conflits ouverts peuvent bouleverser les jeunes enfants; et les parents surprotecteurs qui empêchent leurs enfants de découvrir spontanément le monde et leur propre corps peuvent aussi constituer un obstacle.

Les jeunes enfants ont besoin d'apprendre qu'ils peuvent compter sur nous, que le monde ne leur offrira pas toujours ce qu'ils désirent et qu'ils pourront tout de même en être satisfaits. Par contre, ils ne doivent pas être gâtés ni subir la peur, la négligence ou de mauvais traitements. Lorsqu'on est fondamentalement méfiant, on risque fort d'éprouver un douloureux sentiment d'abandon.

Autonomie / honte et doute: de dix-huit mois à trois ans

À cette étape, l'enjeu consiste à assumer notre caractère séparé, individualisé et différencié. Entre dix mois et trois ans, l'enfant apprend à se déplacer par lui-même et réalise l'importance du langage pour s'affirmer (par exemple, en disant «non!»). Sa tâche consiste donc à devenir autonome tout en conservant un sentiment de sécurité et de confiance.

À deux ans, notre bambin commence à explorer son environnement. Il indique sa volonté. Il entre dans des luttes de pouvoir avec nous. Par contre, puisqu'il est encore très vulnérable et dépendant de nous, il doit pouvoir franchir ces étapes tout en sachant qu'il peut accourir vers nous pour se faire consoler lorsque sa quête d'indépendance lui fait affronter des événements effrayants ou douloureux.

Imaginez que vous ayez deux ans, que vous entriez dans la maison en courant, en larmes, et que vous disiez: «Un gros chien est entré dans la cour et a grogné en me voyant!» Ce chien représente une menace pour votre sentiment d'autonomie: «Je ne peux aller dehors tout seul! C'est trop dangereux!» Si votre père ou votre mère vous appuie en vous disant: «Mon dieu, j'aurais eu peur moi aussi», puis vous console en vous serrant dans ses bras, sans porter de jugements sur vos émotions, vous serez rapidement prêt à explorer le monde de nouveau.

Par contre, si vos parents vous humilient («Un grand garçon, ça ne pleure pas» ou «Je t'avais dit de ne pas aller dehors tout seul») ou s'ils ne sont pas suffisamment disponibles dans de tels moments (en étant absents ou en ne vous prêtant pas assez d'attention), vous commencerez à intérioriser la honte et le doute.

De même, nous pouvons ressentir la honte et le doute si l'on nous empêche de devenir un être distinct. Même s'ils veulent notre bien, les parents surprotecteurs nous empêchent de nous séparer d'eux. Lorsque les parents sont trop permissifs et ne donnent que peu de directives sur le comportement à adopter hors de la maison, nous pouvons finir par ressentir la honte et le doute. Les enfants que leurs parents laissent grimper sur les meubles, briser des objets et agir en tyrans à la maison seront souvent humiliés lorsqu'ils iront chez leurs amis ou à l'école.

Comme toujours, le mot d'ordre demeure l'équilibre. Nous devons fixer des règles et des limites à nos enfants, à cet âge, mais nous devons également leur assurer la liberté et la sécurité nécessaires pour qu'ils puissent commencer à se séparer de nous.

Initiative et culpabilité:
de trois à six ans

Cette étape déterminera en grande partie notre capacité de démarrer des projets, de réaliser des choses et de dépasser nos limites. Les gens qui se sentent «coincés», emprisonnés dans leur routine ou qui ont du mal à prendre des décisions ont probablement eu de la difficulté à cette étape.

C'est entre trois et six ans que nous commençons à imiter les adultes. Nous désirons cuisiner comme maman ou papa le font, ou encore prendre les outils pour construire des objets au garage. Nous voulons prendre l'initiative, ce qui contribue énormément au dépassement de soi. Si nous y réfléchissons bien, nous risquons, chaque fois que nous entreprenons quelque chose, d'attrister, de laisser tomber, de décevoir ou de blesser (psychologiquement) quelqu'un. Lorsque cette personne nous le dit, nous nous sentons coupables.

Pendant que maman est en voyage d'affaires, papa est pris d'une idée fixe: démolir l'un des murs de la cuisine et la rénover. À son retour, maman n'aime pas la nouvelle cuisine et dit à papa: «Comment as-tu pu faire un changement aussi important dans ma cuisine sans d'abord me consulter?» Papa se sent honteux, puis coupable. Il a fait «quelque chose de mal» et se sent comme s'il avait violé un principe moral.

Entre trois et six ans, notre tâche consiste à intérioriser les notions de bien et de mal sans nuire à notre capacité d'entreprendre des choses. Si, à cet âge, mes enfants entreprennent de refaire le moteur de mon auto, je dois leur faire comprendre qu'ils sont trop jeunes pour cela et, de plus, que c'est «mon» auto et non «la leur». Je leur transmets ainsi un message important.

Si je leur dis: «Vous avez vraiment déçu papa. Je suis surpris que vous ayez pu faire cela. Vous me faites beaucoup de peine», je sais que mes enfants ne le feront plus. Par contre, si j'utilise régulièrement cette méthode de discipline, j'aurai des enfants très bien élevés mais très peu débrouillards une fois adultes. Ils seront «gentils», point final. Ils seront consumés par la culpabilité et l'indécision. Ils s'inquiéteront toujours des conséquences de leurs actes sur les autres sans jamais se préoccuper de leurs propres besoins ou sentiments. Ils deviendront obsédés par la crainte de violer l'une des innombrables règles qu'ils auront intériorisées: les règles très importantes, les règles importantes et les petites règles inutiles.

Compétence et infériorité:
de six à dix-huit ans et plus

Cette étape consiste à acquérir un sentiment de compétence et de confiance en soi par rapport aux habiletés nécessaires à la survie dans notre société. C'est à ce moment qu'on apprend à lire, écrire et compter, mais il nous faut aussi maîtriser bien d'autres compétences. Il est certain que nous devons posséder des connaissances académiques pour réussir dans la vie, mais elles ne suffisent pas. Malheureusement, trop souvent, les enseignants et les parents ne voient pas l'utilité d'étendre la gamme des habiletés enseignées aux enfants. Tous les enfants ne deviendront pas des génies en mathématiques, en français ou en physique; ils ne succéderont pas tous non plus à Picasso ou à Beethoven. En revanche, certains enfants deviendront d'excellents mécaniciens, si on le leur permet. D'autres seront des comptables ou des plombiers efficaces. Les années qui vont de six à dix-huit ans sont déterminantes: c'est alors que nous bâtissons notre estime de soi et que nous développons notre capacité de nous identifier et de nous lier à des personnes plus âgées qui nous servent de modèles. Par conséquent, il est tout à fait positif pour notre enfant, et pour nous, qu'il se lie d'amitié avec le père d'un ami, et que ce dernier lui montre comment construire des objets. Il est très bien que notre fille aime son professeur d'anglais et soit fascinée par ce qu'il lui apprend.

Cependant, il n'est pas sain que nos enfants n'aient pas l'occasion d'être fiers d'eux-mêmes pendant ces années. Il n'est pas sain de comparer nos enfants entre eux. Il n'est pas sain de nous sentir jaloux ou possessif lorsque nos enfants apprécient la mère ou le père d'un ami. Si nous ressentons de la jalousie, nous devons découvrir ce qui la cause, puis la maîtriser.

Il est sain qu'un enfant excelle en mathématiques, l'autre en dessin et l'autre en mécanique automobile. Il est sain que nos enfants soient fiers d'eux-mêmes, et ce, même s'ils n'ont pas obtenu que des A ou des B, ou qu'ils n'atteignent pas nos critères de réussite. Nous connaissons tous des personnes riches et célèbres qui n'ont pas obtenu leur diplôme d'études secondaires ou collégiales. Nous connaissons tous également des personnes peu fortunées qui ont mené une vie heureuse et fructueuse. Certaines de ces personnes ont pourtant des diplômes d'études secondaires ou collégiales et parfois même des doctorats.

Pendant cette étape, nous acquérons les habiletés de base nous permettant de travailler, de nous entendre avec les autres, d'établir des relations sociales et «politiques», d'obtenir ce que nous désirons de la vie sans brimer les personnes qui nous entourent et d'être fiers de ce que nous faisons. Peu importe de quelle façon nous nous y prenons; l'important, c'est d'atteindre ce résultat. Dans les familles strictes, il n'y a qu'un seul moyen d'y arriver; dans les familles plus saines, les possibilités sont pratiquement illimitées.

Identité claire et identité confuse: de treize à trente-deux ans environ

Comme nous l'avons mentionné plus tôt, les quatre étapes précédentes nous amènent à la première étape de notre développement en tant qu'adultes, celle où notre identité se clarifiera ou restera confuse. Cette étape survient entre dix-huit et trente-deux ans, selon le niveau de formation, les facteurs économiques et les facteurs liés au système familial. Erikson et les chercheurs qui ont étudié ses théories reconnaissent deux éléments essentiels à l'atteinte d'une identité claire:

1. La quête
2. L'engagement

Erikson croyait impossible de devenir un adulte équilibré ayant une bonne connaissance de soi sans passer par un moratoire psychosocial, un terme compliqué pour désigner une période de questionnement, de quête et même de rébellion. Nous nous interrogeons alors sur nos croyances religieuses, les valeurs qui nous ont été inculquées, les choix professionnels vers lesquels nos parents nous ont poussés, consciemment ou inconsciemment, sur notre mode de vie, etc. Il est possible que nous décidions d'adopter les croyances qui étaient les nôtres durant l'enfance. Cependant, nous ne sommes plus des enfants et nous les choisissons en toute connaissance de cause, et non pas seulement «parce que quelqu'un nous a dit qu'il fallait vivre ou penser ainsi». Il est possible également que nous choisissions de ne pas adopter ces croyances et que nous décidions de penser et d'agir autrement que nos parents. Une chose est certaine: sans cette période de quête, nous ne pouvons acquérir une identité claire. C'est d'ailleurs ce qui cause tant de problèmes dans certaines familles.

La formation de l'identité exige de l'engagement, c'est-à-dire que nous devons choisir clairement nos croyances et notre mode de vie, et agir en conséquence. Une personne qui dit choisir la monogamie mais qui a régulièrement des aventures ne s'est pas engagée à faire de la monogamie son mode de vie. Une personne qui se dit chrétienne tout en traitant famille et employés avec cruauté ne vit pas selon ses croyances: ce ne sont que des paroles. Les enfants dont les parents disent une chose mais en font une autre auront eux-mêmes de graves problèmes d'intégrité.

Erikson a établi quatre types d'identité, correspondant à quatre résultats possibles à l'issue de cette étape. Ce sont la profondeur de la quête d'identité et la force de l'engagement qui déterminent les quatre types d'identité.

1. Identité réalisée
2. Identité sous moratoire
3. Saisie d'identité
4. Identité confuse (diffuse)

1. Identité réalisée

Avant d'atteindre cette étape, il nous aura fallu nous interroger sur certains sujets fondamentaux comme le travail, la religion, la sexualité, les croyances politiques et le mode de vie. Bien sûr, notre réflexion évoluera au fur et à mesure que nous acquerrons de la maturité, mais c'est la première fois que nous faisons le point de façon aussi approfondie sur ces grandes questions. Nos idées, principes et positions se concrétisent au moyen d'engagements précis; ainsi, nos sentiments, nos croyances et nos actes sont en harmonie. Nous ne sommes pas obligés de traduire en engagements concrets la totalité de nos choix et chaque parcelle de ce que nous sommes. Cependant, moins nous prenons d'engagements, moins nous réaliserons notre identité.

2. Identité sous moratoire

Nous nous cherchons; nous sommes aux prises avec divers conflits; nous essayons différentes voies; nous multiplions les fréquentations amoureuses; nous explorons plusieurs cheminements professionnels ou programmes universitaires. Mais cette démarche a quelque chose de systématique, et elle fait partie de notre quête d'identité. Nous n'avons pas encore pris d'engagements précis.

3. Identité saisie

De nombreuses recherches et théories suggèrent que près de la moitié de la population possède ce type d'identité.

Nous semblons avoir pris un ensemble précis d'engagements sans pour autant nous être interrogés sur notre identité. Nous passons à la vie d'adulte avec tout le bagage que nous avons reçu dans notre enfance. Bien que nous portions des costumes-cravates ou des robes, utilisions des mots d'adultes, faisions des activités d'adultes et disions que nos croyances sont celles d'adultes, nous savons au fond de nous que nous devons regarder un certain nombre de choses en face.

Mûrir est insécurisant. C'est une démarche parfois solitaire, qui nous oblige à vivre le deuil de notre enfance et à faire la paix avec toutes les fantaisies ou démons qui nous ont accompagnés jusqu'ici. Quitter cet état, c'est un peu comme si nous nous tenions debout, par une nuit sans lune, au bord d'un trou noir, et que nous sautions dans le vide sans savoir si notre chute sera de trois ou de cent pieds. C'est beaucoup plus facile lorsque nous avons relativement bien franchi les quatre étapes précédentes et jouissons du soutien de notre famille.

Le passage à la vie adulte est particulièrement périlleux lorsque nos tentatives font l'objet de critiques vives et excessives. Par exemple, une femme qui tentait de mettre fin à sa relation avec un homme qui la maltraitait, s'est fait dire: «Tu es folle. C'est ça, la vie. Toutes les femmes rêveraient de l'épouser!» Elle s'est dit: «Mais je suis en train de mourir.»

Une femme éprouvait de la difficulté à se différencier. Puis elle s'est rendu compte qu'elle pouvait passer jusqu'à six heures par jour au téléphone avec ses amies, à parler de leurs problèmes «mutuels». Elle nous a dit se sentir piégée par son besoin de combler les besoins des autres. Elle a longtemps hésité devant le choix qui s'offrait à elle: blesser les autres ou se faire du tort à elle-même? Puis, elle a fait un pas important vers la maturité en modifiant le message sur son répondeur. Désormais, les gens qui l'appellent entendent ceci: «Bonjour! J'aimerais bien jaser avec vous, mais je suis débordée! Veuillez laisser un message, et je vous rappellerai dans quelques jours!» Nous avons écouté son message; le ton était gentil, honnête et empathique, mais le contenu était très clair. Nous lui avons fait remarquer que certaines personnes pourraient peut-être s'offusquer de ce message et nous lui avons demandé si elle pensait pouvoir affronter leur mécontentement. Quelques semaines plus tard, elle nous a dit que certaines personnes avaient, en effet, été froissées par son message. Elle s'en est inquiétée, mais a également ressenti de la fierté. Plusieurs de ses amis l'ont rappelée pour lui dire: «J'adore ton message! Ça prend du courage! Je pense que je vais en faire autant! Merci!» C'est ainsi que l'on acquiert une solide identité: au moyen de petits changements, sans faire d'éclats fracassants.

«Comment peux-tu penser retourner aux études? Tu penses à nos enfants? À moi? Qui fera la cuisine et le lavage? Qui passera ses soirées avec moi?» Se libérer de ce genre d'identité engendre des conflits, puisque cela amène des changements, et que le changement est source d'incertitude pour tous. Il s'agit inévitablement d'une période de tumulte. Si bien qu'on peut alors être perçu comme dysfonctionnel ou névrosé. Pourtant, c'est tout simplement le début d'une période très saine, où l'on prend le risque épatant de devenir adulte.

4. Identité confuse (diffuse)

Dans ce type d'identité, nous nous cherchons aussi, mais pas de la même façon que dans l'étape précédente. Nous tournons en rond, ou alors nous allons dans toutes les directions. Nous passons d'un amoureux à un autre, d'une carrière ou d'un boulot à un autre, d'un ensemble de croyances à un autre ou d'un mode de vie à un autre. Nous sommes comme des âmes perdues, errant à la recherche d'un sentiment de sécurité jamais éprouvé pendant l'enfance. Parfois, nous devenons des agresseurs ou des accrochés qui blessons les autres au cours de notre errance.

Au cégep, nous étions le Roi (ou la Reine) de la fête, et nous n'avons jamais cessé de l'être. Ou nous sommes plutôt le fondamentaliste strict aux convictions religieuses rigides dont l'identité est définie et contrôlée par une force externe. Bien que nous puissions nous considérer comme un libre esprit, c'est loin d'être le cas. Toute opinion différente de la nôtre est intolérable, puisque cette différence d'opinion menacerait notre identité, et cela est intolérable. Lorsque notre identité est bien affirmée, elle est solidement ancrée en nous et le point de vue d'une autre personne ne peut pas la menacer.

On nous demande parfois comment il se fait qu'autant de personnes aient suivi Jim Jones en Guyane, et se soient collectivement suicidées sur son ordre. Nous croyons que leur identité était confuse et qu'elles avaient tellement besoin de Jim Jones pour se donner une identité qu'elles étaient prêtes à sacrifier leur essence même: leur vie.

Afin de pouvoir dépasser la saisie d'identité et l'identité confuse, nous devons avoir établi de solides et saines fondations avant l'adolescence. Nous devons également jeter un coup d'œil à notre enfance, en réévaluer le «positif» et le «négatif» et réaliser que nos parents ne sont ni des saints ni des monstres, mais seulement des êtres humains.

Le 7, chiffre magique
(plus ou moins deux)

*D*e temps à autre, nous croisons des gens qui influencent très profondément notre vie, sans que nous nous en apercevions sur le coup, mais seulement des années plus tard. Quand j'étais étudiant de deuxième année, à l'université, je me demandais encore ce que je ferais dans la vie. Comme je devais choisir une majeure, je me suis dirigé vers le droit, d'abord et avant tout parce que j'admirais mon père et l'intégrité remarquable dont il avait fait preuve comme avocat. Ce plan préliminaire a eu son utilité: je savais quoi dire lorsqu'on me demandait ce que j'allais faire dans la vie. Pourtant, vers la fin de cette année-là, j'ai foncé tête première en psychologie, stimulé par l'excellence de deux de mes professeurs. L'un d'eux était un clinicien qui savait réellement communiquer avec les étudiants; l'autre se spécialisait en psychologie expérimentale. Son amour ludique et enthousiaste envers la recherche et l'expérimentation fut contagieux pour un grand nombre de ses étudiants, moi y compris. C'est au printemps que j'ai choisi la majeure en psychologie.

À ma dernière année, nous devions faire une expérience de recherche avancée en psychologie; je savais exactement quel allait être mon sujet. Le prof dynamique avait réussi à susciter chez plusieurs d'entre nous une fascination pour un tout nouveau champ d'activité: le traitement de l'information. Il utilisait les concepts de l'informatique naissante pour nous aider à mieux comprendre la pensée et la mémoire humaines. En 1956, George A. Miller a publié dans l'illustre *Psychological Review* l'un des articles les plus célèbres de toute l'histoire de la psychologie. Le titre de l'article: «The Magic Number 7, Plus or Minus Two: Some Limits on Our Capacity for Processing Information» («7 (plus ou moins deux), un chiffre magique: les limites de notre aptitude à traiter l'information»).

Le «7, chiffre magique» fait référence au débit d'un canal, ou à la quantité d'information pouvant être décodée simultanément par un être humain. Le mot à retenir ici est: «simultanément». Nous pouvons également décrire cette notion comme le nombre de parcelles d'information que nous pouvons conserver dans notre mémoire à court terme à un moment précis. Par exemple, lorsque nous donnons à quelqu'un notre numéro de téléphone sans qu'il puisse l'écrire, il se souviendra probablement de sept chiffres. L'un des sous-tests de l'échelle d'intelligence de Wechsler pour adultes (révisée) porte le nom de «Digit Span». L'administrateur de ce test énumère une liste incroyablement longue de chiffres, que l'on doit essayer de répéter tout de suite après lui. En moyenne, les gens peuvent répéter sept chiffres, à deux chiffres près, sans se tromper.

En utilisant un procédé mnémotechnique, tel que répéter la liste immédiatement ou visualiser les chiffres par groupes de deux ou de trois, on peut généralement retenir davantage de chiffres. Les effets de ce groupage peuvent être observés avec la mémorisation des numéros de téléphone. Si vous connaissez l'indicatif régional, vous n'aurez pas à le mémoriser lorsque l'opératrice vous donnera un numéro («514» ou «450» devient alors un seul chiffre, pour vous). Si vous savez de mémoire votre indicatif régional et votre numéro de téléphone à sept chiffres, vous souvenir du NIP à quatre chiffres d'une carte d'appel est un jeu d'enfant. Tout ce que vous avez à vous rappeler, c'est «mon numéro de téléphone» et «3791».

Le chiffre magique est donc de 7, à deux chiffres près. En effet, la plupart des gens peuvent retenir de cinq à neuf chiffres. Voilà ce sur quoi portait mon projet de recherche avancée. C'était le début de la passion de toute une vie pour la psychologie. La pratique clinique est venue plus tard.

Le chiffre 7 a des connotations bibliques. Dans presque toutes les cultures, il revêt une signification particulière. Du milieu à la fin du XXe siècle, il a constitué l'un des aspects les plus importants en matière de recherche et d'expérimentation. Quand il s'agit de mémoriser des stimuli complexes, tels le visage, des goûts, des odeurs ou des émotions complexes, les êtres humains peuvent retenir bien plus que sept stimuli. Mais le nombre limite d'éléments d'une liste que nous pouvons mémoriser se situe autour de sept. Une liste de sept éléments, comme sept nuances de gris, sept cercles ou carrés de tailles différentes ou encore une échelle de un à sept (de « 1-Jamais » à « 7-Toujours »), peut retenir notre attention, puisque nous pouvons avoir tous ses éléments en mémoire au même moment. En d'autres mots, une liste de sept éléments permet souvent au lecteur de se former une image mentale globale et cohérente. Et c'est exactement ce que Linda et moi espérons de ce livre: qu'il vous offre une vision cohérente de ce qu'est un couple épanoui et véritablement adulte.

Encore une fois, vive le chiffre 7, chiffre magique. Et tous mes remerciements à Lawrence E. Murphy, titulaire d'un doctorat en psychologie, pour avoir été la première des nombreuses personnes à avoir su délecter mon esprit des merveilles de la psychologie.

Références bibliographiques

ANGELOU, Maya. Entretien avec Jane Ammeson pour *Northwest Airlines WorldTravelers*, mai 2001.

BRADBURY, Ray. *Fahrenheit 451*, Paris, Folio, 2000.

BRADBURY, Ray. *(Invited address for the) Pen Pals Lecture Series*, Minnesota, Library Foundation of Hennepin Country, 1999.

BOWEN, Murray. *Family Therapie In Clinical Practice*, New York, Jason Aronsen, 1978.

BUBER, Martin. *I and Thou*, New York, Scribner, 1974.

CHEEVER, John. *The Stories of John Cheever*, New York, Alfred A. Knopf, 1978.

CORWIN, Mile. «Mother Turns Grief, Grit to Memorial for Slain Son», *Los Angeles Times*, 29 octobre 1995, A27-A28.

DOHERTY, William. *Take Back Your Marriage: Sticking Together In A World That Pulls Us Apart*, New York, Guilford Press, 2001.

ERIKSON, Erik H. *Adolescence et crise*, Paris, Éditions Flammarion, 1988.

FIELDS, Rick, Peggy TAYLOR et Rex WEYLER. *Couper du bois, porter de l'eau*, Montréal, Le Jour, 1990.

FRIEL, Brian. *Selected Plays*, London, Faber and Faber, 1984, p. 289-290.

FRIEL, John C. et Linda D. FRIEL. *Adult Children: The Secrets Of Dysfunctional Families*, Deerfield Beach, Floride, Health Commmunications, 1988, p. 133.

GILLIGAN, Stephen. «Getting to the Core», *Family Therapy Networker*, janvier / février 2001, 22 ff, (Family Therapy Networking Washington, D.C.).

GOPNIK, Adam. «Man Goes To See A Doctor», *The New Yorker*, août 24 et 31 1998, p. 114 à 121.

GOTTMAN, John M. et Nan SILVER. *The Seven Principles for Making Marriage Work*, Crown Publishers, 1999.

GOTTMAN, John M. *Why Marriages Succees or Fail*, New York, Simon and Schuster, 1994.

GUTERSON, David. *La neige tombait sur les cèdres*, Paris, Points, 2000.

HALVORSEN, Donna. «Judge Faults Arrest, Drops Charges in High-Profile Drunken-Driving Case», *Minneapolis StarTribune*, 20 avril 1995, B1.

HAWKING, Stephen W. *Une brève histoire du temps*, Paris, J'ai lu, 1992.

HENDRIX, Harville. *Le défi du couple*, Laval, Modus Vivendi, 1994.

HENDRICK, Susan S. et Clyde HENDRICK. *Liking, Loving and Relating*, Pacific Grove, Californie, Brooks / Cole Publishing, 1992.

HOEG, Peter. *Smilla et l'amour de la neige*, Paris, Seuil, 1995.

HUXLEY, Aldous. *Two or Three Graces*, dans Dunaway, David King. *Huxley In Hollywood*, New York, Harper & Row, 1989, p. 182.

JEEHO, Kim (1998-1999)

JOHNSON, Catherine. *Lucky In Love: The Secrets of Happy Couples and How Their Marriages Thrive*, New York, Viking, 1992.

JONES, Doug. *Physical Attractiveness and the Theory of Sexual Selection: Results From Five Populations*, Ann Arbor, Michigan, Museum of Anthropology Publications, 1996.

KAUFMAN, G. *Shame, The Power Of Caring*, Cambridge, Schenkman Publishing Company, 1980.

KŒSTENBAUM, Peter. *Existential Sexuality: Choosing to Love*, Englewood Cliffs, New Jersey, Prentice-Hall, 1974.

KÜBLER-ROSS, Elisabeth. *Vivre avec la mort et les mourants*, Paris, Éditions Du Rocher, 1997.

LEBOW, Jay. «What "Really" Makes Couples Happy? A Controversy Divides The World of Marital Researchers», *Family Therapy Networker*, janvier / février 2001, 59-62, (Family Therapy Network, Washinton, D.C.)

LERNER, Harriett. *The Dance of Intimacy: A Woman's Guide to Courageous Acts of Change in Key Relationships*, San Francisco, HarperCollins, 1990.

LETHEM, Jonathan. *Motherless Brooklyn*, New York, Vintage Books, 1999.

LOPEZ, Barry. *About This Life: Journeys on the Threshold of Memory*, New York, Alfred A. Knopf, 1998, p. 7.

LOVE, Patricia et Jo ROBINSON. *Hot Monogamy: Essentil Steps to More Passionate Lovemaking*, New York, Penguin, 1995.

MADDOCK, James W. et Noel R. LARSON. *Incestuous Families : An Ecological Approach to Understanding and Treatment*, New York, W. W. Norton, 1995.

MÁRQUEZ, Gabriel García. *L'amour au temps du choléra*, Paris, Grasset, 1987.

MASLOW, Abraham H. «The Authoritarian Character Structure», *Journal of Social Psychology*, 1943, 18, p. 401-411.

MASTERSON, James. *The Search For the Real Self: Unmasking the Personality Disorders of Our Age*, New York, The Free Press, 1988.

MATALIN, Mary et James CARVILLE avec Peter KNOBLER. *All's Fair: Love, War and Running for President*, New York, Random House, 1994, p. 469-470.

MATTHEWS, Dave. «Ants Marching», *Dave Matthews Band: Live At Red Rocks 8.15.95*, New York, BMG Entertainment / Bma Rags, 1997.

MINUCHIN, Salvador. *Families and Family Therapy*, Cambridge, Harvard University Press, 1974.

MINUCHIN, Salvador. *Couple / Family Therapy*, (address to) The Milton H. Erickson Foundation Evolution of Psychotherapy Conference, Anaheim, mai 2000, p. 25-29.

ORLOFSKY, Jacob L., James E. MARCIA et Ira M. LESSER. «Ego Identity Status and Intimacy Versus Isolation Crisis of Young Adulthood», *Journal of Personnality and Social Psychology*, 27 (2) (1973): p. 211-219.

ORNISH, Dean. *Love and Survival*, New York, HarperCollins, 1998.

PETRIE, A. et J. PETRIE. *Mother Teresa*, Petrie Productions, 1985.

PIAGET, Jean. *La naissance de l'intelligence chez l'enfant*, Neuchâtel, Delachaux et Niestlé, 1968.

PIRSIG, Robert. *Traité du zen et de l'entretien des motocyclettes*, Paris, Seuil, 1998.

RAHNER, Karl. *The Spirit in the Church*, New York, Seabury Press, 1979.

REISER, Paul. *Couplehood*, New York, Bantam Books, 1995.

SCHLEIERMACHER, Friedrich. On Religion: *Speeches To Its Cultured Despisers*, Cambridge, Cambridge University Press, 1988.

SCHNARCH, David M. *Passionate Marriage: Sex, Love and Intimacy In Emotional Committed Relationships*, New York, W. W. Norton, 1997.

SCHNARCH, David M. *Constructing the Sexul Crucible: An Integration of Sexual and Marital Therapy*, New York, W. W. Norton, 1991.

SHODA, Y., MISCHEL, W. et P. K. PEAKE. «Predicting Adolescent Cognitive and Self-Regulatory Competencies From Preschool Delay Of Gratification», *Developmental Psychology*, 26 juin 1990, p. 978-986.

STEINBECK, John. *Rue de la Sardine*, Paris, Folio, 1974.

STEKEL, Wilhem. *Time*, 18 juin 2001.

STOPPARD, Tom. *Arcadia*, London, Faber and Faber, 1993.

THEROUX, Peter. *Translating LA: A Tour of the Rainbow City*, New York, W. W. Norton, 1994.

UPTON, Charles. *Hammering Hot Iron: A Spiritual Critique of Bly's Iron John*, Wheaton, Illinois, Quest Books, 1993.

WILLIAMS, Redford et Virginia WILLIAMS. *Anger Kills: Seventeen Strategies for Controlling the Hostility That Can Harm Your Health*, New York, Harper Perennial, 1994.

WILSON, August. *Two Trains Running*, New York, Penguin Books, 1993.

À propos des auteurs

John C. Friel, Ph. D., et Linda D. Friel, M. A., sont des psychologues ayant une pratique privée à New Brighton, dans la banlieue de St. Paul au Minnesota. John possède également un permis de pratique au Nevada. Ils ont trois grands enfants qui ont déjà quitté le foyer familial, une chienne d'arrêt de race Labrador et un cocker-caniche mâle qui partagent leur demeure. Les Friel font de la thérapie individuelle, familiale, de couple et animent des groupes de femmes et des groupes d'hommes. Que ce soit aux États-Unis ou au Canada, en Angleterre ou en Irlande, ils organisent des séminaires et des ateliers pour les individus ou pour des groupes dans les hôpitaux, les universités, les agences gouvernementales ou les cliniques psychiatriques. Ils dirigent également des stages Clearlife/ Lifeworks partout aux États-Unis, soit des cliniques de thérapie douce de trois jours et demi qui ont pour but d'aider les participants à se libérer d'anciens schèmes de vie envahissants et perturbateurs et de les remplacer par de nouveaux modes de fonctionnement, plus adéquats.

Le programme ClearLife For Couples™ fut mis sur pied pour venir en aide aux gens qui, dans une relation à long terme, cherchent leur propre place pour enrichir la relation. La structure de ce programme est analogue à celle des stages ClearLife/Lifeworks.

Ils sont les auteurs d'ouvrages à succès publiés en anglais, comme *Adult Children: The Secrets of Dysfunctional Families; An Adult Child's Guide to What's «Normal»; The Grown-Up Man: Herœs, Healing, Honor, Hurt, Hope; Rescuing Your Spirit; The Soul of Adulthood: Opening the Doors;* ainsi que des livres suivants traduits en français *Les 7 pièges dans lesquels tombent les parents, Les 7 comportements gagnants des ados* et *Les 7 comportements gagnants des couples heureux.*

Les Friel ont été les invités de *ABC News 20/20, Oprah Winfrey Show, MSNBC, USA Today, Parents Magazine, Pregnancy Magazine, Redbook, Child Magazine, The Dr. Toni Grant Show;* ils ont aussi participé à plusieurs autres émissions à la radio et à la télévision et rédigé des articles dans les journaux.

Vous pouvez les joindre à l'adresse suivante :

Friel Associates/Clearlife/Lifeworks
P.O. Box 120148
New Brighton, MN 55112-0013, USA
Téléphone : 1 (651) 628 – 0220
Télécopieur : 1 (651) 628-4909
http://www.clearlife.com

Leur site Web comprend des livres, des bandes magnétiques, les conférences à venir, une rubrique mensuelle signée par leurs deux chiens Minnesota Sam et Abby. En voici l'adresse : *www.clearlife.com.*

La cassette vidéo présentant une formation destinée aux parents et conçue par John portera le titre suivant : *How To Talk To Children About Difficult Things.* Elle sera disponible sous peu. Veuillez consulter le site Web pour de plus amples informations.

Les auteurs vous invitent à leur écrire et à donner votre opinion sur la vie des ados, en ce XXIe siècle. De plus, si vous avez des idées quant aux sujets à traiter dans leurs prochains livres destinés aux ados ou autres, n'hésitez pas à leur écrire à l'adresse mentionnée plus haut.